W0056471

DIE SCHÖNSTEN MÄRCHEN VON HIMMEL UND HÖLLE

DIE SCHÖNSTEN MÄRCHEN VON HIMMEL UND HÖLLE

Zusammengestellt und herausgegeben von
Hans-Jörg Uther

DIEDERICHS

Mit Illustrationen aus dem Privatarchiv des Herausgebers

Die Deutsche Bibliothek – CIP-Einheitsaufnahme
Die schönsten Märchen von Himmel und Hölle / zsgest. und hrsg.
von Hans-Jörg Uther. – Kreuzlingen/München : Hugendubel, 1999
(Diederichs)
ISBN 3-424-01506-7

© Heinrich Hugendubel Verlag, Kreuzlingen/München 1999
Alle Rechte vorbehalten

Umschlaggestaltung: Ute Dissmann, München
Produktion: Tillmann Roeder, München
Satz: SatzTeam Berger, Ellenberg
Druck und Bindung: Franz Spiegel Buch, Ulm
Printed in Germany

ISBN 3-424-01506-7

INHALT

Vorstellungen vom Jenseits und von Jenseitigen . 161

REISEN ZUM HIMMEL

1. Bruder Lustig

Der Bruder Lustig befand sich einmal auf Reisen und hatte nur noch drei Kreuzer im Sack und ein einziges Brot, das er sich gekauft. Da begegnete ihm der heilige Petrus und sprach: »Grüß dich Gott, armer Bruder!«

»Grüß dich Gott!« sagte Bruder Lustig. »Wohin geht die Reise?« sprach Petrus. »Weiß nicht«, sprach der Bruder Lustig, »wohin mich der Wind noch führen wird.« Sprach der heilige Petrus zu ihm weiter: »Ach, ich habe Hunger und kein Geld; sei so gut und gib mir ein Almosen!«

»Ich bin zwar selbst ein armer Schlucker«, sagte Bruder Lustig, »und hab nur noch drei Kreuzer und ein Brot im Sack, doch wir wollen's teilen.« Und darauf gab er dem heiligen Petrus, der als Bettler verkleidet war, einen Kreuzer und ein Vierling Brot. »Vergelt's Gott!« sprach Petrus und ging weiter.

Über eine Weile begegnete ihm abermals der heilige Petrus als Bettler, aber in einer anderen Gestalt als das erste Mal, und sprach: »Grüß dich Gott, Bruder! Ein Armer spricht dich um eine Gabe an!«

»Grüß dich Gott, armer Bruder!« sprach der Bruder Lustig und gab dem Bettler einen Kreuzer und einen Vierling von seinem Brote. »Vergelt's Gott!« sprach Petrus und ging weiter.

Wieder über eine Weile kam der heilige Petrus zum dritten Male als Bettler in einer anderen Gestalt und bat ihn um eine Gabe, weil er so hungrig sei. Da sagte Bruder Lustig: »Mit zwei Armen hab ich schon geteilt, was ich hatte; jetzt hab ich grad noch einen Kreuzer und ein halbes Brot, das wollen wir noch einmal teilen.« Sprach der heilige Petrus: »Nun, ich habe auch noch einen Kreuzer, so wollen wir ins Wirtshaus gehen und zu dem Brot ein halbes Bier miteinander trinken.« Ja, das war dem Bruder Lustig ganz recht, und sie machten es so. Und als sie nun alle beide nichts mehr hatten, so beschlossen sie, daß sie alle beide miteinander weiterreisen wollten.

Wie sie nun so eine gute Strecke zusammen marschiert waren, kamen sie in eine Stadt, darin war große Trauer, weil die Tochter des Königs gestorben war. Darauf ließ Petrus bei dem Könige sich melden als Doktor

und versprach, die Prinzessin wieder lebendig zu machen; aber es sollte niemand dabei sein und zusehen als bloß der Bruder Lustig.

Nun ließ Petrus sich einen Kessel mit kochendem Wasser geben, zerschnitt den Leichnam und kochte das Fleisch in dem Kessel, legte dann die Knochen wieder zusammen, rief die Tote beim Namen und sprach die drei höchsten göttlichen Namen aus und hieß die Jungfrau aufstehen. Da stand sie auf und lebte und war frisch und gesund wie vorher.

Der König war außer sich vor Freude und bot dem heiligen Petrus alles an, was er sich nur wünschen möge, und wenn's das halbe Königreich wäre! Aber Petrus schlug alles aus und wollte keinen Lohn. »Narr«, sprach der Bruder Lustig zu ihm, »du hast selber nichts, so daß du betteln mußt, und willst einem König was schenken!« Petrus aber hörte nicht darauf und ging fort, und Bruder Lustig ließ ihn allein ziehen und blieb in dem Schlosse zurück und ließ sich erst seinen Ranzen mit Geld füllen, soviel er nur tragen konnte. Dann lebte er eine lange Zeit herrlich und in Freuden, bis endlich der Ranzen leicht und leer war.

Da trug's sich zu, daß der Bruder Lustig in ein Dorf kam und hörte, die Tochter eines reichen Bauers sei todkrank. Da ging er hin; wie er aber hinkam, war sie schon gestorben. Nun erbot er sich, er wolle sie wieder lebendig machen, und machte es grad so, wie er es den heiligen Petrus hatte tun sehen: Er zerschnitt die Leiche, kochte das Fleisch und legte dann die Knochen aneinander. Aber damit wollte es ihm nicht gelingen, denn er wußte nicht, welche Knochen zusammengehörten, so daß er in die allergrößte Angst und Unruhe geriet und sich gar nicht mehr zu helfen wußte. Da klopfte plötzlich der heilige Petrus ans Fenster, und er ließ ihn sogleich herein. Der aber machte ein bös' Gesicht und sprach: »Ei, du schlechter Kerl, glaubst du auch zu können, was ich kann! Das geht ja nimmermehr so! Diesmal will ich dir noch helfen; aber daß du dir's nur nicht einfallen läßt, so etwas noch einmal zu probieren, sonst wird dir's schlecht gehen!«

Darauf ordnete Petrus die Gebeine, wie sie zusammengehörten, und rief das Mägdelein beim Namen und hieß es aufstehen. Da stand es auf und ging zu seinen Eltern. Dann entfernte sich Petrus wieder durch das Fenster, durch das er gekommen war, nachdem er noch dem Bruder Lustig streng anbefohlen hatte, daß er ja keine Belohnung nehmen sollte. Nein, das wollte er auch gewiß nicht, sagte er. Als nun die Bauersleute aus Dankbarkeit Geld und Gut anboten, so schlug er's aus, ließ es aber endlich doch geschehen, weil sie ihn so sehr nötigten, daß sie ihm ein Lamm mit auf den Weg gaben. Das nahm er und trieb es zum Dorfe hinaus.

Vor dem Dorfe traf er wieder mit dem heiligen Petrus zusammen, der stellte ihn sogleich zur Rede wegen des Lammes. »Ach«, sprach der

Bruder Lustig, »ich weiß nicht, was ich von dir denken soll; wir sind alle beide arme Hungerleider und sollen nichts von andern Menschen annehmen! Komm her, wir wollen uns miteinander das Lamm schmecken lassen!«

»Nun, meinetwegen«, sprach Petrus, »so mach es zurecht; ich will unterdessen einen Gang machen; aber du mußt nicht eher anfangen zu essen, bis ich wieder da bin!«

»Ei, beileibe!« sprach der Bruder Lustig und schlachtete sogleich das Lamm und machte ein Feuer an und briet es. Da dauerte es nicht lange, da war es fertig und roch so gut, daß der Bruder Lustig nicht widerstehen konnte und das Herz herausfischte und es aufaß. Denn Petrus blieb auch gar zu lange, und er hatte außerdem Hunger.

Endlich kam Petrus zurück und sagte: »Du kannst alles essen, bloß das Herz bitte ich mir aus!«

»Ei, Brüderchen, wo denkst du hin?« sprach Bruder Lustig. »Besinn dich doch, ein Lamm hat ja kein Herz!«

»Ei, freilich«, sprach Petrus, »ein Lamm muß doch ein Herz haben wie jedes andre Tier.«

»Ganz gewiß nicht! Glaub's nur auf mein Wort! Ein Lamm hat kein Herz!« sprach der Bruder Lustig in einem fort, so daß Petrus ihn zuletzt gewähren ließ und sagte: »So kannst du auch das übrige allein essen!« Darauf ging er fort. Bruder Lustig aber ließ sich den Braten schmecken, und wer auf der Straße daherkam, den lud er ein zum Mitessen, bis das Lamm aufgezehrt war.

Nachdem er sich also gelabt und gesättigt hatte, reiste er weiter und kam an ein Wasser, über das er hinübermußte. Das Wasser aber war angeschwollen, und wie er eben drin war, stieg es immer höher, daß er nahe dran war zu ertrinken und sich nicht mehr zu helfen wußte. Da rief mit einem Male von dem andern Ufer her Petrus: »Gestehe mir, daß ein Lamm ein Herz hat und daß du es aufgegessen, so will ich dir helfen!« Bruder Lustig aber antwortete: »Wie kann ich das gestehen, und wie kann ich das Herz gegessen haben, da ja ein Lamm, wie jedermann weiß, gar kein Herz im Leibe hat!« Und obwohl Petrus das Wasser immer höher steigen ließ, so daß Bruder Lustig ums Haar hätte ertrinken müssen, so wollte er doch nicht bekennen. Deshalb ließ Petrus, weil er

Mitleid hatte mit dem gutmütigen Narren, das Wasser wieder sinken, so
daß er hindurchgehen konnte. Dann aber sagte Petrus zu ihm: »Du bist
nun doch einmal ein rechter Taugenichts. Damit du aber nicht wieder so
gottlose Streiche machst und Tote erwecken willst ums Geld, so will ich
dir da einen Ranzen schenken, in den kannst du dir alles hineinwün-
schen, was du nur begehrst. Und nun leb wohl!« Mit diesen Worten ver-

ließ ihn der heilige Petrus, und Bruder Lustig wanderte mit seinem Wunschranzen allein weiter fort.

So kam er nach einiger Zeit einmal in ein Wirtshaus und trank ein Glas Bier. Da sah er zwei gebratene Gänse im Ofen stehen, ach, die rochen gar zu gut, und er hätte wohl ein Stück davon verzehren mögen. Wie er nun wieder draußen war, dachte er: »Ei, du solltest doch einmal den Ranzen probieren!« und wünschte sich die Gänse hinein. Mit einem Mal fühlte er, daß der Ranzen schwer wurde, und er roch auch sogleich den Duft der gebratenen Gänse und setzte sich nieder und ließ sie sich wohlschmecken. Derweil kamen zwei Handwerksburschen daher, sie baten um ein Stückchen Fleisch; da gab er ihnen die eine Gans, denn er hatte genug an der andern.

Nun traf es sich, daß die beiden Handwerksburschen in dasselbe Wirtshaus kamen, aus welchem Bruder Lustig die Gänse weggewünscht hatte, und sich daselbst Bier und Brot geben ließen und dann vergnügt ihren Gänsebraten verzehrten. Nach einer Weile wollte die Wirtin ihre Gänse holen; denn sie hatte Gäste am Tische, die sie verzehren sollten. Aber da hättest du einmal das Gesicht sehen sollen, das sie machte, als sie erfuhr, daß die Gänse fort waren und daß die Handwerksburschen sie aufgegessen hatten. Sie mochten nun sagen, was sie wollten und wieviel sie wollten: Es habe jemand draußen vor der Stadt ihnen den Braten geschenkt – das half ihnen alles nichts; sie wurden für die Diebe gehalten und wurden ins Gefängnis gesperrt, also daß sie den Braten teuer bezahlen mußten.

Bruder Lustig aber ließ sich's in der Welt wohl sein und wanderte von einer Stadt zur andern, bis daß er ein alter Mann geworden und er des ewigen Herumziehens müde war. Auch dachte er, sein letztes Stündlein werde nicht mehr gar ferne sein, fragte deshalb einen frommen Einsiedler, was er tun müsse, um in den Himmel zu kommen. Der fromme Mann sagte, er solle Buße tun und fleißig beten, und behielt den Bruder Lustig bei sich und wollte ihn vorbereiten auf den Himmel.

Allein es dauerte nicht lange, da konnte es der Bruder Lustig bei dem Einsiedler nicht mehr aushalten, denn er war ihm gar zu ernsthaft; deshalb nahm er alsbald seinen Ranzen auf den Rücken und begab sich wiederum auf die Wanderschaft.

Da war er nun den ganzen Tag lang fortgegangen und hatte nirgends einen Menschen oder ein Haus angetroffen. Endlich, als es schon dunkel wurde und er ganz ermüdet war, kam er in ein Wirtshaus und wollte daselbst übernachten. Da waren aber alle Zimmer schon besetzt, und der Wirt entschuldigte sich, daß er nicht mehr Raum habe. Er habe da wohl noch ein zweites großes Haus, das stehe leer. Aber er könne keinen Menschen hineinquartieren, denn es sei noch niemand, der es gewagt habe, darin zu schlafen, lebendig wieder hervorgekommen. Bruder Lustig aber sagte, er müßte irgendwo ein Unterkommen haben, der Wirt solle ihn nur in das Haus führen. Das tat er dann auch, weil's der Bruder Lustig so wollte. Der legte sich dann getrost ins Bett und schlief ein. Sein Licht aber hatte er brennen lassen.

Wie es nun Mitternacht war und eben zwölf schlug, da wachte Bruder Lustig auf, denn er hörte ein Geräusch, und alsbald ging die Tür auf, und es traten neun Teufel in sein Schlafzimmer und stellten sich um sein Bett und stierten ihn beständig an. Das war ihm doch nicht angenehm, und weil er müde war und gern weiter fortschlafen wollte, so wünschte er die neun Teufel in seinen Ranzen, und wutsch! waren sie alle verschwunden. Dann schlief er ruhig bis zum andern Morgen; da nahm er seinen Ranzen und ging damit in eine Schmiede und ließ den Schmied und seine Gesellen so lange darauf losschlagen mit den schwersten Hämmern, daß er meinte, von den Teufeln werde wohl keiner sich mehr rühren und regen.

Als er aber den Ranzen aufmachte, war doch noch einer am Leben, und der lief, was er konnte, geradewegs in die Hölle hinein. Niemand aber war jetzt vergnügter als der Wirt. Denn es ließ sich von dem Tage an kein Teufel mehr in dem neuen Hause sehen, und zum Dank dafür behielt er den Bruder Lustig umsonst bei sich, solange er nur bleiben wollte. Es gefiel dem Bruder Lustig auch weit besser in dem Wirtshause als bei dem Einsiedler, und deshalb blieb er da bis zu seinem Ende.

Als er nun gestorben war und vor das Himmelstor kam und anklopfte und Petrus ihn erblickte, sprach er: »So, du kommst auch und willst in den Himmel? Sieh, dorthin gehörst du!« Und damit wies er ihn zum Höllentor. Wie Bruder Lustig dort ankam, wurde er eingelassen und wollte sogleich mit den Teufeln ein Kartenspiel machen. Sie spielten

aber um menschliche Seelen, und es war ausgemacht, daß er die Seelen, die er gewönne, mit herausnehmen dürfe. Da kam aber der eine Teufel dazu, der in den Ranzen so gottsjämmerlich gestopft war und erkannte sogleich den Bruder Lustig und sagte zu den andern Teufeln: »Fangt nur mit dem Kerl nichts an, sonst sind wir verloren, und er nimmt uns alle Seelen mit fort!« Da jagten sie ihn Hals über Kopf zur Hölle wieder hinaus, und Bruder Lustig wanderte ganz ärgerlich zurück zum Himmelstore und klopfte an. Sowie Petrus aber auftat, warf er flink seinen Ranzen in den Himmel und wünschte sich dann selbst in seinen Ranzen hinein, und so ist er doch noch in den Himmel gekommen, obwohl Petrus ihm die Tür vor der Nase zuschlug.

2. Der Schmied von Jüterbog

Im Städtlein Jüterbog hat einmal ein Schmied gelebt, von dem erzählen sich Kinder und Alte ein wundersames Märlein. Es war dieser Schmied erst ein junger Bursche, der einen sehr strengen Vater hatte, aber treulich Gottes Gebote hielt. Er tat große Reisen und erlebte viele Abenteuer, dabei war er in seiner Kunst über alle Maßen geschickt und tüchtig. Er hatte eine Stahltinktur, die jeden Harnisch und Panzer undurchdringlich machte, welcher damit bestrichen wurde, und gesellte sich dem Heere Kaiser Friedrichs II. zu, wo er kaiserlicher Rüstmeister wurde und den Kriegszug nach Mailand und Apulien mitmachte. Dort eroberte er den Heer- und Bannerwagen der Stadt und kehrte endlich, nachdem der Kaiser gestorben war, mit vielem Reichtum in seine Heimat zurück. Er sah gute Tage, dann wieder böse und wurde über hundert Jahre alt.

Einst saß er in seinem Garten unter einem alten Birnbaum, da kam ein graues Männlein auf einem Esel geritten, das sich schon mehrmals als des Schmiedes Schutzgeist bewiesen hatte. Dieses Männchen herbergte bei dem Schmied und ließ den Esel beschlagen, was jener gern tat, ohne Lohn zu heischen. Darauf sagte das Männlein zu Peter, er solle drei Wünsche tun, aber dabei das Beste nicht vergessen. Da wünschte der Schmied, weil die Diebe ihm oft die Birnen gestohlen, es solle keiner, der auf den Birnbaum gestiegen, ohne seinen Willen wieder herunterkönnen – und weil er auch in der Stube öfters bestohlen worden war, so wünschte er, es solle niemand ohne seine Erlaubnis in die Stube kommen können, es wäre denn durch das Schlüsselloch. Bei jedem dieser törichten Wünsche warnte das Männlein: »Vergiß das Beste nicht!« und da tat der Schmied den dritten Wunsch, sagend: »Das Beste ist ein guter Schnaps, so wünsche ich, daß diese Bulle niemals leer werde!«

»Deine Wünsche sind gewährt«, sprach das Männchen, strich noch über einige Stangen Eisen, die in der Schmiede lagen, mit der Hand, setzte sich auf seinen Esel und ritt von dannen. Das Eisen war in blankes Silber verwandelt.

Der vorher arm gewordene Schmied war wieder reich und lebte fort und fort bei gutem Wohlsein, denn die nie versiegenden Magentropfen

in der Bulle waren, ohne daß er es wußte, ein Lebenselixier. Endlich
klopfte der Tod an, der ihn so lange vergessen zu haben schien; der
Schmied war scheinbar auch gern bereitwillig, mit ihm zu gehen, und
bat nur, ihm ein kleines Labsal zu vergönnen und ein paar Birnen von
dem Baum zu holen, den er nicht selbst mehr besteigen könne aus
großer Altersschwäche. Der Tod stieg auf den Baum, und der Schmied
sprach: »Bleib droben!« denn er hatte Lust, noch länger zu leben.

Der Tod fraß alle Birnen vom Baum, dann gingen seine Fasten an, und
vor Hunger verzehrte er sich selbst mit Haut und Haar, daher er jetzt
nur noch so ein scheußlich dürres Gerippe ist. Auf Erden aber starb niemand mehr, weder Mensch noch Tier, darüber entstand viel Unheil, und
endlich ging der Schmied hin zu dem klappernden Tod und akkordierte
mit ihm, daß er ihn fürder in Ruhe lasse, dann ließ er ihn los.

Wütend floh der Tod von dannen und begann nun auf Erden auf-
zuräumen. Da er sich an dem Schmied nicht rächen konnte, so hetzte er

ihm den Teufel auf den Hals, daß dieser ihn hole. Dieser machte sich flugs auf den Weg, aber der pfiffige Schmied roch den Schwefel voraus, schloß seine Türe zu, hielt mit den Gesellen einen ledernen Sack an das Schlüsselloch, und wie Herr Urian hindurchfuhr, da er nicht anders in die Schmiede konnte, wurde der Sack zugebunden, zum Amboß getragen und nun ganz unbarmherziglich mit den schwersten Hämmern auf den Teufel losgepocht, daß ihm Hören und Sehen verging, er ganz mürbe wurde und das Wiederkommen auf immer verschwur.

Nun lebte der Schmied noch gar lange Zeit in Ruhe, bis er, wie alle Freunde und Bekannte ihm gestorben waren, des Erdenlebens satt und müde wurde. Machte sich deshalb auf den Weg und ging nach dem Himmel, wo er bescheidentlich am Tore anklopfte. Da schaute der heilige Petrus herfür, und Peter der Schmied erkannte in ihm seinen Schutzpatron und Schutzgeist, der ihn oft aus Not und Gefahr sichtbarlich errettet und ihm zuletzt die drei Wünsche gewährt hatte. Jetzt aber sprach Petrus: »Hebe dich weg, der Himmel bleibt dir verschlossen; du hast das Beste zu erbitten vergessen: die Seligkeit!«

Auf diesen Bescheid wandte sich Peter und gedachte, sein Heil in der Hölle zu versuchen, und wanderte wieder abwärts, fand auch bald den rechten, breiten und vielbegangenen Weg. Wie aber der Teufel erfuhr, daß der Schmied von Jüterbog im Anzuge sei, schlug er das Höllentor ihm vor der Nase zu und setzte die Hölle gegen ihn in Verteidigungsstand. Da nun der Schmied von Jüterbog weder im Himmel noch in der Hölle seine Zuflucht fand und auf Erden es ihm nimmer gefallen wollte, so ist er hinab in den Kyffhäuser gegangen zu Kaiser Friedrichen, dem er einst gedient.

Der alte Kaiser, sein Herr, freute sich, als er seinen Rüstmeister Peter kommen sah, und fragte ihn gleich, ob die Raben noch um den Turm der Burgruine Kyffhausen flögen? Und als Peter das bejahte, so seufzte der Rotbart. Der Schmied aber blieb im Berge, wo er des Kaisers Handpferd und die Pferde der Prinzessin und die der reitenden Fräulein beschlägt, bis des Kaisers Erlösungsstunde auch ihm schlagen wird.

Und das wird geschehen nach dem Munde der Sage, wenn dereinst die Raben nicht mehr um den Berg fliegen und auf dem Ratsfeld nahe dem Kyffhäuser ein alter dürrer abgestorbener Birnbaum wieder ausschlägt, grünt und blüht. Dann tritt der Kaiser hervor mit all seinen Wappnern, schlägt die große Schlacht der Befreiung und hängt seinen Schild an den wieder grünen Baum. Hierauf geht er ein mit seinem Gesinde zu der ewigen Ruhe.

3. Der Schneider im Himmel

Es trug sich zu, daß der liebe Gott an einem schönen Tag in dem himmlischen Garten sich ergehen wollte und alle Apostel und Heiligen mitnahm, also daß niemand mehr im Himmel blieb als der heilige Petrus. Der Herr hatte ihm befohlen, während seiner Abwesenheit niemand einzulassen, Petrus stand also an der Pforte und hielt Wache.

Nicht lange, so klopfte jemand an. Petrus fragte, wer da wäre und was er wollte. »Ich bin ein armer ehrlicher Schneider«, antwortete eine feine Stimme, »der um Einlaß bittet.«

»Ja, ehrlich«, sagte Petrus, »wie der Dieb am Galgen, du hast lange Finger gemacht und den Leuten· das Tuch abgezwickt. Du kommst nicht in den Himmel, der Herr hat mir verboten, solange er draußen wäre, irgend jemand einzulassen.«

»Seid doch barmherzig«, rief der Schneider, »kleine Flicklappen, die von selbst vom Tisch herabfallen, sind nicht gestohlen und nicht der Rede wert. Seht, ich hinke und habe von dem Weg daher Blasen an den Füßen, ich kann unmöglich wieder umkehren. Laßt mich nur hinein, ich will alle schlechte Arbeit tun. Ich will die Kinder tragen, die Windeln waschen, die Bänke, darauf sie gespielt haben, säubern und abwischen und ihre zerrissenen Kleider flicken.«

Der heilige Petrus ließ sich aus Mitleiden bewegen und öffnete dem armen Schneider die Himmelspforte so weit, daß er mit seinem dürren Leib hineinschlüpfen konnte. Er mußte sich in einen Winkel hinter die Türe setzen und sollte sich da still und ruhig verhalten, damit ihn der Herr, wenn er zurückkäme, nicht bemerkte und zornig würde.

Der Schneider gehorchte, als aber der heilige Petrus einmal zur Türe hinaustrat, stand er auf, ging voll Neugierde in allen Winkeln des Himmels herum und besah sich die Gelegenheit. Endlich kam er zu einem

Platz, da standen viele schöne und köstliche Stühle und in der Mitte ein ganz goldener Sessel, der mit glänzenden Edelsteinen besetzt war; er war auch viel höher als die übrigen Stühle, und ein goldener Fußschemel stand davor. Es war aber der Sessel, auf welchem der Herr saß, wenn er daheim war, und von welchem er alles sehen konnte, was auf Erden geschah. Der Schneider stand still und sah den Sessel eine gute Weile an, denn er gefiel ihm besser als alles andere. Endlich konnte er den Vorwitz nicht bezähmen, stieg hinauf und setzte sich in den Sessel.

Da sah er alles, was auf Erden geschah, und bemerkte eine alte häßliche Frau, die an einem Bach stand und wusch und zwei Schleier heimlich beiseite tat. Der Schneider erzürnte sich bei diesem Anblicke so sehr, daß er den goldenen Fußschemel ergriff und durch den Himmel auf die Erde hinab nach der alten Diebin warf. Da er aber den Schemel nicht wieder heraufholen konnte, so schlich er sich sachte aus dem Sessel weg, setzte sich an seinen Platz hinter die Türe und tat, als ob er kein Wasser getrübt hätte.

Als der Herr und Meister mit dem himmlischen Gefolge wieder zurückkam, ward er zwar den Schneider hinter der Türe nicht gewahr, als er sich aber auf seinen Sessel setzte, mangelte der Schemel. Er fragte den heiligen Petrus, wo der Schemel hingekommen wäre, der wußte es nicht. Da fragte er weiter, ob er jemand hereingelassen hätte. »Ich weiß niemand«, antwortete Petrus, »der dagewesen wäre, als ein lahmer Schneider, der noch hinter der Türe sitzt.« Da ließ der Herr den Schneider vor sich treten und fragte ihn, ob er den Schemel weggenommen und wo er ihn hingetan hätte.

»O Herr«, antwortete der Schneider freudig, »ich habe ihn im Zorne hinab auf die Erde nach einem alten Weibe geworfen, das ich bei der Wäsche zwei Schleier stehlen sah.«

»O du Schalk«, sprach der Herr, »wollt ich richten, wie du richtest, wie meinst du, daß es dir schon längst ergangen wäre? Ich hätte schon lange keine Stühle, Bänke, Sessel, ja keine Ofengabel mehr hier gehabt, sondern alles nach den Sündern hinabgeworfen. Fortan kannst du nicht mehr im Himmel bleiben, sondern mußt wieder hinaus vor das Tor: da sieh zu, wo du hinkommst. Hier soll niemand strafen denn ich allein, der Herr.«

Petrus mußte den Schneider wieder hinaus vor den Himmel bringen, und weil er zerrissene Schuhe hatte und die Füße voll Blasen, nahm er einen Stock in die Hand und zog nach Warteinweil, wo die frommen Soldaten sitzen und sich lustig machen.

4. Der Dreschflegel vom Himmel

Es zog einmal ein Bauer mit einem Paar Ochsen zum Pflügen aus. Als er auf den Acker kam, da fingen den beiden Tieren die Hörner an zu wachsen, wuchsen fort, und als er nach Haus wollte, waren sie so groß, daß er nicht mit zum Tor hineinkonnte. Zu gutem Glück kam gerade ein Metzger daher, dem überließ er sie, und schlossen sie den Handel dergestalt, daß er sollte dem Metzger ein Maß Rübsamen bringen, der wollt ihm dann für jedes Korn einen Brabanter Taler aufzählen. Das heiß ich gut verkauft!

Der Bauer ging nun heim und trug das Maß Rübsamen auf dem Rücken herbei; unterwegs verlor er aber aus dem Sack ein Körnchen. Der Metzger bezahlte ihn, wie gehandelt war, richtig aus; hätte der Bauer das Korn nicht verloren, so hätte er einen Brabanter Taler mehr gehabt. Indessen, wie er wieder des Wegs zurückkam, war aus dem Korn ein Baum gewachsen, der reichte bis an den Himmel. Da dachte der Bauer: »Weil die Gelegenheit da ist, mußt du doch sehen, was die Engel da droben machen, und ihnen einmal unter die Augen gucken.«

Also stieg er hinauf und sah, daß die Engel oben Hafer droschen, und schaute das mit an; wie er so schaute, merkte er, daß der Baum, worauf er stand, anfing zu wackeln, guckte hinunter und sah, daß ihn eben einer umhauen wollte. »Wenn du da herabstürztest, das wär ein böses Ding«, dachte er, und in der Not wußt er sich nicht besser zu helfen, als daß er die Spreu vom Hafer nahm, die haufenweis dalag, und daraus einen Strick drehte; auch griff er nach einer Hacke und einem Dreschflegel, die da herum im Himmel lagen, und ließ sich an dem Seil herunter. Er kam aber unten auf der Erde gerade in ein tiefes, tiefes Loch, und da war es ein rechtes Glück, daß er die Hacke hatte, denn er hackte sich damit eine Treppe, stieg in die Höhe und brachte den Dreschflegel zum Wahrzeichen mit, so daß niemand an seiner Erzählung mehr zweifeln konnte.

5. Der himmelhohe Baum

Einmal war's, keinmal war's, jenseits des Operenzenmeeres, diesseits der Glasberge, aber doch weiter als die Kleienschober, da war einmal ein König, der hatte eine schöne Tochter.

In seinem Garten stand ein himmelhoher Baum. Einmal erhob sich ein gewaltiger Wirbelsturm, das Ungewitter riß die Königstochter mit sich fort und entführte sie auf die Burg des neunköpfigen Drachen.

Der König hatte einen Traum, und als er erwachte, ließ er verkünden, wer ihm die Tochter wiederbringe, dem solle das Königreich gehören. Es meldeten sich viele Herzöge, Grafen und Barone, doch sie gelangten nicht einmal bis zur Hälfte des Weges.

Der König hatte in seiner Stadt einen Schweinehirten. Unter den Schweinen war auch ein kleines räudiges Ferkel; um dieses kümmerte sich aber keiner der Hirten, nur Klein-János. Einmal fing das Ferkel an zu reden und sagte zu ihm: »Klein-János, weißt du, daß der Wirbelsturm das Königsfräulein auf den himmelhohen Baum entführt hat? Weißt du, daß viele Herzöge, Grafen und Barone ausgezogen sind, daß sie nicht einmal bis zur Hälfte des himmelhohen Baumes gelangten und umkehren mußten? Geh und tritt vor den König, und sag ihm, er soll den Büffel mit den stumpfen Hörnern schlachten lassen, er soll dir sieben Paar Bundschuhe und sieben Anzüge bestellen und für sieben Wochen Wegzehrung geben. Dann mach dich auf, den himmelhohen Baum zu erklimmen.«

Klein-János trat vor den König. »Erlauchter König! Mein Leben und mein Sterben leg' ich in deine Hand. Laß mich auf den himmelhohen Baum klettern, damit ich das Königsfräulein zurückbringe.«

Neben dem König saß der Hofnarr, von dem holte sich der König Rat: »Was sagst du dazu, Narr?«

»Soviel nur, mein Herr: Jag mich fort, und mach diesen Bengel da zum Hofnarren!«

Da schrie der Hirtenknabe: »Ich will's euch trotzdem zeigen, daß ich das Königsfräulein zurückbringe!«

Darauf sprach der König: »Geh also, aber wenn du sie nicht zurück-

28

bringst, sollst du vom Baum herunterfallen, daß dir jedes Glied im Leibe in tausend Splitter zerbricht.«

Allein Klein-János ging nicht kopflos daran, den himmelhohen Baum zu erklimmen, er nahm auch seine kleine Axt mit. Wo er keinen Ast fand, schlug er eine Stufe in den Stamm, und so gelangte er immer höher und höher hinauf. Schon war das siebente Paar Bundschuhe um die Füße gebunden, als er zu jenem hinausragenden Ast kam, von dem ihm das Ferkel gesprochen hatte. Da sah er eine Burg, die sich auf diamantenen Füßen drehte. Siebentausend Fenster hatte diese Burg und auch an Treppen genau siebentausend.

Er denkt sich, hier wird er hineingehen. Wie er aber die Treppenstufe betreten will, fällt er immer wieder zurück. Als sich gerade die Treppe nach vorne drehte, schlug er seine kleine Axt hinein, hielt sich daran fest und konnte nun die Treppe ersteigen. Auf der obersten Stufe angelangt, wen erblickt er da zuallererst? Es war die Königstochter. Verwundert rief sie aus: »Klein-János, wie gelang es dir nur herzukommen, wo nicht einmal ein Vogel herkommt?«

»Ich bin den himmelhohen Baum hinaufgeklettert, um das Königsfräulein zu holen. Jetzt aber kommt mit mir zurück nach Hause!«

Da kam der neunköpfige Drache heraus.

»Was willst du hier, du Menschensding?«

Sprach das Königsfräulein: »Das ist mein kleiner Diener, er ist gekommen, um mir auch hier oben zu dienen.«

»Na«, sagte der Drache, »hier wirst du keine andere Arbeit haben, als den schlechten Gaul dort im Schuppen zu füttern und zu tränken. Du mußt aber stets das Gegenteil von dem tun, was er sagt.«

Der Gaul war übel dran; er lag nur noch auf den Bodenplanken und konnte gar nicht aufstehen. Sogleich gab er ihm Heu und Hafer und fütterte und striegelte ihn. Plötzlich begann der Gaul zu reden und sprach: »Klein-János, geh hinunter in den Keller, dort findest du ein Schwert und einen Sattel. Bring beides herauf, dann gehen wir auf die Jagd.«

Sie zogen durch den riesigen Wald.

»In diesem Wald haust ein Wildeber. Im Kopf dieses Wildebers ist ein Hase, im Kopf des Hasen sind sieben Pferdebremsen. Wenn wir die sieben Pferdebremsen vernichten, ist es auch mit dem Drachen aus.«

Na, sie zogen durch den riesigen Wald. Da stürzte ihnen plötzlich ein Wildeber mit mächtigen Hauern entgegen. Klein-János dachte bei sich: »Jetzt brauch' ich mich nicht selbst umzubringen, gleich wird mich dieser Wildeber verschlingen.«

Er sprang vom Pferd herunter und hieb dem Wildeber den Kopf entzwei. Wie der Kopf des Wildebers auseinanderfiel, schlüpfte der Hase heraus. Im selben Augenblick hatte ihn das fünffüßige Pferd niedergestampft, und Klein-János spaltete auch ihm den Kopf entzwei. Da fiel die Schachtel heraus. Drinnen summten die Pferdebremsen wie auf einer großen Dorfversammlung. Als auch die Pferdebremsen vernichtet waren, begab sich Klein-János frohgemut nach Hause. Der Drache lag schon im Sterben.

Sprach Klein-János: »Für deine Sünden laß einen Krug Wein springen!«

Sie tranken aus.

»Noch einen Krug Wein für die Sünden deines Vaters und deiner Mutter. Sag dann nicht, daß du durstig ins Jenseits gelangt bist! Und jetzt her mit dem Schwert! Jetzt mußt du sterben!«

Da sagte der Drache zu ihm: »Töte mich nicht, mein lieber Meister, denn ich bin besoffen wie die gelbe Erde.«

Damit ließ sich der Drache auf den Rücken fallen, so lang er war, und schlief ein. Klein-János nahm das Schwert und schlug dem Drachen alle neun Köpfe ab.

Er freute sich, denn nun konnte er vergnügten Herzens mit der Königstochter zusammenleben.

Aber einmal fing Klein-János zu grübeln an: »Was wird aus uns im Herbst, wenn vom Baum die Blätter fallen? Dann fallen wir ja auch hinunter, daß uns jedes Glied im Leibe in tausend Splitter zerbricht!«

Das fünffüßige Pferd wußte, warum sein lieber Herr so betrübt war, und sagte zu ihm: »Packt alles zusammen, was ihr braucht, dann setzt euch auf meinen Rücken und macht die Augen zu.«

Noch hatten sie die Augen nicht ganz zugemacht, da waren sie auch schon am Hofe des alten Königs. Klein-János sprang vom fünffüßigen Pferd und hob das Königsfräulein herunter. Er selber saß aber wieder auf und jagte wie der Wind davon, bis er das obere Ende der Stadt erreiche – in so lumpigen Kleidern wollte er sich nicht mit der Königstochter zeigen!

Am Ende der Stadt stieg er vom fünffüßigen Pferd, ließ sich einen großen Palast bauen und kaufte sich einen Spiegel, der bis zum Boden herabreichte. Danach ließ er den Schneider kommen und sich Kleider machen. Mit den neuen Kleidern betrachtete er sich im Bodenspiegel, ob er auch herrschaftlich genug aussehe. Und dann ging er hin und hielt um die Hand des Königsfräuleins an.

Zuerst begegnete er dem König. Der König aber sagte, seine Tochter wolle er niemandem zur Frau geben, solange er nicht wisse, ob ihr Lebensretter noch lebe oder tot sei.

Da kam die Königstochter herzu.

»Liebster Klein-János! Du hast mir das Leben gerettet, dir allein will ich ein treues Weib sein, bis sich der Sarg über mir schließt!«

Wer's nicht glaubt, überzeuge sich selbst davon!

6. Hähnchen und Hennchen

Ein Hähnchen und ein Hennchen gingen zusammen spazieren. Das Hähnchen fand eine Bohne, und das Hennchen fand eine Erbse. Das Hennchen fraß seine Erbse auf, aber das Hähnchen pflanzte die Bohne unter die Ofenbank, wo ein bißchen Erde war. Und die Bohne wuchs ganz nett in die Höhe. Als die Bohne bis an die Ofenbank reichte, rief das Hähnchen: »Ofenbank, weg da, daß meine Bohn' Platz hat!« Und die Ofenbank machte denn auch wirklich Platz, so daß die Bohne weiter wachsen konnte.

Nach einiger Zeit rief das Hähnchen: »Balken, weg da, daß meine Bohn' Platz hat!« Und der Balken mußte zur Seite weichen, so daß die Bohne weiter wachsen konnte.

Und wieder nach einer Weile rief das Hähnchen: »Dach, weg da, daß meine Bohn' Platz hat!« Und es wurde auch sofort ein Loch im Dach, so daß die Bohne weiter wachsen konnte.

So wuchs sie denn immer weiter und weiter bis an den Himmel; und das Hähnchen wollte gerade rufen, es solle da Platz gemacht werden! –

als Petrus den Himmel öffnete und der Bohne die Spitze abbrach. »Das ist mir ein großer Schaden!« sagte das Hahnchen. »Und der Petrus soll mir's schon entschädigen!« Und damit wanderte es sogleich in den Himmel.

Als der Petrus das Hahnchen angehört hatte, besann er sich und gab ihm zum Trost einen Sack voll Roggen und einen Sack voll Erbsen, so daß das Hahnchen wohl zufrieden sein konnte. Es ging mit den Säcken nach Hause zu seiner Frau und rief: »Da hast du für mich, für dich und für unsere Kinder!« Und alle fraßen, was sie konnten.

Als der Roggen und die Erbsen zu Ende waren, wanderte das Hahnchen wieder in den Himmel und klagte dem Petrus, daß der Schaden noch lange nicht gutgemacht sei. Da gab ihm der Petrus einen Sack voll Weizen und einen Sack voll Gerste, so daß das Hahnchen wohl zufrieden sein konnte. Es ging wieder mit den Säcken nach Hause zu seiner Frau und rief: »Für mich, für dich und für unsere Kinder!« Und alle fraßen, was sie konnten.

»Das ist mir noch nicht genug!« sprach das Hahnchen. »Der Schaden, den mir der Petrus gemacht hat, ist weit größer als das, was er mir gegeben.« Und damit ging er abermals in den Himmel und stellte dem Petrus alles vor. Der wurde nun aber zornig, besann sich jedoch wieder und gab dem Hahnchen einen Sack voll Hafer und noch sonst etwas. Als das Hahnchen nach Hause kam und alles in die Stube warf, rief es wieder: »Frau, das ist für mich, für dich und für unsere Kinder!« und fraß mit diesen um die Wette, bis nichts mehr da war.

Und dann wanderte mein Hahnchen wieder zum Himmel und wollte dem Petrus noch einmal alles vorklagen. Der aber rief: »Ich habe bloß drauf gewartet, daß du noch einmal herkämst! Warte nur, das Wasser ist schon bereit!«

Richtig, da stand schon der Kessel mit kochendem Wasser, und ehe das Hahnchen wußte, wie ihm geschah, war es in das Wasser hineingeworfen und starb drin gar jämmerlich. Danach machte der Petrus den Himmel auf und warf das tote Hahnchen hinaus, so daß es auf die Erde fiel und gerade vor die Tür von seinem eigenen Hause zu liegen kam.

Erst wartete das Hennchen mit Schmerzen, daß sein lieber Mann zurückkommen sollte; und da er nicht kam, öffnete die arme Frau die

Tür, um hinauszusehen – und so fand sie ihr Hähnchen tot liegen. Nun jammerte sie sehr und trug es auf einen breiten Zaunpfahl.

Das Hähnchen blieb aber nicht lange da liegen; die große, böse Weihe kam herbeigeflogen und schleppte es mit sich fort in ihr Haus, wo sie mit andern Vögeln wohnte.

Als das Hennchen bemerkte, daß sein lieber Mann gestohlen war, sagte es: »Ich werde in die Welt fahren und mein Hähnchen suchen, um es zu begraben!« und schaffte sich ein papiernes Wägelchen und vier Mäuse – als Pferde – an.

So fuhr das Hennchen in die Welt. Nach einer Weile begegnete ihm eine Stecknadel. Und die bat: »Schnipphennchen, nimm mich mit!«

»Meinetwegen!« sagte das Hennchen.

>»Setz dich hinten auf meinen Wagen,
Sieh, ob meine Rädchen tragen,
Hör, ob meine Mäuschen piepen,
Fahr nur immerzu!«

Und die Stecknadel setzte sich hinten auf den Wagen.

Wie das Fuhrwerk wieder eine Weile gefahren war, kam ein Entchen, und das bat auch: »Schnippentchen, nimm mich mit!«

»Meinetwegen!« sagte das Hennchen.

>»Setz dich hinten auf meinen Wagen,
Sieh, ob meine Rädchen tragen,
Hör, ob meine Mäuschen piepen,
Fahr nur immerzu!«

Und so setzte sich denn das Entchen neben die Stecknadel – und fort ging's.

Es dauerte nicht lange, so trafen sie ein Ei, und das bat ebenfalls: »Schnippentchen, nimm mich mit!«

>»Meinetwegen!« sagte das Hennchen.
>»Setz dich hinten auf meinen Wagen,
Sieh, ob meine Rädchen tragen,
Hör, ob meine Mäuschen piepen,
Fahr nur immerzu!«

So kam denn auch das Ei mit; und alle fuhren weiter.

Nach einer Weile trafen sie einen Mühlstein. Der bat: »Schnippent-chen, nimm mich mit!«

»Meinetwegen!« sagte das Hennchen.

> »Setz dich hinten auf meinen Wagen,
> Sieh, ob meine Rädchen tragen,
> Hör, ob meine Mäuschen piepen,
> Fahr nur immerzu!«

Und so kam auch der Mühlstein mit; und alle fuhren weiter, bis sie an das Haus kamen, wo die große Weihe wohnte. Die war aber gerade ausgeflogen.

Nun ging die Stecknadel und setzte sich da ins Handtuch; das Ent-chen setzte sich in die Teine mit Wasser, welche in der Ecke stand; das Ei verscharrte sich in der Asche auf dem Herde; der Mühlstein legte sich oben auf den Dachboden; und das Hennchen nahm einen Knüppel und legte sich damit in das Bett von der Weihe.

Es dauerte nun auch nicht mehr lange, da kam das alte, böse Tier nach Hause. Alle verhielten sich ganz still. Die Weihe war zwar hungrig, aber sie meinte, es sei schon zu spät zum Abendbrot; so wollte sie lieber schla-fen. Wie sie sich im Bett zurechtlegte, da flog ihr auch schon das Henn-chen mit dem Knüppel um den Kopf und gab ihr solchen Schlag, daß sie gleich wieder aus dem Bett herauskam. »Na«, sagte sie verwundert, »wenn ich meine Ruhe nicht finden soll, will ich doch noch Feuer anma-chen und Abendbrot kochen!« Und damit ging sie an den Herd.

Wie sie aber in der Asche herumwühlte, platzte das Ei ihr so in die Au-gen, daß ihr das Gesicht über und über klebrig wurde. »Tausend noch eins!« rief sie erschreckt und lief an den Krug mit Wasser, um sich abzu-waschen. Ja, da plätscherte mein Entchen so wild herum, daß das Wasser in die Höhe sprang und der Weihe über den Kopf kam.

Die lief nun voll Angst an das Handtuch, um sich die Augen klar zu machen, aber die Stecknadel riß ihr sofort das Gesicht entzwei.

Jetzt war die Weihe ganz außer sich und wollte ins Freie laufen; aber als sie am offenen Dachboden vorbeikam, kullerte ihr der Mühlstein auf den Kopf und schlug sie tot.

Wer war nun seliger als mein Hennchen? Denn es fing sofort an, im Hause herumzusuchen, und suchte und suchte, bis es endlich in einer Kammer sein liebes Hahnchen fand. Und ob es einer glauben will oder nicht – das Hahnchen war ganz lebendig; denn die böse Weihe hatte es wieder zum Leben erweckt und dann eingesperrt, um es eines schönen Tages verzehren zu können. Das war ihr nun nicht geglückt.

Das Hennchen aber ging mit seinem Hahnchen seelenvergnügt nach Hause. Sie lebten fortan in lauter Glück und leben vielleicht noch heute.

7. Die beiden Brüder

Es lebten einmal zwei Brüder, der eine war sehr reich, der andere war arm. Bei allen Gelegenheiten machte der reiche Bruder seinen armen Bruder im Gespräch unter den Dorfgenossen herunter, so daß der Unterschied nur noch schlimmer spürbar wurde. Damit war die Frau des Armen sehr unzufrieden und fragte immerzu, was das Glück sei und ob es nicht zu ihnen kommen wolle. Da der Mann ihr keine Antwort wußte, machte er sich auf die Reise, um Allah zu fragen.

Er ging und ging viele Tage lang, bis er ans Meer kam. Dort traf er einen büßenden Mann, der kniete auf einem nadelspitzen Felsen inmitten der schäumenden Meereswogen. Der fragte den Mann, wonach er suche. »Ich suche Allah«, antwortete dieser, »um ihn nach dem Glück zu fragen.«

»Wohlan denn«, gab der Büßer zurück, »wenn du Allah gefunden hast, dann frage ihn doch bitte auch, wann das Glück zu mir kommt!« Der Mann versprach es und zog weiter.

Nach vielen Tagen traf er im Wüstensand einen Menschenkopf, und als er herankam, sah er, daß er zu einem Mann gehörte, der bis zum Halse im Sand vergraben war. Auch dieser fragte den Reisenden, was er suche, und der Reisende antwortete: »Ich suche Allah und will ihn nach dem Glück fragen.«

»Wenn du ihn triffst«, bat ihn der im Sand Vergrabene, »dann frag ihn auch, wie lange ich hier so vergraben aushalten muß!« Der Reisende versprach es und zog weiter. Nach vielen Tagen kam er ins kahle Gebirge zu einem Einsiedler und bat um Herberge. Dieser Einsiedler lebte schon lange Zeit in seiner Klause und wurde auf wunderbare Weise ernährt: Täglich brachte ihm ein Rabe ein dunkles Roggenbrot und eine dunkelblaue Traube. Der Einsiedler lud den Wanderer ein, und als der Rabe die tägliche Mahlzeit brachte, staunte er sehr: Neben dem Roggenbrot und der dunklen Weintraube lagen ein Weizenbrot und eine helle gelbe Traube. Dies wird sicher für meinen Gast sein, sagte sich der Einsiedler, aber da er all die Jahre lang nur Roggenbrot und dunkle Trauben gegessen hatte, nahm er das helle Weizenbrot und die helle Traube für sich und gab seinem Gast das Roggenbrot und die dunkle Traube. Vor der Weiterreise fragte er den Wanderer, warum er herumreise, und dieser sprach zu ihm: »Ich suche Allah und will ihn nach dem Glück fragen.«

»So frage ihn denn auch«, sagte der Einsiedler, »ob er mir meinen Platz im Paradies schon bereitet hat!«

»Ich will es tun«, versprach der Wanderer und ging weiter.

Wieder wanderte er viele Tage durch ödes Land und kam eines Nachts zu einem Haus, wo er um ein Nachtlager bat. Die Frau rief ihm aber entgegen: »Renn schnell weg, wenn dir dein Leben lieb ist, denn mein Mann ist ein Räuber, er hat schon 99 Menschen erschlagen, und du wirst der Hundertste sein!«

»Draußen werden mich die wilden Tiere fressen, das ist wohl schlimmer, als von einem Räuber erschlagen zu werden. Nimm mich nur auf«, bat der Wanderer, und die Frau nahm ihn auf. Als der Räuber heimkam, sagte ihm seine Frau, daß sie einen Gast aufgenommen habe. Da schlachtete der Räuber einen Hammel und behielt seinen Gast drei Tage lang im Hause, bevor er ihn auf die Reise entließ. Beim Abschied bat er ihn: »Wenn du Allah getroffen hast, dann frag ihn doch, ob er meinen Platz in der Hölle schon bereitet habe.«

Nach vielen Tagen kam der Wanderer in einen tiefen Wald. Dort, wo der Wald am dichtesten war und keinen Ausweg mehr bot, hörte der Wanderer plötzlich eine Stimme. »Wen suchst du?«

»Ich suche Allah und will ihn nach dem Glück fragen«, rief der Wanderer zurück.

Da sprach Allah durch die Stimme: »Dein Glück besitzt du schon, du weißt es nur noch nicht. Geh nur heim, dein Glück ist dort!« Dann fragte der Wanderer nach dem Glück jener vier Männer, die ihm die Frage aufgetragen hatten, und Allah antwortete durch die Stimme: »Sag dem Mann auf dem Felsen im Meer: Wenn die Wellen noch höher schlagen, kommt das Glück zu ihm. Und dem Mann im Sand sag: Wenn er ungeduldig ist, werde ich einen Wind blasen lassen, der allen Sand fortweht, so daß er nackt dasteht. Dem Einsiedler sag: Sein Platz in der Hölle ist schon bereitet, und dem Räuber sag: Für seine Reue ist ihm sein Platz im Himmel schon bereitet.«

Da machte sich der Wanderer auf den Heimweg und besuchte die Männer, die ihm ihre Fragen aufgetragen hatten, und gab ihnen die Antworten, die Allah ihm im Walde gegeben hatte. Nachdem er heimgekehrt war, wurde ihm alles zum Besten. Seine Frau schenkte ihm viele Kinder, und Reichtum zog in sein Haus ein.

Eines Tages kam Allah in Gestalt eines armen Bettlers vor seine Haustür und bat um ein Mahl. Der Mann wollte sogleich einen Bock schlachten, doch die Frau nahm ihn beiseite und sagte: »Für diesen armen Lumpen wirst du doch nicht einen Bock schlachten! Wir haben eine Katze, die ist gut genug für ihn.« Da nahm der Mann die Katze, schlachtete sie und ließ sie zubereiten, dann tischte er sie auf. Da sprach der Gast: »Katze, spring fort!« und die Katze sprang lebendig davon. Mit ihr verschwand auch das Glück aus dem Hause. Der Bettler ging weiter und ließ die Leute zurück, die von Stund an verarmten, bis sie wieder so arm waren wie zu Anfang: ohne Kinder und ohne Auskommen.

Sie waren nämlich nicht wirklich reich geworden, nur äußerlich.

8. Die Paradiesblume

Es war einmal ein Mann, der hatte drei Töchter.

Die älteste Tochter sagte zu ihrem Vater: »Kaufe mir einen Spiegel, der von allein zu mir kommt, in den ich hineinblicken kann und der sich wieder entfernt und auf den Tisch stellt!«

Der Vater erfüllte ihr die Bitte.

Die mittlere Tochter bat: »Kaufe mir einen Schal, der sich mir, wenn ich will, von selbst umlegt, und der sich, wenn ich will, wieder zusammenfaltet und in die Truhe legt!«

Auch ihr kaufte der Vater so einen Schal.

Jetzt bat ihn die jüngste Tochter: »Lieber Vater, bring mir doch eine Paradiesblume, damit ich sie in mein Haar stecken kann!«

Was konnte der Vater machen? Er reiste in das Land der Ungeheuer, schlich sich in einen Garten, pflückte eine Paradiesblume und brachte sie seiner Tochter.

Ein Ungeheuer bemerkte den Diebstahl der Blume, folgte der Spur des Mannes, kam an dessen Haustür und rief: »Hausherr!«

Die älteste Tochter sprach: »Die soll hinaussehen, der der Vater den Schal gebracht hat!«

Die zweite sagte: »Die soll hinaussehen, der der Vater den Spiegel gebracht hat!«

Da blickte die jüngste hinaus. Das Ungeheuer schaute sie an und sah, daß die Paradiesblume in ihrem Haar leuchtete. Da packte es sie an der Hand und entführte sie. Es nahm sie mit und stellte sie als Hausmagd an.

Das Mädchen fiel in Trübsal, sie trank nicht mehr, sie aß nicht mehr, Tag und Nacht saß sie da und vergoß heiße Tränen.

Ganz in der Nähe wohnte eine arme alte Witwe, der tat das Mädchen leid. Einmal rief sie sie zu sich und sagte: »Kind, bring mir Wein. Ich will einen Schlaftrunk mischen, den sollst du der Mutter des Ungeheuers zu trinken geben, dann wird sie einschlafen, und du kannst fliehen.«

Das Mädchen brachte ihr einen Chelada Wein, die Alte bereitete einen Schlaftrunk und gab ihn dem Mädchen. Die nahm ihn und gab ihn der Mutter des Ungeheuers zu trinken. Als sie fest eingeschlafen war, pflückte das Mädchen die Paradiesblumen, füllte sich einen Korb damit und eilte nach Hause.

Als das Ungeheuer von der Flucht des Mädchens und dem Pflücken der Paradiesblumen erfuhr, nahm es wütend die Verfolgung auf. Das Mädchen rannte dahin, und das Ungeheuer folgte ihr. Am Wegesrand stand eine Kapelle. Das Mädchen stürzte hinein und verschloß die

Tür. Das Ungeheuer warf sich gegen die Tür und begann dagegenzuschlagen. Bald flehte es das Mädchen an, bald drohte es ihr: »Öffne die Tür!« Doch das Mädchen hörte nicht auf das Ungetüm. Da das Ungeheuer nichts auszurichten vermochte, kehrte es nach Hause zurück.

In dieser Kirche lag der Sohn eines Herrschers, der am Tag starb, nachts aber lebendig wurde.

Als es dunkelte, stand der junge Mann auf, zündete eine Kerze an, sah das Mädchen in einer Nische sitzen und fragte: »Was bist du, was für ein Wesen, was hat dich hierhergeführt?«

Das Mädchen erzählte ihm ihr Abenteuer. Der junge Mann bat sie: »Du sollst meine Frau und ich will dein Mann sein!« Das Mädchen willigte ein.

Der junge Mann sprach: »Am Tage muß ich sterben, und nachts werde ich lebendig, fürchte dich nicht!«

Eine Zeitlang lebten sie so zusammen. Da war der Frau anzusehen, daß sie schwanger war.

Der junge Mann sprach zu ihr: »Geh in meine Heimat, und bring das Kind dort zur Welt!«

Die Frau brach auf, ging zu dem Herrscher und sagte zu ihm: »Laß mich diese Nacht hier zubringen!«

Die Königin befahl den Dienern, sie mitzunehmen und im Hühnerstall unterzubringen.

In der Nacht gebar die Frau einen Jungen mit goldenem Haar.

In der zweiten Nacht kam ihr Mann und rief: »Frau, Paradies-Mariam!«

»Ja?«

»Was hast du für ein Kind?«

»Dank Gottes Barmherzigkeit einen Jungen mit goldenem Haar!« rief die Frau.

In der nächsten Nacht kam er wieder und rief: »Frau, Paradies-Mariam!«

»Ja?«

»Worauf bist du gebettet?«

»Dank Gottes Barmherzigkeit auf Stroh und Maisblätter!«

Das hörte eine Zofe und brachte der Königin die Nachricht: »Herrin, gestern nacht ist jemand zu der Frau gekommen und hat ihr zugerufen. Es klang ganz wie die Stimme von unserem Aleksi.«

Die Königin ging zu der Wöchnerin und bat sie: »Wenn er heute nacht wiederkommt, so sage ihm, er soll hereinkommen. Ich werde mich hinter die Tür stellen, vielleicht ist es mein Aleksi.«

In jener Nacht kam der junge Mann wieder und rief: »Frau, Paradies-Mariam!«

»Ja?«

»Was hast du zu essen?«

»Dank Gottes Barmherzigkeit ein Stück Brot!«

»Weh deinem Aleksi, deine Speise sollten Mandeln und Rosinen sein!«

Da rief ihm die Frau zu: »Komm kurz herein!«

»Nein, ich kann nicht hineinkommen!«

»Komm nur, mein Lieber, nur kurze Zeit, und dann gehst du wieder!«

Der junge Mann ging hin. Als er zur Tür hereintrat, erkannte ihn die Mutter: »Das ist mein Aleksi.« Freudig umarmte und küßte sie ihn.

Nun starb der Sohn am Tag und blieb auch nachts tot. Die Frau begann zu weinen. Sie steckte den jungen Mann in einen Sack und bat die Schwiegereltern: »Begrabt ihn nicht, bevor ich zurückkehre.« Sie selbst aber brach auf zur Mutter der Sonne.

Unterwegs begegnete sie Leuten, die wollten mit einem Pflug pflügen. Sie wollten die Joche lösen, brachten es aber nicht zustande. Sie fragten die Frau: »Wohin gehst du?«

»Zur Mutter der Sonne!«

»Dann bring doch auch in Erfahrung, was wir tun sollen!«

Sie lief weiter und begegnete Schäfern. Die wollten die Schafe auf die Weide treiben und brachten es doch nicht fertig. Sie fragten: »Wohin gehst du?«

»Zur Mutter der Sonne!«

»Dann bring doch auch in Erfahrung, was wir tun sollen!«

Die Frau lief weiter und kam zu einem Haus. Darin wohnten drei heiratsfähige Töchter. Als sie hörten, daß die Frau zur Mutter der

Sonne ging, sagten sie: »Bringe doch auch in Erfahrung, was wir tun sollen. Wir sind heiratsfähig und haben noch nicht heiraten können.«

Sie lief weiter. Da traf sie einen Hirsch, dessen Geweih reichte bis an den Himmel.

Die Frau bat ihn: »Hirsch, senke den Kopf, und wirf mich hinauf in den Himmel!«

»Dann bring doch auch in Erfahrung, was ich tun soll!« sagte der Hirsch. Er senkte das Geweih und warf sie in den Himmel hinauf.

Die Frau ging zur Mutter der Sonne. Die sprach zu ihr: »Kind, was hat dich hierhergeführt? Hätte mein Kind dich zu Hause angetroffen und wäre es nicht gerade über der Welt unterwegs, hätte es dich bestimmt aufgefressen.«

Die Frau erzählte der Mutter der Sonne ihre Erlebnisse und berichtete ihr auch von dem Pflug, den Schafen, den Mädchen und dem Hirsch. Die Mutter der Sonne verwandelte die Frau in einen Besen und lehnte ihn hinter die Tür.

Als die Sonne kam, sagte sie zu ihrer Mutter: »Ich spüre Menschengeruch!«

»Nein, Kind, was sollte ein Mensch hier wollen, was du dir so ausdenkst!«

»Aber natürlich, ich spüre Menschengeruch!«

»Wenn doch ein Mensch da wäre, Kind, dann könnte er wenigstens mit mir sprechen. Vor Einsamkeit bin ich fast taub geworden. Frage mich nicht nach dem, was nicht da ist. Warum erzählst du mir denn nicht, was auf der Welt geschieht? Weißt du etwa nichts Erstaunliches zu berichten, daß du mir nie etwas sagst?«

»Wozu soll ich es dir denn sagen?«

»Warum, Kind, ich bin deine Mutter, und du willst mir nicht die Antwort deines Herzens sagen?«

»Gut, Mutter, weil du es hören willst, werde ich es dir sagen: Der Sohn eines Herrschers zog auf die Jagd. Weil es ihm nicht gelang, etwas zu erlegen, schoß er zornig mit dem Pfeil nach mir. Da habe ich ihn verflucht: Tagsüber sollst du tot sein, nachts aber lebendig. Jetzt aber habe ich ihn sterben lassen. Wenn er von dem Wasser trinken würde, mit dem ich mein Gesicht wasche, würde er wieder lebendig werden. An einem

Ort ist es nicht gelungen, einen Pflug anzuschirren. Wenn man die Eisenjoche löste und die hölzernen auflegte, würde es ihnen gelingen, und sie könnten pflügen. An einem anderen Ort haben sie Schafe, doch es gelingt ihnen nicht, sie auf die Weide zu treiben. Wenn sie Gott ein Schaf opferten, könnten sie es hintreiben. In einem Haus leben drei Mädchen in heiratsfähigem Alter. In der Dämmerung fegen sie das Haus und werfen mir den Kehricht auf den Schoß. Wenn sie es unterlassen, hinter der Sonne das Haus zu fegen, können sie heiraten. An einer Stelle steht ein Hirsch, dessen Geweih bis an den Himmel reicht. Es gelingt ihm nicht, es abzuwerfen. Wenn er Maiwasser tränke, könnte er wieder an das Gras heranlangen.«

Die Mutter brachte der Sonne eine Schüssel und ließ ihr Kind Gesicht und Hände waschen.

Als sich die Sonne wieder zu ihrem Gang über die Welt begab, verwandelte die Alte den Besen wieder in die Frau. Sie goß ihr das Gesichtswaschwasser der Sonne in eine Flasche und gab sie ihr mit: »Nimm das, Kind, gib es deinem Mann zu trinken, und er wird wieder lebendig werden!«

Die Frau machte sich auf den Weg. Sie brachte dem Hirsch Nachricht und auch den Mädchen, den Schäfern und den Pflügern und eilte nach Hause.

Man wusch dem Verstorbenen das Gesicht, flößte das Gesichtswaschwasser der Sonne in seinen Mund und erweckte ihn wieder zum Leben. Dann feierte man eine prächtige Hochzeit.

9. Marienkind

Vor einem großen Walde lebte ein Holzhacker mit seiner Frau, der hatte nur ein einziges Kind, das war ein Mädchen von drei Jahren. Sie waren aber so arm, daß sie nicht mehr das tägliche Brot hatten und nicht wußten, was sie ihm sollten zu essen geben.

Eines Morgens ging der Holzhacker voller Sorgen hinaus in den Wald an seine Arbeit, und wie er da Holz hackte, stand auf einmal eine schöne große Frau vor ihm, die hatte eine Krone von leuchtenden Sternen auf dem Haupt und sprach zu ihm: »Ich bin die Jungfrau Maria, die Mutter des Christkindleins: Du bist arm und dürftig, bring mir dein Kind, ich will es mit mir nehmen, seine Mutter sein und für es sorgen.« Der Holzhacker gehorchte, holte sein Kind und übergab es der Jungfrau Maria, die nahm es mit sich hinauf in den Himmel. Da ging es ihm wohl, es aß Zuckerbrot und trank süße Milch, und seine Kleider waren von Gold, und die Englein spielten mit ihm.

Als es nun vierzehn Jahr alt geworden war, rief es einmal die Jungfrau Maria zu sich und sprach: »Liebes Kind, ich habe eine große Reise vor, da nimm die Schlüssel zu den dreizehn Türen des Himmelreichs in Verwahrung: Zwölf davon darfst du aufschließen und die Herrlichkeiten darin betrachten, aber die dreizehnte, wozu dieser kleine Schlüssel gehört, die ist dir verboten: Hüte dich, daß du sie nicht aufschließest, sonst wirst du unglücklich.«

Das Mädchen versprach, gehorsam zu sein, und als nun die Jungfrau Maria weg war, fing sie an und besah die Wohnungen des Himmelreichs. Jeden Tag schloß es eine auf, bis die zwölfe herum waren.

In jeder aber saß ein Apostel und war von großem Glanz umgeben, und es freute sich über all die Pracht und Herrlichkeit, und die Englein, die es immer begleiteten, freuten sich mit ihm. Nun war die verbotene Tür allein noch übrig, da empfand es eine große Lust zu wissen, was dahinter verborgen wäre, und sprach zu den Englein: »Ganz aufmachen will ich sie nicht und will auch nicht hineingehen, aber ich will sie aufschließen, damit wir ein wenig durch den Ritz sehen.«

»Ach nein«, sagten die Englein, »das wäre Sünde: Die Jungfrau Maria hat's verboten, und es könnte leicht dein Unglück werden.« Da schwieg es still, aber die Begierde in seinem Herzen schwieg nicht still, sondern nagte und pickte ordentlich daran und ließ ihm keine Ruhe. Und als die Englein einmal alle hinausgegangen waren, dachte es: Nun bin ich ganz allein und könnte hineingucken, es weiß es ja niemand, wenn ich's tue.

Es suchte den Schlüssel heraus, und als es ihn in der Hand hielt, steckte es ihn auch in das Schloß, und als es ihn hineingesteckt hatte, drehte es auch um. Da sprang die Türe auf, und es sah da die Dreieinigkeit im Feuer und Glanz sitzen. Es blieb ein Weilchen stehen und betrachtete alles mit Erstaunen, dann rührte es ein wenig mit dem Finger an den Glanz, da ward der Finger ganz golden. Alsbald empfand es eine gewaltige Angst, schlug die Türe heftig zu und lief fort. Die Angst wollte auch nicht wieder weichen, es mochte anfangen, was es wollte, und das Herz klopfte in einem fort und wollte nicht ruhig werden: Auch das Gold blieb an dem Finger und ging nicht ab, es mochte waschen und reiben, soviel es wollte. Gar nicht lange, so kam die Jungfrau Maria von ihrer Reise zurück. Sie rief das Mädchen zu sich und forderte ihm die Himmelsschlüssel wieder ab. Als es den Bund hinreichte, blickte ihm die Jungfrau in die Augen und sprach: »Hast du auch nicht die dreizehnte Türe geöffnet?«

»Nein«, antwortete es. Da legte sie ihre Hand auf sein Herz, fühlte, wie es klopfte und klopfte, und merkte wohl, daß es ihr Gebot übertreten und die Türe aufgeschlossen hatte. Da sprach sie noch einmal: »Hast du es gewiß nicht getan?«

»Nein«, sagte das Mädchen zum zweitenmal. Da erblickte sie den Finger, der von der Berührung des himmlischen Feuers golden geworden war, sah wohl, daß es gesündigt hatte, und sprach zum drittenmal: »Hast du es nicht getan?«

»Nein«, sagte das Mädchen zum drittenmal. Da sprach die Jungfrau Maria: »Du hast mir nicht gehorcht und hast noch dazu gelogen, du bist nicht mehr würdig, im Himmel zu sein.« Da versank das Mädchen in einen tiefen Schlaf, und als es erwachte, lag es unten auf der Erde, mitten in einer Wildnis. Es wollte rufen, aber es konnte keinen Laut hervorbringen. Es sprang auf und wollte fortlaufen, aber wo es sich hinwendete, immer ward es von dichten Dornhecken zurückgehalten, die es nicht durchbrechen konnte.

In der Einöde, in welche es eingeschlossen war, stand ein alter hohler Baum, das mußte seine Wohnung sein. Da kroch es hinein, wenn die Nacht kam, und schlief darin, und wenn es stürmte und regnete, fand es darin Schutz: Aber es war ein jämmerliches Leben, und wenn es daran dachte, wie es im Himmel so schön gewesen war und die Engel mit ihm gespielt hatten, so weinte es bitterlich. Wurzeln und Waldbeeren waren seine einzige Nahrung, die suchte es sich, soweit es kommen konnte. Im Herbst sammelte es die herabgefallenen Nüsse und Blätter und trug sie in die Höhle, die Nüsse waren im Winter seine Speise, und wenn Schnee und Eis kamen so kroch es wie ein armes Tierchen in die Blätter, daß es nicht fror. Nicht lange, so zerrissen seine Kleider und fiel ein Stück nach dem andern vom Leib herab. Sobald dann die Sonne wieder warm schien, ging es heraus und setzte sich vor den Baum, und seine langen Haare bedeckten es von allen Seiten wie ein Mantel. So saß es ein Jahr nach dem andern und fühlte den Jammer und das Elend der Welt.

Einmal, als die Bäume wieder in frischem Grün standen, jagte der König des Landes in dem Wald und verfolgte ein Reh, und weil es in das Gebüsch geflohen war, das den Waldplatz einschloß, stieg er vom Pferd, riß das Gesträppe auseinander und hieb sich mit seinem Schwert einen Weg. Als er endlich hindurchgedrungen war, sah er unter dem Baum ein wunderschönes Mädchen sitzen, das saß da und war von seinem goldenen Haar bis zu den Fußzehen bedeckt. Er stand still und betrachtete es voll Erstaunen, dann redete er es an und sprach: »Wer bist du? Warum sitzest du hier in der Einöde?«

Es gab aber keine Antwort, denn es konnte seinen Mund nicht auftun. Der König sprach weiter: »Willst du mit mir auf mein Schloß gehen?« Da nickte es nur ein wenig mit dem Kopf. Der König nahm es auf seinen Arm, trug es auf sein Pferd und ritt mit ihm heim, und als er auf das königliche Schloß kam, ließ er ihm schöne Kleider anziehen und gab ihm alles im Überfluß. Und ob es gleich nicht sprechen konnte, so war es doch schön und holdselig, daß er es von Herzen liebgewann, und es dauerte nicht lange, da vermählte er sich mit ihm.

Als etwa ein Jahr verflossen war, brachte die Königin einen Sohn zur Welt. Darauf in der Nacht, wo sie allein in ihrem Bette lag, erschien ihr die Jungfrau Maria und sprach: »Willst du die Wahrheit sagen und gestehen, daß du die verbotene Tür aufgeschlossen hast, so will ich deinen Mund öffnen und dir die Sprache wiedergeben: Verharrst du aber in der Sünde und leugnest hartnäckig, so nehm ich dein neugebornes Kind mit mir.« Da war der Königin verliehen zu antworten, sie blieb aber verstockt und sprach: »Nein, ich habe die verbotene Tür nicht aufgemacht«, und die Jungfrau Maria nahm das neugeborene Kind ihr aus den Armen und verschwand damit.

Am andern Morgen, als das Kind nicht zu finden war, ging ein Gemurmel unter den Leuten, die Königin wäre eine Menschenfresserin und hätte ihr eigenes Kind umgebracht. Sie hörte alles und konnte nichts da-

gegen sagen, der König aber wollte es nicht glauben, weil er sie so lieb hatte.

Nach einem Jahr gebar die Königin wieder einen Sohn. In der Nacht trat auch wieder die Jungfrau Maria zu ihr herein und sprach: »Willst du gestehen, daß du die verbotene Türe geöffnet hast, so will ich dir dein Kind wiedergeben und deine Zunge lösen: Verharrst du aber in der Sünde und leugnest, so nehme ich auch dieses Neugeborne mit mir.« Da sprach die Königin wiederum: »Nein, ich habe die verbotene Tür nicht geöffnet«, und die Jungfrau nahm ihr das Kind aus den Armen weg und mit in den Himmel.

Am Morgen, als das Kind abermals verschwunden war, sagten die Leute ganz laut, die Königin hätte es verschlungen, und des Königs Räte verlangten, daß sie solle gerichtet werden. Der König aber hatte sie so lieb, daß er es nicht glauben wollte, und befahl den Räten, bei Leibes- und Lebensstrafe nichts mehr darüber zu sprechen.

Im nächsten Jahre gebar die Königin ein schönes Töchterlein, da erschien ihr zum drittenmal nachts die Jungfrau Maria und sprach: »Folge mir.«

Sie nahm sie bei der Hand und führte sie in den Himmel und zeigte ihr da ihre beiden ältesten Kinder, die lachten sie an und spielten mit der Weltkugel. Als sich die Königin darüber freute, sprach die Jungfrau Maria: »Ist dein Herz noch nicht erweicht? Wenn du eingestehst, daß du die verbotene Tür geöffnet hast, so will ich dir deine beiden Söhnlein zurückgeben.«

Aber die Königin antwortete zum drittenmal: »Nein, ich habe die verbotene Tür nicht geöffnet.« Da ließ sie die Jungfrau wieder zur Erde herabsinken und nahm ihr auch das dritte Kind.

Am andern Morgen, als es ruchbar ward, riefen alle Leute laut: »Die Königin ist eine Menschenfresserin, sie muß verurteilt werden«, und der König konnte seine Räte nicht mehr zurückweisen. Es ward ein Gericht über sie gehalten, und weil sie nicht antworten und sich nicht verteidigen konnte, ward sie verurteilt, auf dem Scheiterhaufen zu sterben. Das Holz wurde zusammengetragen, und als sie an einen Pfahl festgebunden war und das Feuer ringsumher zu brennen anfing, da schmolz das harte Eis des Stolzes, und ihr Herz ward von Reue bewegt, und sie dachte: »Könnt ich nur noch vor meinem Tode gestehen, daß ich die Tür geöffnet habe«, da kam ihr die Stimme, daß sie laut ausrief: »Ja, Maria, ich habe es getan!« Und alsbald fing der Himmel an zu regnen und löschte die Feuerflammen, und über ihr brach ein Licht hervor, und die Jungfrau Maria kam herab und hatte die beiden Söhnlein zu ihren Seiten und das neugeborne Töchterlein auf dem Arm. Sie sprach freundlich zu ihr: »Wer seine Sünde bereut und eingesteht, dem ist sie vergeben«, und reichte ihr die drei Kinder, löste ihr die Zunge und gab ihr Glück für das ganze Leben.

10. Der Mond

Vorzeiten gab es ein Land, wo die Nacht immer dunkel und der Himmel wie ein schwarzes Tuch darüber gebreitet war, denn es ging dort niemals der Mond auf, und kein Stern blinkte in der Finsternis. Bei Erschaffung der Welt hatte das nächtliche Licht ausgereicht.

Aus diesem Land gingen einmal vier Burschen auf die Wanderschaft und gelangten in ein anderes Reich, wo abends, wenn die Sonne hinter den Bergen verschwunden war, auf einem Eichbaum eine leuchtende Kugel stand, die weit und breit ein sanftes Licht ausgoß. Man konnte dabei alles wohl sehen und unterscheiden, wenn es auch nicht so glänzend wie die Sonne war. Die Wanderer standen still und fragten einen Bauer, der mit seinem Wagen vorbeifuhr, was das für ein Licht sei. »Das ist der Mond«, antwortete dieser, »unser Schultheiß hat ihn für drei Taler gekauft und an den Eichbaum befestigt. Er muß täglich Öl aufgießen und ihn rein erhalten, damit er immer hell brennt. Dafür erhält er von uns wöchentlich einen Taler.«

Als der Bauer weggefahren war, sagte der eine von ihnen: »Diese Lampe könnten wir brauchen, wir haben daheim einen Eichbaum, der ebenso groß ist, daran können wir sie hängen. Was für eine Freude, wenn wir nachts nicht in der Finsternis herumtappen!«

»Wißt ihr was?« sprach der zweite, »wir wollen Wagen und Pferde holen und den Mond wegführen. Sie können sich hier einen andern kaufen.«

»Ich kann gut klettern«, sprach der dritte, »ich will ihn schon herunterholen.« Der vierte brachte einen Wagen mit Pferden herbei, und der dritte stieg den Baum hinauf, bohrte ein Loch in den Mond, zog ein Seil hindurch und ließ ihn herab. Als die glänzende Kugel auf dem Wagen lag, deckten sie ein Tuch darüber, damit niemand den Raub bemerken sollte. Sie brachten ihn glücklich in ihr Land und stellten ihn auf eine hohe Eiche. Alte und Junge freuten sich, als die neue Lampe ihr Licht über alle Felder leuchten ließ und Stuben und Kammern damit erfüllte. Die Zwerge kamen aus den Felsenhöhlen hervor, und die kleinen Wichtelmänner tanzten in ihren roten Röckchen auf den Wiesen den Ringeltanz.

Die vier versorgten den Mond mit Öl, putzten den Docht und erhielten wöchentlich ihren Taler. Aber sie wurden alte Greise, und als der eine erkrankte und seinen Tod voraussah, verordnete er, daß der vierte Teil des Mondes als sein Eigentum ihm mit in das Grab sollte gegeben werden.

Als er gestorben war, stieg der Schultheiß auf den Baum und schnitt mit der Heckenschere ein Viertel ab, das in den Sarg gelegt ward. Das

Licht des Mondes nahm ab, aber noch nicht merklich. Als der zweite starb, ward ihm das zweite Viertel mitgegeben, und das Licht minderte sich. Noch schwächer ward es nach dem Tod des dritten, der gleichfalls seinen Teil mitnahm, und als der vierte ins Grab kam, trat die alte Finsternis wieder ein. Wenn die Leute abends ohne Laterne ausgingen, stießen sie mit den Köpfen zusammen.

Als aber die Teile des Mondes in der Unterwelt sich vereinigten, so wurden dort, wo immer Dunkelheit geherrscht hatte, die Toten unruhig und erwachten aus ihrem Schlaf. Sie erstaunten, als sie wieder sehen konnten; das Mondlicht war ihnen genug, denn ihre Augen waren so schwach geworden, daß sie den Glanz der Sonne nicht ertragen hätten. Sie erhoben sich, wurden lustig und nahmen ihre Lebensweise wieder an. Ein Teil ging zum Spiel und Tanz, andere liefen in die Wirtshäuser, wo sie Wein forderten, sich betranken, tobten und zankten und endlich ihre Knüttel aufhoben und sich prügelten. Der Lärm ward immer ärger und drang endlich bis in den Himmel hinauf.

Der heilige Petrus, der das Himmelstor bewacht, glaubte, die Unterwelt wäre in Aufruhr geraten, und rief die himmlischen Heerscharen zusammen, die den bösen Feind, wenn er mit seinen Gesellen den Aufenthalt der Seligen stürmen wollte, zurückjagen sollten. Da sie aber nicht kamen, so setzte er sich auf sein Pferd und ritt durch das Himmelstor hinab in die Unterwelt. Da brachte er die Toten zur Ruhe, hieß sie sich wieder in die Gräber legen und nahm den Mond mit fort, den er oben am Himmel aufhing.

11. Gottes Schwiegersohn und der Richter

Ein Vater hatte einen Sohn. Einmal, um die Frühjahrszeit, nahm der Gutsherr dem Vater sein Gesinde, so daß der Arme betteln gehen mußte. Der Sohn ging dann auch in die Welt hinaus und verdingte sich bei einem Pastor als Knecht.

Nach drei Jahren erhielt er von dem Pastor drei Groschen Lohn und schickte sich an fortzugehen. Im letzten Augenblick kam ihm noch der Gedanke, am Brunnen zu trinken. Aber – verdammt! – während er trinkt, fallen ihm seine drei Groschen plumps! in die Tiefe. Der Pastor, der das Unglück seines Knechtes vom Fenster aus mit angesehen hatte, sagte: »Willst du, mein Söhnchen, deine Groschen zurückbekommen, so mußt du weitere drei Jahre dienen. In jedem Jahr kannst du dir einen Groschen zurückschöpfen.«

So geschah es. Als der Bursche nach abermals drei Jahren fortzog, gab ihm der Pastor seine zurückverdienten Groschen, dazu eine kleine Spritze, ein Tüchlein und folgenden Rat: »Zieh in das Spritzchen Wasser, spritz damit einen Strahl rings um dich her, und breite das Tüchlein unter deinen Kopf, so wird dir kein Leid widerfahren.«

In der ersten Nacht gedachte der Bursche im Walde zu nächtigen. Er tat, wie ihn der Pastor geheißen hatte, und schlief ein. Da, um Mitternacht, kommen mit Gebrüll Löwen, doch nicht näher als bis zu dem Bannkreis. Sie verbeugen sich ehrerbietig und gehen wieder fort. Nach den Löwen kommen Bären, sodann Wölfe, und die machen es ebenso. Als der Morgen dämmerte, kam ein schönes Mädchen an den Kreis, weckte lächelnd mit leiser Stimme den Jüngling und sagte: »Liebes Brüderchen, du kannst wohl zu mir gelangen, nicht aber ich zu dir. Reich mir die Hand, und führ mich über den Bannkreis. Fürchte dich nicht, ich bin nicht etwa ein Gespenst, denn ein Gespenst hat nicht Fleisch und Bein.«

Der Bursche reichte ihr die Hand, aber nun auch fürs Leben. In seiner Freude über das ihm von Gott geschenkte Liebchen glaubte er, der Glücklichste auf Erden zu sein. Aber seine Liebste erklärte ihm: »Hier im Wald unter Bären und Wölfen ist unser Glück noch nicht vollkommen. Komm nur mit mir, ich führe dich in Haus, Hof und Feld deiner Väter zurück, und dort wollen wir ein glückliches Leben führen.«

So geschah es, das Gesinde, das seinen Vätern gehört hatte, wurde gefunden. Zwar war die Hütte inzwischen verfallen, aber während er sich nach einem Beil auf den Gutshof begab, entstand ein stattliches Schloß, und für die Hochzeit war gerüstet.

Doch am dritten Tag stellte sich auch schon der Neider ein, und das kam so: Als der in der Nachbarschaft wohnende Richter das ungeheure Glück der jungen Leute sah, lief er auf das Gut und erzählte dem Gutsherrn das Wunder: »Kannst du dir denken, so ein junger Bursche nimmt sich heraus, auf deinem Gebiet ein Schloß zu errichten. Wirf sie doch hinaus, daß sie sich auf ehrliche Weise ihr Brot verdienen!«

Der Herr schickte einen Arbeiter und ließ fragen, wer dort wohne. Man antwortete ihm, der Sohn des armen Mannes. Da sagte der Richter zum Herrn: »Gib diesem Bettlerssohn den Auftrag, einen Bären müde zu reiten. Kann er das, so mag er im Schloß leben.« Aber was will man dem Gerechten zuleide tun? Der Sohn des Armen breitet sein Tüchlein aus und reitet den Bären im Schaum. Als der Bär auf dem Gutshof freigelassen wird, wirft er alles über den Haufen, und der Herr muß noch darum bitten, daß der Bär wieder fortgeführt wird.

So vergehen drei Wochen. Danach erschien der Richter wieder beim Herrn. »Was fällt ihm ein, auf deinem Grund und Boden ein Schloß zu bauen! Befiehl ihm, deines Vaters Schatz aufzusuchen. Kann er das, so mag er wohnen bleiben!« Der Sohn des Armen übernahm es, die Stelle zu benennen, wo der Schatz verwahrt sei, das könne jedoch erst nach sieben Jahren geschehen. Zuerst müsse er in den Himmel fahren, um den Vater des Gutsherrn zu fragen, wo er den Schatz verborgen habe. Als der Richter von dieser Absicht hörte, bat er, ihn mitzunehmen. Jener war damit einverstanden. Da schlachtete der Richter eine Menge Vieh und backte sich einen Vorrat Brot, um sieben Jahre damit auszukommen, und am dritten Tag fand er sich mit seinen Vorräten an der besprochenen Stelle, im Morast einer Tanne, ein.

Der Sohn des Armen hingegen kam nur mit einem kleinen Stöckchen, das seine Frau ihm gegeben hatte, zur Tanne. Er hieß den Richter auf den Wipfel des Baumes zu steigen, er selbst setzte sich auf die Wurzeln wie in einen Lehnsessel, schlug dann dreimal mit seinem Stäbchen an die Tanne, knauks, knauks! und sieh da, die Tanne flog auf wie ein Vogel. Erst vor dem Himmel fiel dem Richter sein großer Vorratssack ein, der unten im Sumpf liegengeblieben war. Spring jetzt hinunter und hol ihn!

Im Himmel fällt ihnen zuerst ein kleines Wirtshaus ins Auge, vor dem sich zwei prügeln. Als der eine von ihnen die beiden vorübergehen sah, rief er dem Sohn des Armen mit lauter Stimme zu: »Schwiegersohn Gottes, tritt auch für uns ein!«

»Ich weiß nicht, ob ich Gottes Schwiegersohn bin«, antwortete jener und ging weiter. Darauf kommen die beiden zu einer Mühle, wo Tag und Nacht Hunde heulen. Die rufen ebenso: »Schwiegersohn Gottes, tritt auch für uns ein!«

»Ich weiß nicht, ob ich Gottes Schwiegersohn bin«, antwortete er wiederum und geht weiter. Bald nach der Mühle sehen sie ein großes Feld, wo Mensch an Mensch mit den Nasen pflügen. Die rufen ebenfalls: »Schwiegersohn Gottes, tritt auch für uns ein!«

»Ich weiß nicht, ob ich Gottes Schwiegersohn bin.«

Nicht weit hinter dem Feld erblicken sie ein großes Milchmeer, auf dem Schiff an Schiff steht, alle mit Menschen gefüllt. Das Meer schlägt so gewaltige Wogen, daß man denkt, die Schiffe müßten augenblicklich umschlagen und die Insassen ertrinken. Die rufen auch: »Schwiegersohn Gottes, tritt für uns ein!«

Endlich gelangen die beiden an das Himmelstor und klopfen an. Gott macht ihnen auf und wundert sich: »Mein liebes Schwiegersöhnchen, was willst du denn hier?«

»Je nun, mein Herr hat mich hergeschickt, mich zu erkundigen, wo seines Vaters Geld sich befindet. Wenn ich ihm das nicht sagen kann, wird er mir das Schloß wegnehmen.«

»Ich weiß, ich weiß alles. Sag, war es nicht der Richter, der deinem Herrn diesen Rat eingegeben hat?«

»Ich weiß nicht, ob ihm jemand den Rat gegeben hat«, antwortet der Schwiegersohn Gottes.

»Aber ich weiß es. Darum geh du, gerechter Richter, geradewegs zu jenem eisernen Karren, spanne den Vater deines Herrn ab und dich selbst für sieben Jahre an seiner Stelle ein, damit der Alte sich inzwischen ausruht. Aber nun sag mir, mein Sohn, was hast du denn unterwegs Schönes hier gesehen?«

»Ich sah vor dem Wirtshaus zwei miteinander raufen.«

»Das sind die, welche sich auf Erden in den Wirtshäusern geprügelt haben. Die müssen jetzt unaufhörlich bis zum Jüngsten Tag miteinander raufen. Nun, was hast du noch gesehen?«

»Ich hörte an einer Mühle Hunde heulen.«

»Das sind die Gerichtsbeamten und die Vögte, die ohne Grund die Geringen auf Erden gequält haben. Dafür müssen sie hier heulen bis zum Jüngsten Gericht. Was sahst du noch?«

»Ich sah auf dem Feld Menschen mit Nasen pflügen.«

»Das sind die, die ihren Nachbarn Gemarkung und Feldscheide umgepflügt oder sonst durch unredliche Mittel Gewinn eingeheimst haben. Dafür müssen sie bis zum Jüngsten Gericht so pflügen. Was sahst du noch?«

»Ich sah ein großes Milchmeer, wo die Leute in ewiger Gefahr zu sinken sind, ohne doch wirklich zu versinken.«

»Das sind Hexen, die bis zum Jüngsten Gericht in Gefahr bleiben, im Wasser unterzugehen.«

Nach sieben Jahren gab der Vater des Gutsherrn an, daß sein Schatz, sieben Fässer Gold und sieben Fässer Silber, unter der Kornkammer vergraben sei. Darauf ließ Gott den Richter abschirren und den Vater des Guts-herrn wieder anschirren. Als das geschehen war, rief der Schwiegersohn Gottes: »Tanne, trag uns vom Himmel wieder auf die Erde hinab.« Und beide gelangten auf die Erde.

Am Morgen eilte der Gutsaufseher zum Herrn und meldete ihm, daß der Richter wieder zu Hause sei. Sogleich rief ihn der Herr zu sich, aber als er ihn sah, wunderte er sich: »O weh, Brüderchen, was bist du abgemagert. Rein zu einer Gräte bist du eingeschrumpft! Hat man dir denn im Himmel gar nichts zu essen gegeben? Hast du auch etwas über den Schatz erfahren können?«

»Zu essen hab ich wohl bekommen, aber viel war es nicht! Vom Schatz habe ich auch nichts erfahren. Du mußt den Sohn des Armen rufen lassen, vielleicht wird der etwas davon wissen.« Von dem eisernen Karren sagte der Richter kein Sterbenswörtchen.

Nun ließ der Herr den Sohn des Armen rufen und erfuhr von ihm, wo das Geld verborgen war. Der Herr war über den wiedergefundenen Schatz hoch erfreut und erlaubte ihm, in seinem Schloß zu wohnen, solange es ihm gefiele.

Nach einigen Wochen erschien der Richter wieder bei dem Gutsherrn: »Weshalb erlaubst du ihnen, dort zu wohnen? Weißt du was, wir wollen von den Arbeitern einen großen Kessel mit Pech füllen lassen, ein ordentliches Feuer darunter anheizen, und dann sollen die beiden dort hineinspringen.« Alles wurde getan, wie er geraten hatte, aber die beiden brannten nicht im Pech, sie plätscherten dahin wie in einem Bad und lasen ohne Ende goldene Dukaten in ihre Taschen. »Herr«, rief der Richter, als er das sah, »das ist dein Kessel, dein Pech und Holz, wie können sie daraus goldene Dukaten lesen?«

»Sie gehören wohl mir«, erwiderte der Herr, »aber was ist da zu machen?«

»Was ist da zu machen? Laß sie herauskommen, und wir wollen hineinspringen und die Dukaten aufsammeln.«

»Ja, das wollen wir tun!« Aber wie nun die beiden hineinsprangen, so schmoren sie noch in dieser Stunde. Dem Sohn des Armen blieb sein Schatz, und das Gut des Herrn mit allem, was dazugehörte, fiel ihm noch obendrein zu.

12. Vom Schmied, der den Teufel drankriegte

Es war einmal ein Schmied, dem es von Anfang sehr gutging. Er nahm eine reiche Frau und arbeitete selbst recht ordentlich, und so fehlte es an nichts.

Nach einigen Jahren aber begann er fürchterlich zu trinken; er war mehr in der Schenke als in der Schmiede und hörte nicht eher auf zu trinken, bis alles vertrunken war. Als er nun nichts mehr hatte, ging er in den Wald und wollte sich aufhängen. Aber er fand so schnell keinen dazu tauglichen Baum, und als er lange vergeblich suchend im Walde hin- und hergegangen war, begegnete er einem Jäger, der grün gekleidet war, und das war der Teufel. Der sagte zu ihm: »Schmied, was suchst du?«

Der Schmied sagte: »Ich suche einen geeigneten Baum, um mich daran zu erhängen, kann aber keinen finden.«

»Warum willst du dich denn erhängen?«

Der Schmied antwortete: »Was soll ich länger auf der Welt machen? Ich habe nichts mehr, zechen kann ich nicht mehr, arbeiten mag ich nicht, und borgen will mir auch niemand; jetzt heulen und schreien Frau und Kinder, da sie Hunger leiden müssen, daß ich zu Hause keine Ruhe mehr habe; so will ich denn hier im Walde ein Ende mit mir machen.«

»Das ist nicht recht; was wäre dir denn eigentlich nötig, wenn dir jemand helfen wollte?«

»Ich brauche weiter nichts als nur immer Geld in Fülle.«

Der Jäger sagte: »Wenn du dich mir versprechen wolltest, so gebe ich dir sieben Jahre hindurch so viel Geld, als du nur verbrauchen kannst, und in deiner Schmiede einen stets vollen Sack fertiger Hufnägel; nach sieben Jahren aber werde ich kommen und dich holen.«

Der Schmied ging, ohne sich lange zu besinnen, den Vertrag ein, und als sie beide darüber sich geeinigt hatten, sagte der Jäger: »Nimm nun das Messer, und ritze dich damit am Zeigefinger, und mit dem Blut schreib deinen Namen unter diese Verschreibung.« Der Schmied tat das, und dann trennten sie sich, und jeder ging seines Weges.

Als der Schmied nach Hause kam, begann er sogleich, in allen Ecken zu suchen, ob er nicht irgendwo einen Beutel mit Geld fände, und sieh da! Hinter dem Ofen war ein tüchtiger Quersack voll Geld hingestellt. Da freute er sich sehr darüber und kaufte zuerst Brot und sonstige Bedürfnisse, sowie Kleider, damit er nicht mehr in Lumpen einhergehen mußte.

Sodann richtete er seine Schmiede so ein, daß er mit vielen Gesellen arbeiten konnte, und ein Sack voll Hufnägel stand immer in einer Ecke. Dann kaufte er viel Eisen ein, so daß niemand, der bei ihm arbeiten ließ, das Eisen zu kaufen nötig hatte. Und als er so alles aufs allerbeste eingerichtet hatte, saß er wieder tagtäglich in der Schenke, spielte Karten und lebte flott; denn an Geld konnte es ihm nie fehlen. In seiner Schmiede ging die Arbeit sehr gut; er hielt zwölf recht starke Gesellen, die mußten Tag für Tag arbeiten, soviel sie vermochten, denn er gab ihnen einen guten Lohn. Aber alle Arbeit für jedermann und alles dazu nötige Eisen mußte umsonst getan werden; ob nun am Wagen oder am Schlitten etwas zu machen war, ob Pferde beschlagen wurden oder sonst etwas geschah – alles war umsonst. Deshalb kamen die Leute aus großer Entfernung in die Schmiede, und alle Tage war es da, als wäre Jahrmarkt.

Als er so etwa vier Jahre lang gearbeitet hatte, kamen auch drei feine Herren, die ließen ihre Pferde beschlagen. Und als sie beschlagen waren, wollten die Herren bezahlen; die Gesellen aber sagten: »Wir dürfen nicht die geringste Bezahlung annehmen; unser Meister läßt für jedermann umsonst arbeiten.« Die Herren wollten es aber umsonst nicht haben und baten, man sollte den Meister rufen.

Die Gesellen sagten: »Unser Meister ist in der Schenke; wollt ihr mit ihm reden, so müßt ihr in die Schenke gehen, denn er hört auf niemanden.« Da ritten die Herren zur Schenke und ließen den Schmied herausrufen. Als der Schmied zur Haustür herauskam, fragten ihn die Herren, was sie für das Beschlagen ihrer drei Pferde schuldig wären. Der Schmied sagte: »Liebe Herren, in meiner Schmiede ist alle Arbeit umsonst; ich will auch für die eurige nichts.« Da sagte einer von den dreien: »Weil du durch deine Schmiedearbeit so vielen Menschen so viele Wohltaten erwiesen hast, so haben auch alle Leute dich in Ehren gehalten und für dich Fürbitte eingelegt und dir alles Gute gewünscht, und deshalb kannst du dir jetzt von uns drei oder vier Dinge erbitten, was du nur willst.«

Der Schmied sagte: »Wenn ihr mir das gestattet, so möchte ich bitten, daß ihr mir eine solche Macht gebt, daß, wenn ich in meinem Herzen denke: Der oder jener, der sich in meiner Schmiede an den Sack mit den Hufnägeln stellen wird, soll da stehenbleiben, daß er so lange dabei stehenbleiben muß wie angegossen, bis ich ihm erlaube wegzugehen. Zum zweiten möchte ich bitten, daß jeder, der von meinem Apfelbaum, der so schöne Äpfel trägt, pflücken wird, wenn ich denke: Er solle daran hängen bleiben, von dem Baum nicht hinweg können soll, bis ich es gestatte. Und zuletzt noch: Ich habe zu Hause einen schönen Sessel. Wenn sich einer daraufsetzt, und ich denke, er soll darauf kleben bleiben, daß er davon nicht aufstehen kann, bis ich es gestatte.«

Die Herren versprachen ihm das alles und fragten ihn: »Ist das schon alles?« Der Schmied sagte: »Weiter will ich nichts«. Die Herren aber forderten ihn auf, wohl nachzudenken, ob ihm nicht noch etwas einfiele, es könnte ihm sonst dereinst leid tun. Der Schmied aber schüttelte den Kopf und meinte, mehr zu tun sei nicht nötig.

Da verließen ihn die drei Herren und setzten ihre Reise fort. Einer von ihnen war aber der Apostel Petrus.

Der Schmied trank nachher wieder wie vorher und kam nicht einmal zum Essen nach Hause, sondern ließ sich das Essen ins Wirtshaus bringen. Während er dieses liederliche Leben führte, verflossen die sieben Jahre, und der Tag kam heran, an dem er fortmußte.

Da kam jener Jäger in die Schmiede und fragte die Gesellen, wo der Meister sei: »Er muß heute mit mir fort.« Die Gesellen sagten: »Unser Meister ist in der Schenke.« Der Jäger verlangte, daß einer hinginge und ihn herbrächte. Sie aber gaben zur Antwort: »Wir haben keine Zeit, und unser Meister hört auch auf niemanden, geh nur selbst in die Schenke.«

Der Jäger ging nun selbst hin und fand den Schmied zechend und prahlend; er ging auf ihn zu und sagte zu ihm: »Na, du läßt dir hier so ohne alle Sorgen wohl sein; weißt du denn nicht, daß du heute mit mir gehen mußt?«

Der Schmied sagte: »Oh, das weiß ich recht wohl, aber das hat ja doch keine solche Eile, ich muß noch meinen Branntwein austrinken. Komm her, trink mit!« Als sie den Branntwein ausgetrunken, ging der Schmied mit dem Jäger nach Hause, um noch von allen Abschied zu nehmen.

Als sie aber aus der Schenke in des Schmiedes Haus kamen, sagte der Schmied: »Weißt du was, wir können ja auch reiten, wozu sollten wir zu Fuß gehen.« Jenem gefiel das, und der Schmied ließ sogleich die zwei besten Pferde herausführen und satteln. Kurz vorher hatte es aber geregnet, und es war sehr glatt, und die Pferde waren nicht beschlagen, deshalb sagte der Schmied zum Jäger, sie könnten nicht auf unbeschlagenen Pferden reiten, sondern sie müßten vorher beschlagen werden.

Der Schmied begann nun selbst, sie in aller Hast zu beschlagen, und sagte zum Jäger, er sollte ihm schnell Hufnägel bringen. Als aber der Jäger, der ja der Teufel war, zum Sack hinging und mit beiden Händen in den Sack hineingriff, da dachte der Schmied: »Ach, wenn der doch am Sack stehenbleiben müßte!« Da konnte der Teufel weder vom Platz noch sich auch nur rühren. Der Schmied rief: »Eil dich, bring schnell Hufnägel her!« Aber jener konnte auch nicht einen Schritt weit vom Sack weg. Nachdem sich der Schmied so vergewissert hatte, daß der Jäger nicht mehr vom Sack weg konnte, rief er alle seine Gesellen zusammen und ließ sie den Teufel prügeln.

Da kamen sie, einer mit der Zange, einer mit dem Hammer, einer mit einem glühenden Eisen und so jeder mit dem, was er erwischen konnte. Denn auch die Gesellen wußten, daß das der Teufel war und daß er ge-

kommen war, ihren Herrn zu holen. Deswegen hieben sie auf ihn los und riefen: »Wirst du unseren Meister dalassen?« Zuerst wollte er nicht, als sie ihm fast alles Fleisch von den Knochen geschlagen hatten, da versprach er es. Aber das war nicht genug, er mußte es auch beschwören! Dann kam der Meister und ließ ihn los, und da verschwand er wie ein Blitz.

Tags darauf war schon ein anderer da. Der Meister war wieder in der Schenke. Der Teufel kam in die Schmiede und befahl den Gesellen, sie sollten den Meister holen. Die Gesellen sagten: »Was haben wir mit dir zu schaffen; hast du was beim Meister zu tun, so geh in die Schenke!« Der Teufel ging in die Schenke hin und fuhr den Schmied barsch an: »Was hast du hier zu tun, weißt du nicht, daß schon gestern dein Termin war? Jetzt mach, daß du fortkommst! Ich werde dich lehren, gestern meinen Gefährten so zu prügeln: heute fahre ich mit dir.« Der Schmied erschrak über diese Worte, ließ seinen Branntwein da und ging gleich nach Hause und bat den Teufel, er sollte ihn nur sich anderes anziehen lassen; denn die Alltagskleider, die er trug, waren nicht schön und arg schmutzig. Und als er sich angekleidet hatte, sagte er: »Jetzt können wir gehen, aber laß uns durch den Baumgarten gehen, damit mich niemand auslacht.«

Als sie durch den Baumgarten und vor jenem Apfelbaum vorbeigingen, der so gute Äpfel trug, da duftete das dem Teufel so herrlich und süß, und er fragte den Schmied: »Was duftet da so lecker?«

Der Schmied sagte: »Nun, wir können ja nehmen, soviel wir wollen, unterwegs wird es uns guttun, wenn wir etwas zu beißen haben. Geh nur hin und schüttle den Apfelbaum!« Der Teufel ging hin, umklammerte den Baum und schüttelte so, daß er ihn beinahe mit den Wurzeln herausriß und alle Äpfel abschüttelte. Als er aber vom Baum wegwollte, um die Äpfel aufzulesen, da war er wie angeschlossen an den Baum, und er konnte nicht loskommen.

Als nun der Schmied sah, daß er fest am Baume hing, da rief er wieder alle seine Gesellen herbei, und die bearbeiteten den ebenso wie den anderen, daß es schrecklich anzusehen war. Der aber wollte sich so bald nicht ergeben, und deswegen prügelten, zerrten, rauften und rissen ihn die Gesellen so lange, bis er versprach, den Meister dazulassen; und nachdem er das versprochen und beschworen hatte, ließ ihn der Meister los, und er schleppte sich eilig fort.

Am dritten Tage kam bei Zeiten der dritte Teufel; der Schmied war zwar wieder nicht zu Hause, sondern in der Schenke, aber an dem Tage trank er keinen Branntwein, sondern war sehr besorgt wegen der ihm bevorstehenden Reise.

Als ihn der Teufel dort fand, begann er, ihn so fürchterlich anzubrüllen, daß der Schmied und alle seine Gefährten und der Wirt nicht wenig erschraken, und der Schmied, der kein Wort sagte, mußte mit dem Teufel gehen.

Nachdem beide aus der Schenke gegangen waren, faßte sich der Schmied wieder ein Herz und bat den Teufel, er möchte ihm doch erlauben, sich den Bart abzuscheren. Der Teufel hatte nichts dagegen, und so gingen denn beide in die Stube. In der Stube sah sich der Teufel da und dort um und erblickte auch jenen feinen Sessel, und während sich der Schmied den Bart schor, bewunderte er immer den Sessel. Als das der Schmied sah, sagte er: »Setz dich doch mal zur Probe darauf, du wirst sehen, wie angenehm man auf einem solchen Sessel sitzt! Wozu stehst du denn, kannst du denn nicht sitzen, bis ich mit meinem Bart fertig bin?« Der Teufel ließ sich denn auch nicht weiter bitten, auf dem Sessel Platz zu nehmen, und konnte nicht genug rühmen, wie angenehm man da säße.

Als sich der Schmied feingemacht hatte, sagte er: »Jetzt können wir gehen.« Der Teufel wollte schnell vom Stuhl aufstehen, aber das konnte er auf keine Weise. Er versuchte es so und so, aber es ging nicht. Da hatte der Schmied eine große Freude, daß er auch den tollsten und schlimmsten Teufel gefangen hatte, und rief seine Leute zusammen, um auch den so auszuzahlen wie die beiden anderen. Der Teufel aber wollte aushalten, und wenn sie auch noch so übel mit ihm verführen; deshalb hatten sie viel Arbeit mit ihm, und es dauerte lange, bis sie ihn zwangen. Der Schmied aber war entschlossen, ihn nicht wieder vom Stuhl loszulassen, wenn er nicht ohne ihn weggehen wollte, und wenn es nicht möglich wäre, ihn zu zwingen. Deswegen drehten sie ihm Hände und Füße aus und verrenkten ihm alle Glieder, aber es half nichts.

Als sie aber anfingen, ihn mit schrecklich heiß gemachten glühenden Eisen zu schlagen und zu stoßen und über und über zu brennen, da konnte er solche Marter nicht aushalten und fing an zu flehen, sie sollten ihn doch loslassen, er würde ja den Schmied nicht mitnehmen.

Da sagte der Schmied: »Wenn du mir versprechen und halten kannst, daß weder du noch ein anderer mehr kommen wird, um mich anzufechten und in die Hölle zu bringen, so werde ich dich loslassen; wenn nicht, so kannst du ewig auf dem Sessel sitzen.« Der Teufel, der schon hinreichend erfahren hatte und der einsah, daß er mit seiner Macht von dem Stuhl nicht loskommen konnte, versprach alles, was der Schmied begehrte, und dann ließ ihn der Schmied los; da bedankte sich der Teufel und verbeugte sich tief, als er sich entfernte, und ging seines Weges. Von der Zeit an versuchte auch nicht eines der höllischen Scheusale zum Schmiede zu kommen.

Der Schmied aber war von nun an ein ganz anderer Mensch. Er ging nicht mehr ins Wirtshaus, sondern in die Schmiede und arbeitete da mit seinen Gesellen immer um die Wette; und da der Teufel von der Zeit an weder Hufnägel noch Geld mehr brachte, so ließ sich der Schmied für seine Arbeit bezahlen.

Als er aber lange genug gelebt hatte, starb er und kam zur Himmelspforte und bat, man möchte ihn in den Himmel einlassen. Da sagte Petrus: »Erinnerst du dich, daß ich dir sagte, du solltest dir noch eines wünschen, nämlich den Himmel; du wolltest aber nicht, und deshalb können wir dich auch nicht aufnehmen. Geh gesund weiter!«

Der Schmied überlegte hin und her, mußte aber von der Tür weg; er sah, wie einer um den anderen hineinging; er aber kam nicht hinein. Da entschloß er sich, in die Hölle zu gehen. Als er zur Hölle kam, klopfte er an die Tür, und als ein Teufelchen kam und aufmachte und den Schmied erblickte, fragte es ihn: »Was bist du für einer?« Er sagte: »Ich bin der Schmied.« Als die anderen Teufel drinnen das Wort vernahmen, da begann eine solche Bewegung unter dem höllischen Haufen, daß man hätte meinen sollen, es stürze alles zusammen. Sogleich sprangen einige herbei und schlugen, pitsch, patsch, die Türe zu und schrien mit vor Schreck entstellter Stimme: »Der Schmied, der Schmied!« und verriegelten die Türe, sosehr sie nur konnten, mit eisernen Balken. So gelang es dem Schmied auch nicht, in die Hölle zu kommen. Er wartete lange darauf, daß man die Tür aufmachte. Da es aber nicht geschah, mußte er fortgehen. Jetzt trieb er sich lange Zeit auf der Erde und unter dem Himmel herum und fand keinen Ort für sich und wußte nicht, wohin er gehen sollte.

Endlich faßte er folgenden Entschluß: »Ich will noch einmal zur Himmelspforte gehen, und wenn man mich auf Bitten nicht einlassen will, so muß ich es mit List versuchen.«

Er kam also wieder zur Pforte und bat, sosehr er nur konnte, man möchte ihn in den Himmel lassen, aber Petrus sagte: »Ich kann dich nicht hereinlassen, weil du den Himmel nicht gewollt hast.«

Da drückte er sich nun da herum, bis man eines Tages, wer weiß weshalb, eine sehr herrliche Musik zu machen begann. Als der Schmied die Musik hörte, kam er an die Pforte und bat, man sollte ihn doch ein wenig hineinsehen lassen. Da öffnete Petrus die Pforte völlig und sagte: »Na da schau, zuschauen lassen wir dich.« Anfänglich sah er immer nur von ferne zu und wunderte sich über all die Herrlichkeit; aber dann kam er ganz allmählich immer um ein Schrittchen näher, und immer wollte er bald da, bald dort etwas sehen, bis er an die Toröffnung kam; und als er dort war, nahm er sein Schurzfell, und mit einem Male tat er einen Sprung über die Schwelle hinüber, aber so, daß er auf sein Schurzfell kam. Petrus und alle seine Gefährten wurden nun nicht wenig böse über den Schmied und wollten ihn hinauswerfen. Der Schmied aber sagte: »Meine lieben Herren Pförtner, ich bitt euch, nicht so arg auf mich zu schelten; ich bin ja nicht auf eurem Grund und Boden, ich liege auf meinem Schurzfell, und da, meine ich, braucht ihr kein solches Geschrei zu machen.« So konnten sie denn dem Schmied nichts tun, und so liegt er denn noch heute an der Himmelstür auf seinem Schurzfell.

13. Wie der Gutsbesitzer in den Himmel kam

Es war einmal ein Gutsbesitzer. Als sein Stündlein gekommen war, machte er sich auf den Weg nach dem Himmel. Er war schon mehrere Tage unterwegs, da kam er endlich zum Himmelstor; dort klopfte er mit zitternder Hand an.

Gleich fragte Petrus: »Wer ist da?« Der Gutsbesitzer erwiderte: »Ich bin ein Gutsbesitzer, komme aus der sündigen Welt und bitte, mich in den Himmel einzulassen.«

Petrus antwortete: »Gutsbesitzer werden im Himmel nicht aufgenommen, sie müssen alle direkt in die Hölle wandern, denn der Himmel ist voll von Juden, welche durch Schuld der Gutsbesitzer auf der Reise nach Amerika umgekommen sind.«

Der Gutsbesitzer bat noch mehrere Male, doch Petrus gab immer dieselbe Antwort. Da half es schließlich nichts: Er mußte in die Hölle wandern, denn auf die Erde wollte er auch nicht mehr zurück.

Auf dem Wege zur Hölle kam dem Gutsbesitzer sein alter Advokat entgegen, der fragte ihn: »Was siehst du so mißmutig aus?« Der Gutsbesitzer antwortete: »Wie sollt ich nicht mißmutig sein? Ich wollt in den Himmel kommen, aber Petrus ließ mich nicht zum Tor hinein. Er schickte mich in die Hölle, denn der Himmel soll voller Juden sein.«

Der Advokat sprach: »Komm zurück! Ich will dich schon hineinbringen, hab ich doch auch auf Erden deine Sachen immer gut geführt; ich werd auch mit Petrus schon fertig werden.« Der Gutsbesitzer ließ sich das nicht zweimal sagen. Er ging sogleich mit dem Advokaten zurück. Der Gutsbesitzer und der Advokat langten endlich vor dem Himmelstor an. Der Advokat klopfte ans Tor. Petrus fragte: »Wer ist da?« Der Advokat antwortete: »Ein alter ehrlicher Gutsbesitzer mit seinem Advokaten.« Petrus sprach: »Ich habe doch schon gesagt, daß Gutsbesitzer nicht in den Himmel kommen!« Der Advokat entgegnete: »Mach das Tor auf und laß wenigstens mich hinein.«

Petrus öffnete das Himmelstor, der Advokat ging hinein und sagte zu Petrus: »Geh rasch, und ruf mir den lieben Gott selber herbei, ich will ihn persönlich wegen des Gutsbesitzers sprechen; solange du fort bist, bleibe ich hier als Torhüter.« Petrus ging.

Kaum war er fort, so rief der Advokat mit lauter Stimme in den Himmel hinein: »He! Ich komme grade aus der Hölle, der Teufel versteigert heute alte Kleider!« Kaum hatte er das gesprochen, so stürmten alle Juden zum Himmelstor. Es dauerte nicht lange, so waren sie alle aus dem Himmel hinaus. Jetzt ließ der Advokat den Gutsbesitzer ein, und als Petrus zurückkam, da konnte er nichts dawider sagen, denn Platz war ja genug da.

Seit jener Zeit läßt Petrus aber keinen einzigen Advokaten mehr in den Himmel hinein.

REISEN IN DIE HÖLLE

14. Die Palmölverkäuferin

Mein Märchen handelt von einem kleinen Mädchen, das Palmöl herstellte. Eines Tages, als es wieder einmal Palmöl gepreßt hatte, brachte es das Öl auf den Markt, um es zu verkaufen, und blieb bis zum Einbruch der Dunkelheit. Als es dunkel war, kam ein Geist, kaufte das Palmöl und bezahlte mit ein paar Kauris. Das Mädchen zählte die Kauris nach, und da fehlte eine. Sie bat den Geist um die fehlende Kauri, aber der Geist antwortete, er habe keine Kauris mehr. Da begann das Mädchen zu weinen: »Meine Mutter wird mich schlagen, wenn ich mit einer Kauri zuwenig heimkomme.«

Der Geist ging weg, und das kleine Mädchen lief ihm nach. »Kehr um«, sagte der Geist, »geh heim. Niemand kann das Land betreten, in dem ich lebe.«

»Nein«, sagte das kleine Mädchen, »wo du hingehst, will ich auch hingehen, bis du mir meine Kauri bezahlt hast.«

So lief das Mädchen ihm immer weiter hinterher. Es war ein langer, langer Weg. Dann kamen sie in das Land, wo die Menschen in den Mörsern auf dem Kopf stehen und den Jams mit dem Kopf stampfen. Aber sie gingen weiter und kamen an einen Fluß aus lauter Unrat.

Der Geist sang: »Oh, kleine Palmölverkäuferin, kehr jetzt um.«

Und das Mädchen sang: »Ohne meine Kauri laß ich dich nicht.«

Dann sang der Geist wieder: »Oh, kleine Palmölverkäuferin, bald führt dieser Pfad an den blut'gen Fluß. Kehr jetzt um.«

Und sie: »Ich kehr nicht um.«

Und er: »Siehst du den finstern Wald?«

Und sie: »Ich kehr nicht um.«

Und er: »Siehst du das Felsengebirg'?«

Und sie: »Ich kehr nicht um. Ohne meine Kauri laß ich dich nicht.«

Da gingen sie wieder weiter. Nach einem langen, langen Weg kamen sie in das Totenreich. Der Geist gab dem Mädchen Palmnüsse und sagte: »Iß das Palmöl, und gib mir die Schale.« Aber als das Öl ausgepreßt war, erhielt es der Geist, und das Mädchen aß selber die Schale. Der Geist sagte: »Sehr gut.«

Bald darauf gab ihm der Geist eine Banane, und sagte: »Iß die Banane und gib mir die Schale.« Aber das Mädchen schälte die Banane, gab sie dem Geist und aß selber die Schale.

Dann sagte der Geist zu dem Mädchen: »Pflücke drei Ados. Pflücke aber nicht die Ados, die rufen: ›Pflück mich, pflück mich‹, sondern die, die nichts sagen, und kehr dann heim. Wenn du auf halbem Wege bist, zerbrich eine Ado. Wenn du an deiner Haustür bist, zerbrich die zweite, und wenn du drin bist, zerbrich die dritte.« Das Mädchen erwiderte: »Gut so.« Es pflückte die Ados, wie ihr aufgetragen war, und kehrte heim.

Auf halbem Wege zerbrach sie eine Ado, und sieh da! viele Sklaven und Pferde kamen hervor und folgten ihr. An der Haustür brach das kleine Mädchen die zweite Ado, und sieh da! viele Tiere kamen hervor, Schafe, Ziegen und Hühner, über zweihundert, und sie folgten ihr. Als sie im Haus war, zerbrach sie die letzte Ado, und sofort war das ganze Haus voller Kauris. Sie quollen aus Türen und Fenstern.

Die Mutter des kleinen Mädchens nahm zwanzig Tücher, zwanzig Perlenschnüre, zwanzig Schafe und Ziegen und zwanzig Hühner und wollte sie der ersten Frau schenken. Die erste Frau wollte wissen, wo die Dinge herkämen, und als sie es erfuhr, wollte sie sie nicht haben. Sie sagte, sie könne ihr eigenes Kind hinschicken, das bekäme leicht ebensoviel.

Dann machte die erste Frau Palmöl, gab es ihrer kleinen Tochter und trug ihr auf, es auf dem Markt zu verkaufen. Das Mädchen ging auf den Markt. Der Geist kam, kaufte das Palmöl und zahlte mit Kauris. Er gab ihr die richtige Menge Kauris, aber das Mädchen versteckte eine und gab vor, er habe ihr nicht genügend ausgehändigt.

»Was soll ich tun?« fragte der Geist. »Mehr habe ich nicht.«

»Oh«, sagte das kleine Mädchen, »ich komme mit dir in dein Haus, dann kannst du mich bezahlen.« Und der Geist antwortete: »Nun gut.«

Die beiden gingen also zusammen fort. Da fing der Geist wie schon beim ersten Mal zu singen an: »Oh, kleine Palmölverkäuferin, kehr jetzt um.«

Das kleine Mädchen sang: »Ich kehr' nicht um.«

Und der Geist sang: »Kehr jetzt zurück.«

Und das Mädchen: »Ich kehr' nicht um.«

Dann sagte der Geist: »Nun gut. Komm mit.« Sie gingen weiter, bis sie ins Totenreich kamen.

Der Geist gab dem Mädchen ein paar Palmnüsse und trug ihr auf, Palmöl zu pressen. Er sagte: »Wenn das Palmöl fertig ist, iß es, und bringe mir die Schale.« Und das kleine Mädchen aß das Palmöl und brachte dem Geist die Schale. Der Geist erwiderte: »Nun gut.«

Dann gab er dem Mädchen eine Banane und trug ihr auf, sie zu schälen. »Iß die Banane, und gib mir die Schale.« Das Mädchen aß die Banane und brachte dem Geist die Schale.

Dann sagte der Geist: »Pflücke drei Ados. Pflücke nicht die, die rufen: ›Pflück mich, pflück mich, pflück mich‹, sondern die, die nichts sagen.« Das Mädchen ging und fand Ados, die nichts sagten, und ließ sie stehen. Dann fand sie andere, die riefen: »Pflück mich, pflück mich, pflück mich!«, und sie pflückte drei von ihnen.

Dann sagte der Geist: »Wenn du halbwegs zu Hause bist, zerbrich eine Ado. Bist du an deiner Haustür, zerbrich die zweite, und wenn du drin bist, zerbrich die dritte.«

Auf halbem Wege zerbrach das Mädchen die erste, und sieh da! Löwen und Leoparden und Hyänen und Schlangen kamen heraus. Sie rannten hinter ihr her und jagten und bissen sie, bis sie zu Hause angelangt war. Dann zerbrach sie die zweite Ado, und sieh da!, noch mehr wilde Tiere kamen hervor und bissen sie und schleppten sie vor die Tür. Die Tür war abgeschlossen, und drinnen war nur ein Tauber. Das Mädchen rief dem Tauben zu, die Tür zu öffnen, aber der hörte nicht. Da töteten die wilden Tiere das Mädchen auf der Türschwelle.

15. Der Spiegel, der ins Jenseits führt

Vor langer Zeit haben einmal ein junger Mann und seine junge Frau hier in Mendoza gelebt. Man sagt, ihre Geschichte sei aufgeschrieben worden, doch weiß man nicht, ob das stimmt. Ich habe jene Aufzeichnung nie gesehen, und ich kenne auch keinen Menschen, der sie gelesen hätte.

Diese Geschichte – mag sie nun stimmen oder nicht – hat mir schon mein Großvater erzählt, und auch ihm war sie von einem alten Diener in seinem Haus erzählt worden.

Gut: Jenes junge Ehepaar, das da irgendwo gelebt hat, ist noch ohne Kinder gewesen, als der Mann ganz plötzlich und nur nach kurzer Krankheit gestorben ist.

Die junge Frau war vor Schmerz ganz außer sich, und sie hat geweint und geschrien. Und sie hat immer und immer wieder gesagt: »Wenn ich wenigstens ein Kind von meinem Gatten hätte, dann wäre alles leichter zu ertragen. Dann wüßte ich, wofür ich lebe. Aber so scheint es mir am besten, zu sterben.«

Und sie hätte sich wohl das Leben genommen, wenn sie nicht so fromm gewesen wäre.

Nun ist in ihrem Hause noch eine alte Amme gewesen, welche das Ehepaar seinerzeit mitgenommen hatte, weil sie arm war und kein Daheim hatte. Und diese Alte ist eines Tages zur Witwe gegangen und hat gesagt: »Luisa, ich sehe, wie du leidest, und ich kann deinen Kummer verstehen. Vielleicht gibt es ein Mittel, dir zu helfen. Ich sage aber nur

›vielleicht‹, denn ich bin nicht sicher, ob es hilft. – In meiner Heimat erzählt man sich: Wenn man sich in einer Vollmondnacht mit einer Kerze in der linken Hand vor einen großen Spiegel stellt, sieht man im Spiegel den Toten erscheinen, um den man weint. Und man sagt, man könne dann durch den Spiegel zu dem Toten hinübergehen. – Ich weiß jedoch nicht, ob es auch wieder eine Rückkehr gibt oder ob man dann für immer jenseits des Spiegels bleiben muß.«

Luisa hat gesagt: »Mir wäre das einerlei, ob ich wieder zurückkehre oder nicht. Das Leben so ganz allein hat ja doch keinen Sinn mehr. Ich könnte gleich in ein Kloster gehen.« Sie hat also gewartet, bis Vollmond gewesen ist, hat mit allen Kleidern an die Mitternacht erwartet, eine Kerze angezündet und in die linke Hand genommen, und hat sich vor den Spiegel gestellt.

Nach einiger Zeit hat sie gesehen, daß sich im Hintergrund des Spiegels eine Tür öffnet, und durch diese Tür ist ihr Gatte eingetreten.

Der hat zu Luisa gesagt: »Liebste, ich kann nicht zu dir kommen, wohl aber du zu mir.«

»Und wie soll ich das tun, mein Schatz?« hat die Junge gefragt.

»Gib mir die Kerze!« hat der Mann geantwortet, »dann schließe die Augen, und gehe einfach geradeaus.«

Luisa hat ihm die Kerze gereicht, hat die Augen zugemacht und ist in Richtung auf den Spiegel zugegangen. Dort, wo der Spiegel gestanden hat, ist nichts zu bemerken gewesen als ein kühler Hauch. Da hat ihr Gatte sie umarmt und gesagt: »So, nun kannst du die Augen wieder aufmachen.« Luisa hat die Augen geöffnet, hat sich nicht umgesehen und ist mit ihrem Mann durch jene Tür gegangen, durch die er vorher, wie sie es selber gesehen hatte, hereingekommen war. Sie ist ihrem Mann einen langen, langen und dunklen Gang gefolgt. Am Ende ist wieder eine Türe gewesen, und durch diese Türe kamen sie in einen großen Park. Der Mann führte Luisa über Wege zu einem Bach, über den eine kleine Brücke geführt hat, und drüben ist ein Haus gewesen.

In jenem Haus hat Luisas Mann gewohnt.

Luisa hat nun einige Zeit bei ihrem Mann gewohnt. Zuerst hat sie gedacht, alles sei nur ein Traum, aber dann hat sie gemerkt, daß alles wirklich so gewesen ist.

Sie hat später alles genau erzählt, wie das Haus ausgesehen habe, welche Möbel in den einzelnen Zimmern gewesen seien, was es dort zu essen gegeben habe. Nur an die Diener konnte sie sich nicht erinnern, so sehr sie sich auch bemüht hat, sie sich vorzustellen.

Nachdem so beträchtliche Zeit vergangen war, hat sie eines Tages bemerkt, daß sie schwanger sei.

Und am Abend hat sie es ihrem Mann erzählt.

Da ist er sehr still geworden und hat gesagt: »Nun wird es Zeit, daß du wieder in dein altes Haus zurückkehrst, denn hier kann man nicht gebären.«

»Und kannst du mich nicht begleiten.«

»Doch, ein Stück kann ich dich begleiten, jedoch nicht ganz. Aber sei nicht traurig: Nun werde ich dir ja nahe bleiben.«

Und noch am gleichen Abend hat der Mann seine Frau den Weg zurückgeführt, den sie auch gekommen war. Über den Bach und durch den Park sind sie bis zu jener Türe gegangen, die in den langen, dunklen Gang geführt hat. Dort hat Luisas Mann eine Kerze angezündet, hat seine Frau bei der Hand genommen und sie den Gang entlanggeführt.

Dann hat er gesagt: »Nun schließe die Augen, und gehe sieben Schritte geradeaus! Adiós!«

Luisa hat die Augen zugemacht, ist gegangen und hat ihre Schritte gezählt. Bei ›sieben‹ hat sie die Augen aufgemacht und erkannt, daß sie im Salon ihres alten Hauses gewesen ist.

Sie hat sich umgedreht und in den Spiegel geschaut, und dort hat sie ihren Gatten gesehen, der eine Kerze in der linken Hand gehalten hat.

Ihr Gatte hat Luisa zugewunken, hat sich umgedreht und ist durch jene Türe gegangen, durch welche beide hereingekommen waren.

Im gleichen Augenblick, in welchem er jene Türe zugemacht hat, ist es auch in dem Salon, in dem Luisa gestanden hat, finster geworden. Sie hat sich herumgetastet, bis sie zu einem Tisch gekommen ist, auf dem ein Kerzenleuchter gestanden hat. Nachdem sie Licht gemacht hatte, ist sie durch ihr Haus gegangen und hat eine Dienerin geweckt.

Und die hat zu ihr gesagt: »Herrin, seid Ihr von Eurer Reise zurück? Und wo seid Ihr so lange gewesen?«

»Bei meinem Gatten«, hat Luisa geantwortet.

Ihre Dienerin hat sie etwas seltsam angesehen und hat geschwiegen.

Am andern Tag hat sich Luisa erkundigt, wie lange sie abwesend gewesen sei. Man hat ihr gesagt: »Ein Vierteljahr.« Sie hat dann alles auch ihrer Amme erzählt, und diese hat sich geäußert: »Es stimmt also doch. Aber warum bist du wieder herübergekommen, Luisa?«

»Weil ich ein Kind erwarte«, hat Luisa gesagt.

»Oh! An das habe ich nicht gedacht«, hat die Alte gesagt. Nun, und so soll es auch weiter gewesen sein.

Etwa ein Jahr, nachdem der junge Mann gestorben war, hat Luisa einen Sohn geboren. Es muß damals viel Gerede gegeben haben. Aber irgendwie ist das Kind legal anerkannt worden.

So behauptet man es wenigstens.

Das ist alles, was ich davon weiß.

16. Der Teufel mit den drei goldenen Haaren

Es war einmal eine arme Frau, die gebar ein Söhnlein, und weil es eine Glückshaut umhatte, als es zur Welt kam, so ward ihm geweissagt, es werde im vierzehnten Jahr die Tochter des Königs zur Frau haben.

Es trug sich zu, daß der König bald darauf ins Dorf kam, und niemand wußte, daß es der König war, und als er die Leute fragte, was es Neues gäbe, so antworteten sie: »Es ist in diesen Tagen ein Kind mit einer Glückshaut geboren: Was so einer unternimmt, das schlägt ihm zum Glück aus. Es ist ihm auch vorausgesagt, in seinem vierzehnten Jahre solle er die Tochter des Königs zur Frau haben.«

Der König, der ein böses Herz hatte und über die Weissagung sich ärgerte, ging zu den Eltern, tat ganz freundlich und sagte: »Ihr armen Leute, überlaßt mir euer Kind, ich will es versorgen.« Anfangs weigerten sie sich, da aber der fremde Mann schweres Gold dafür bot und sie dachten: »Es ist ein Glückskind, es muß doch zu seinem Besten ausschlagen«, so willigten sie endlich ein und gaben ihm das Kind.

Der König legte es in eine Schachtel und ritt damit weiter, bis er zu einem tiefen Wasser kam; da warf er die Schachtel hinein und dachte: »Von dem unerwarteten Freier habe ich meiner Tochter geholfen.«

Die Schachtel aber ging nicht unter, sondern schwamm wie ein Schiffchen, und es drang auch kein Tröpfchen Wasser hinein. So schwamm sie bis zwei Meilen von des Königs Hauptstadt, wo eine Mühle war, an dessen Wehr sie hängenblieb. Ein Mahlbursche, der glücklicherweise da stand und sie bemerkte, zog sie mit einem Haken heran und meinte, große Schätze zu finden, als er sie aber aufmachte, lag ein schöner Knabe darin, der ganz frisch und munter war. Er brachte ihn zu den Müllersleuten, und weil diese keine Kinder hatten, freuten sie sich und sprachen: »Gott hat es uns beschert.« Sie pflegten den Fündling wohl, und er wuchs in allen Tugenden heran.

Es trug sich zu, daß der König einmal bei einem Gewitter in die Mühle trat und die Müllersleute fragte, ob der große Junge ihr Sohn wäre. »Nein«, antworteten sie, »es ist ein Fündling, er ist vor vierzehn Jahren in einer Schachtel ans Wehr gesch[w]ommen, und der Mahlbursche hat ihn aus dem Wasser gezogen.« Da merkte der König, daß es niemand anders als das Glückskind war, das er ins Wasser geworfen hatte, und sprach: »Ihr guten Leute, könnte der Junge nicht einen Brief an die Frau Königin bringen, ich will ihm zwei Goldstücke zum Lohn geben.«

»Wie der Herr König gebietet«, antworteten die Leute und hießen den Jungen sich bereithalten. Da schrieb der König einen Brief an die Königin, worin stand: »Sobald der Knabe mit diesem Schreiben angelangt ist, soll er getötet und begraben werden, und das alles soll geschehen sein, ehe ich zurückkomme.«

Der Knabe machte sich mit diesem Briefe auf den Weg, verirrte sich aber und kam abends in einen großen Wald. In der Dunkelheit sah er ein kleines Licht, ging darauf zu und gelangte zu einem Häuschen. Als er hineintrat, saß eine alte Frau beim Feuer ganz allein. Sie erschrak, als sie den Knaben erblickte, und sprach: »Wo kommst du her, und wo willst du hin?«

»Ich komme von der Mühle«, antwortete er, »und will zur Frau Königin, der ich einen Brief bringen soll; weil ich mich aber in dem Walde verirrt habe, so wollte ich hier gerne übernachten.«

»Du armer Junge«, sprach die Frau, »du bist in ein Räuberhaus geraten, und wenn sie heimkommen, so bringen sie dich um.«

»Mag kommen, wer will«, sagte der Junge, »ich fürchte mich nicht; ich bin aber so müde, daß ich nicht weiterkann«, streckte sich auf eine Bank und schlief ein.

Bald hernach kamen die Räuber und fragten zornig, was da für ein fremder Knabe läge. »Ach«, sagte die Alte, »es ist ein unschuldiges Kind, es hat sich im Walde verirrt, und ich habe ihn aus Barmherzigkeit aufgenommen: er soll einen Brief an die Frau Königin bringen.« Die Räuber erbrachen den Brief und lasen ihn, und es stand darin, daß der Knabe sogleich, wie er ankäme, sollte ums Leben gebracht werden. Da empfanden die hartherzigen Räuber Mitleid, und der Anführer zerriß den Brief und schrieb einen andern, und es stand darin, sowie der Knabe ankäme, sollte er sogleich mit der Königstochter vermählt werden. Sie ließen ihn dann ruhig bis zum andern Morgen auf der Bank liegen, und als er aufgewacht war, gaben sie ihm den Brief und zeigten ihm den rechten Weg.

Die Königin aber, als sie den Brief empfangen und gelesen hatte, tat, wie darin stand, hieß ein prächtiges Hochzeitsfest anstellen, und die Königstochter war mit dem Glückskind vermählt; und da der Jüngling schön und freundlich war, so lebte sie vergnügt und zufrieden mit ihm.

Nach einiger Zeit kam der König wieder in sein Schloß und sah, daß die Weissagung erfüllt und das Glückskind mit seiner Tochter vermählt war. »Wie ist das zugegangen?« sprach er. »Ich habe in meinem Brief einen ganz andern Befehl erteilt.« Da reichte ihm die Königin den Brief und sagte, er möchte selbst sehen, was darinstände. Der König las den Brief und merkte wohl, daß er mit einem andern war vertauscht worden. Er fragte den Jüngling, wie es mit dem anvertrauten Briefe zugegangen wäre, warum er einen andern dafür gebracht hätte. »Ich weiß von nichts«, antwortete er, »er muß mir in der Nacht vertauscht sein, als ich im Walde geschlafen habe.«

Voll Zorn sprach der König: »So leicht soll es dir nicht werden, wer meine Tochter haben will, der muß mir aus der Hölle drei goldene Haare von dem Haupte des Teufels holen; bringst du mir, was ich verlange, so sollst du meine Tochter behalten.« Damit hoffte der König, ihn auf immer loszuwerden. Das Glückskind aber antwortete: »Die goldenen Haare will ich wohl holen, ich fürchte mich vor dem Teufel nicht.«

Darauf nahm er Abschied und begann seine Wanderschaft. Der Weg führte ihn zu einer großen Stadt, wo ihn der Wächter an dem Tore ausfragte, was für ein Gewerbe er verstände und was er wüßte. »Ich weiß alles«, antwortete das Glückskind. »So kannst du uns einen Gefallen tun«, sagte der Wächter, »wenn du uns sagst, warum unser Marktbrunnen, aus dem sonst Wein quoll, trocken geworden ist und nicht einmal mehr Wasser gibt.«

»Das sollt ihr erfahren«, antwortete er, »wartet nur, bis ich wiederkomme.«

Da ging er weiter und kam vor eine andere Stadt, da fragte der Torwächter wiederum, was für ein Gewerb er verstünde und was er wüßte. »Ich weiß alles«, antwortete er. »So kannst du uns einen Gefallen tun und uns sagen, warum ein Baum in unserer Stadt, der sonst goldene Äpfel trug, jetzt nicht einmal Blätter hervortreibt.«

»Das sollt ihr erfahren«, antwortete er, »wartet nur, bis ich wiederkomme.«

Da ging er weiter und kam an ein großes Wasser, über das er hinübermußte. Der Fährmann fragte ihn, was er für ein Gewerb verstände und was er wüßte. »Ich weiß alles«, antwortete er. »So kannst du mir einen Gefallen tun«, sprach der Fährmann, »und mir sagen, warum ich immer hin- und herfahren muß und niemals abgelöst werde.«

»Das sollst du erfahren«, antwortete er, »warte nur, bis ich wiederkomme.«

Als er über das Wasser hinüber war, so fand er den Eingang zur Hölle. Es war schwarz und rußig darin, und der Teufel war nicht zu Haus, aber seine Ellermutter saß da in einem breiten Sorgenstuhl. »Was willst du?« sprach sie zu ihm, sah aber gar nicht so böse aus. »Ich wollte gerne drei goldene Haare von des Teufels Kopf«, antwortete er, »sonst kann ich meine Frau nicht behalten.«

»Das ist viel verlangt«, sagte sie, »wenn der Teufel heimkommt und findet dich, so geht dir's an den Kragen; aber du dauerst mich, ich will sehen, ob ich dir helfen kann.« Sie verwandelte ihn in eine Ameise und sprach: »Kriech in meine Rockfalten, da bist du sicher.«

»Ja«, antwortete er, »das ist schon gut, aber drei Dinge möcht ich gerne noch wissen: warum ein Brunnen, aus dem sonst Wein quoll, trocken geworden ist, jetzt nicht einmal mehr Wasser gibt; warum ein Baum, der sonst goldene Äpfel trug, nicht einmal mehr Laub treibt; und warum ein Fährmann immer herüber- und hinüberfahren muß und nicht abgelöst wird.«

»Das sind schwere Fragen«, antwortete sie, »aber halte dich nur still und ruhig, und hab acht, was der Teufel spricht, wann ich ihm die drei goldenen Haare ausziehe.«

Als der Abend einbrach, kam der Teufel nach Haus. Kaum war er eingetreten, so merkte er, daß die Luft nicht rein war. »Ich rieche, rieche Menschenfleisch«, sagte er, »es ist hier nicht richtig.« Dann guckte er in alle Ecken und suchte, konnte aber nichts finden. Die Ellermutter schalt ihn aus: »Eben ist erst gekehrt«, sprach sie, »und alles in Ordnung gebracht, nun wirfst du mir's wieder untereinander; immer hast du Menschenfleisch in der Nase! Setze dich nieder, und iß dein Abendbrot.«

Als er gegessen und getrunken hatte, war er müde, legte der Ellermutter seinen Kopf in den Schoß und sagte, sie sollte ihn ein wenig lausen. Es dauerte nicht lange, so schlummerte er ein, blies und schnarchte. Da faßte die Alte ein goldenes Haar, riß es aus und legte es neben sich. »Autsch!« schrie der Teufel, »was hast du vor?«

»Ich habe einen schweren Traum gehabt«, antwortete die Ellermutter, »da hab ich dir in die Haare gefaßt.«

»Was hat dir denn geträumt?« fragte der Teufel. »Mir hat geträumt, ein Marktbrunnen, aus dem sonst Wein quoll, sei versiegt und es habe nicht einmal Wasser daraus quellen wollen, was ist wohl schuld daran?«

»He, wenn sie's wüßten!« antwortete der Teufel. »Es sitzt eine Kröte unter einem Stein im Brunnen, wenn sie die töten, so wird der Wein schon wieder fließen.«

Die Ellermutter lauste ihn wieder, bis er einschlief und schnarchte, daß die Fenster zitterten. Da riß sie ihm das zweite Haar aus. »Hu! was machst du?« schrie der Teufel zornig. »Nimm's nicht übel«, antwortete sie, »ich habe es im Traum getan.«

»Was hat dir wieder geträumt?« fragte er. »Mir hat geträumt, in einem Königreiche ständ ein Obstbaum, der hätte sonst goldene Äpfel getragen und wollte jetzt nicht einmal Laub treiben. Was war wohl die Ursache davon?«

»He, wenn sie's wüßten!« antwortete der Teufel. »An der Wurzel nagt eine Maus, wenn sie die töten, so wird er schon wieder goldene Äpfel tragen, nagt sie aber noch länger, so verdorrt der Baum gänzlich. Aber laß mich mit deinen Träumen in Ruhe, wenn du mich noch einmal im Schlafe störst, so kriegst du eine Ohrfeige.« Die Ellermutter sprach ihm gut zu und lauste ihn wieder, bis er eingeschlafen war und schnarchte. Da faßte sie das dritte goldene Haar und riß es ihm aus. Der Teufel fuhr in die Höhe, schrie und wollte übel mit ihr wirtschaften, aber sie besänftigte ihn nochmals und sprach: »Wer kann für böse Träume!«

»Was hat dir denn geträumt?« fragte er und war doch neugierig. »Mir hat von einem Fährmann geträumt, der sich beklagte, daß er immer hin- und herfahren müßte und nicht abgelöst würde. Was ist wohl schuld?«

»He, der Dummbart!« antwortete der Teufel. »Wenn einer kommt und will überfahren, so muß er ihm die Stange in die Hand geben, dann muß der andere überfahren, und er ist frei.« Da die Ellermutter ihm die drei goldenen Haare ausgerissen hatte und die drei Fragen beantwortet waren, so ließ sie den alten Drachen in Ruhe, und er schlief, bis der Tag anbrach. Als der Teufel wieder fortgezogen war, holte die Alte die Ameise aus der Rockfalte und gab dem Glückskind die menschliche Gestalt zurück.

»Da hast du die drei goldenen Haare«, sprach sie, »was der Teufel zu deinen drei Fragen gesagt hat, wirst du wohl gehört haben.«

»Ja«, antwortete er, »ich habe es gehört und will's wohl behalten.«

»So ist dir geholfen«, sagte sie, »und nun kannst du deiner Wege ziehen.« Er bedankte sich bei der Alten für die Hilfe in der Not, verließ die Hölle und war vergnügt, daß ihm alles so wohl geglückt war. Als er zu dem Fährmann kam, sollte er ihm die versprochene Antwort geben. »Fahr mich erst hinüber«, sprach das Glückskind, »so will ich dir sagen, wie du erlöst wirst«, und als er auf dem jenseitigen Ufer angelangt war, gab er ihm des Teufels Rat: »Wenn wieder einer kommt und will übergefahren sein, so gib ihm nur die Stange in die Hand.«

Er ging weiter und kam zu der Stadt, worin der unfruchtbare Baum stand und wo der Wächter auch Antwort haben wollte. Da sagte er ihm, wie er vom Teufel gehört hatte: »Tötet die Maus, die an seiner Wurzel nagt, so wird er wieder goldene Äpfel tragen.« Da dankte ihm der Wächter und gab ihm zur Belohnung zwei mit Gold beladene Esel, die mußten ihm nachfolgen.

Zuletzt kam er zu der Stadt, deren Brunnen versiegt war. Da sprach er zu dem Wächter, wie der Teufel gesprochen hatte: »Es sitzt eine Kröte im Brunnen unter einem Stein, die müßt ihr aufsuchen und töten, so wird er wieder reichlich Wein geben.« Der Wächter dankte und gab ihm ebenfalls zwei mit Gold beladene Esel.

Endlich langte das Glückskind daheim bei seiner Frau an, die sich herzlich freute, als sie ihn wiedersah und hörte, wie wohl ihm alles gelungen war. Dem König brachte er, was er verlangt hatte, die drei goldenen Haare des Teufels, und als dieser die vier Esel mit dem Golde sah, ward er ganz vergnügt und sprach: »Nun sind alle Bedingungen erfüllt, und du kannst meine Tochter behalten. Aber, lieber Schwiegersohn, sage mir doch, woher ist das viele Gold? Das sind ja gewaltige Schätze!«

»Ich bin über einen Fluß gefahren«, antwortete er, »und da habe ich es mitgenommen, es liegt dort statt des Sandes am Ufer.«

»Kann ich mir auch davon holen?« sprach der König und war ganz begierig.

»Soviel Ihr nur wollt«, antwortete er, »es ist ein Fährmann auf dem Fluß, von dem laßt Euch überfahren, so könnt Ihr drüben Eure Säcke füllen.«

Der habsüchtige König machte sich in aller Eile auf den Weg, und als er zu dem Fluß kam, so winkte er dem Fährmann, der sollte ihn übersetzen. Der Fährmann kam und hieß ihn einsteigen, und als sie an das jenseitige Ufer kamen, gab er ihm die Ruderstange in die Hand und sprang davon. Der König aber mußte von nun an fahren zur Strafe für seine Sünden. »Fährt er wohl noch?«

»Was denn? Es wird ihm niemand die Stange abgenommen haben.«

17. Des Teufels rußiger Bruder

Ein abgedankter Soldat hatte nichts zu leben und wußte sich nicht mehr zu helfen. Da ging er hinaus in den Wald, und als er ein Weilchen gegangen war, begegnete ihm ein kleines Männchen, war aber der Teufel. Das Männchen sagte zu ihm: »Was fehlt dir? Du siehst ja so trübselig aus.« Da sprach der Soldat: »Ich habe Hunger, aber kein Geld.« Der Teufel sagte: »Willst du dich bei mir vermieten und mein Knecht sein, so sollst du für dein Lebtag genug haben; sieben Jahre sollst du mir dienen, hernach bist du wieder frei. Aber eins sag ich dir, du darfst dich nicht waschen, nicht kämmen, nicht schnippen, keine Nägel und Haare abschneiden und kein Wasser aus den Augen wischen.« Der Soldat sprach: »Frisch dran, wenn's nicht anders sein kann«, und ging mit dem Männchen fort, das führte ihn geradewegs in die Hölle hinein.

Dann sagte es ihm, was er zu tun hätte: Er müsse das Feuer schüren unter den Kesseln, wo die Höllenbraten drinsäßen, das Haus reinhalten, den Kehrdreck hinter die Türe tragen und überall auf Ordnung sehen; aber guckte er ein einziges Mal in die Kessel hinein, so würde es ihm schlimm ergehen.

Der Soldat sprach: »Es ist gut, ich will's schon besorgen.« Da ging nun der alte Teufel wieder hinaus auf seine Wanderung, und der Soldat trat seinen Dienst an, legte Feuer zu, kehrte und trug den Kehrdreck hinter die Türe, alles, wie es befohlen war.

Wie der alte Teufel wiederkam, sah er nach, ob alles geschehen war, zeigte sich zufrieden und ging zum zweitenmal fort. Der Soldat schaute sich nun einmal recht um, da standen die Kessel ringsherum in der Hölle und war ein gewaltiges Feuer darunter, und es kochte und brutzelte darin. Er hätte für sein Leben gerne hineingeschaut, wenn es ihm der Teufel nicht so streng verboten hätte; endlich konnte er sich nicht mehr anhalten, hob vom ersten Kessel ein klein bißchen den Deckel auf und guckte hinein. Da sah er seinen ehemaligen Unteroffizier darinsitzen: »Aha, Vogel«, sprach er, »treff ich dich hier? Du hast mich gehabt, jetzt hab ich dich«, ließ geschwind den Deckel fallen, schürte das Feuer und legte noch frisch zu. Danach ging er zum zweiten Kessel, hob ihn auch ein wenig auf und guckte, da saß sein Fähnrich darin: »Aha, Vogel, treff ich dich hier? Du hast mich gehabt, jetzt hab ich dich«, machte den Deckel wieder zu und trug noch einen Klotz herbei, der sollte ihm erst recht heiß machen. Nun wollte er auch sehen, wer im dritten Kessel säße, da war's gar ein General: »Aha, Vogel, treff ich dich hier? Du hast mich gehabt, jetzt hab ich dich«, holte den Blasbalg und ließ das Höllenfeuer recht unter ihm flackern.

Also tat er sieben Jahr seinen Dienst in der Hölle, wusch sich nicht, kämmte sich nicht, schnippte sich nicht, schnitt sich die Nägel und Haare nicht und wischte sich kein Wasser aus den Augen; und die sieben Jahre waren ihm so kurz, daß er meinte, es wäre nur ein halbes Jahr gewesen. Als nun die Zeit vollends herum war, kam der Teufel und sagte: »Nun, Hans, was hast du gemacht?«

»Ich habe das Feuer unter den Kesseln geschürt, ich habe gekehrt und den Kehrdreck hinter die Türe getragen.«

»Aber du hast auch in die Kessel geguckt; dein Glück ist, daß du noch Holz zugelegt hast, sonst war dein Leben verloren; jetzt ist deine Zeit herum, willst du wieder heim?«

»Ja«, sagte der Soldat, »ich wollt auch gerne sehen, was mein Vater daheim macht.« Sprach der Teufel: »Damit du deinen verdienten Lohn kriegst, geh und raffe dir deinen Ranzen voll Kehrdreck und nimm's mit nach Haus. Du sollst auch gehen ungewaschen und ungekämmt, mit langen Haaren am Kopf und am Bart, mit ungeschnittenen Nägeln und mit trüben Augen, und wenn du gefragt wirst, woher du kämst, sollst du sagen: ›Aus der Hölle‹, und wenn du gefragt wirst, wer du wärst, sollst du sagen: ›Des Teufels rußiger Bruder, und mein König auch.‹« Der Soldat schwieg still und tat, was der Teufel sagte, aber er war mit seinem Lohn gar nicht zufrieden.

Sobald er nun wieder oben im Wald war, hob er seinen Ranzen vom Rücken und wollt ihn ausschütten; wie er ihn aber öffnete, so war der Kehrdreck pures Gold geworden. »Das hätte ich mir nicht gedacht«, sprach er, war vergnügt und ging in die Stadt hinein.

Vor dem Wirtshaus stand der Wirt, und wie ihn der herankommen sah, erschrak er, weil Hans so entsetzlich aussah, ärger als eine Vogelscheuche. Er rief ihn an und fragte: »Woher kommst du?«

»Aus der Hölle.«

»Wer bist du?«

»Dem Teufel sein rußiger Bruder, und mein König auch.« Nun wollte der Wirt ihn nicht einlassen, wie er ihm aber das Gold zeigte, ging er und klinkte selber die Türe auf. Da ließ sich Hans die beste Stube geben und köstlich aufwarten, aß und trank sich satt, wusch sich aber nicht und kämmte sich nicht, wie ihm der Teufel geheißen hatte, und legte sich endlich schlafen. Dem Wirt aber stand der Ranzen voll Gold vor Augen und ließ ihm keine Ruhe, bis er in der Nacht hinschlich und ihn wegstahl. Wie nun Hans am andern Morgen aufstand, den Wirt bezahlen und weitergehen wollte, da war sein Ranzen weg. Er faßte sich aber kurz, dachte: »Du bist ohne Schuld unglücklich gewesen« und kehrte wieder um, geradezu in die Hölle; da klagte er dem alten Teufel seine Not und bat ihn um Hülfe.

Der Teufel sagte: »Setze dich, ich will dich waschen, kämmen, schnippen, die Haare und Nägel schneiden und die Augen auswischen«, und als er mit ihm fertig war, gab er ihm den Ranzen wieder voll Kehrdreck und sprach: »Geh hin, und sage dem Wirt, er sollte dir dein Gold wieder herausgeben, sonst wollt ich kommen und ihn abholen, und er sollte an deinem Platz das Feuer schüren.«

Hans ging hinauf und sprach zum Wirt: »Du hast mein Gold gestohlen, gibst du's nicht wieder, so kommst du in die Hölle an meinen Platz und sollst aussehen so greulich wie ich.« Da gab ihm der Wirt das Gold und noch mehr dazu und bat ihn, nur still davon zu sein; und Hans war nun ein reicher Mann.

Hans machte sich auf den Weg heim zu seinem Vater, kaufte sich einen schlechten Linnenkittel auf den Leib, ging herum und machte Musik, denn das hatte er bei dem Teufel in der Hölle gelernt.

Es war aber ein alter König im Land, vor dem mußt er spielen, und der geriet darüber in solche Freude, daß er dem Hans seine älteste Tochter zur Ehe versprach. Als die aber hörte, daß sie so einen gemeinen Kerl im weißen Kittel heiraten sollte, sprach sie: »Eh ich das tät, wollt ich lieber ins tiefste Wasser gehen.« Da gab ihm der König die jüngste, die wollt's ihrem Vater zuliebe gerne tun; und also bekam des Teufels rußiger Bruder die Königstochter, und als der alte König gestorben war, auch das ganze Reich.

18. Der schwarze Teimuras, der Sonnen-Teimuras und der Mond-Teimuras

Es waren einmal eine Frau und ein Mann, die nicht mehr besaßen als ein schwarzes Pferd. Dieses Pferd war ihre Ernährung und ihre Hoffnung. Am Morgen lief es in den Wald, wurde dort trächtig, kam abends zurück und warf ein Fohlen. Die Frau und der Mann schlachteten das Fohlen und verzehrten es. So vergingen die Tage und Jahre. Schließlich bekamen sie es über, Fohlenfleisch zu essen, und sprachen: »Wenn das Pferd kommt und wieder ein Fohlen wirft, so wollen wir das Pferd selbst schlachten und essen und dann so leben, wie Gott es uns zeigt.«

Die Eheleute hatten ein hellsehendes Hündchen. Dem tat das Pferd leid. Es lief ihm entgegen und berichtete ihm alles.

Das Pferd sprach: »Wenn du solches Mitleid mit mir hast, so hilf mir. Sie werden mir die Füße mit einem Strick zusammenbinden. Du lauf vor, und beiße den Strick durch, und wenn ich in Not bin, werde ich ihn leicht zerreißen und mit meinen Hufschlägen alle töten.«

Das Hündchen und das Pferd machten alles so. Das Pferd konnte sich retten, nahm das Fohlen, lief in den schwarzen Wald und begann dort wie früher zu leben: Morgens brach es auf, es wurde trächtig, und abends warf es ein Fohlen. Als es eine große Pferdeherde geworden war, sagte die Pferdemutter: »Was ist das für ein Leben, ich habe es über, nur Fohlen zu werfen. Gott, so wie du mich erschaffen hast, so laß mich bleiben, und laß mich auch ein Menschenkind zur Welt bringen, das diese Pferde betreuen kann.«

Gott erfüllte ihm den Wunsch, und es bekam einen Jungen. Während andere in Jahren heranwuchsen, wuchs er in Tagen. Er reifte zu einem jungen Mann heran und wollte die Welt kennenlernen. Er ging zu der Pferdemutter und bat sie: »Mutter, laß mich ziehen, ich will erfahren, was in der Welt geschieht.«

Die Mutter versuchte lange, es ihm auszureden, doch er ließ sich nicht beirren. Schließlich sagte die Mutter: »Mein Sohn, wenn es so ist, da ist die Herde: Suche dir das Fohlen aus, das du willst, sitz auf, und reite davon.«

Der junge Mann suchte sich ein Fohlen aus und setzte sich darauf. Das aber begann zu stöhnen und zu wimmern: »Was ist das für eine Ungerechtigkeit, der jüngere Bruder setzt sich dem älteren auf den Rücken.«

Der junge Mann wußte nicht, was die Worte des Fohlens bedeuteten. Er ging zu seiner Mutter und fragte: »Mutter, was sagt dieses Fohlen?«

Die Mutter sprach: »Kind, laß dieses Fohlen, und setz dich auf ein anderes.« Doch auch das zweite Fohlen sagte das und begann zu wimmern.

Der junge Mann fragte wieder seine Mutter: »Warum macht mir dieses Fohlen Vorwürfe?«

Die Mutter verriet ihm das Geheimnis nicht und riet ihm: »Setz dich auf ein anderes, und wenn es wieder anfängt, so reiße kräftig an der Trense, und es wird nichts mehr sagen.« So tat es der junge Mann und brach auf.

Er ritt dahin und ritt, und dabei dachte er: Ich reite zwar, aber wenn mir jemand begegnete und mich fragte: Wer bist du, wie heißt du oder wessen Sohn bist du, was soll ich ihm da sagen?

Er kehrte zu seiner Mutter zurück und fragte sie: »Mutter, sage mir, wie ich heiße, wessen Sohn ich bin und wie der Name meines Vaters ist!«

Auch diesmal sagte ihm die Mutter nicht alles. Sie riet ihm nur: »Geh nur, Kind, und wenn dich jemand fragen sollte, so antworte ihm, daß du der schwarze Teimuras bist, der Sohn des schwarzen Pferdes, und im Wald geboren.«

Der junge Mann ritt davon. Lange war er unterwegs, bis er einem jungen Mann begegnete, der Sonnen-Teimuras hieß. Der fuhr den schwarzen Teimuras an und schrie: »Wer bist du, und wie konntest du es wagen, in mein Reich einzudringen? Hier kann aus Furcht vor mir nicht einmal eine Ameise hindurchkriechen!«

Der schwarze Teimuras rief zurück: »Ich bin der schwarze Teimuras, der Sohn des schwarzen Pferdes, und auf dem schwarzen Berg aufgewachsen.«

Da erschrak Sonnen-Teimuras und bat um Brüderschaft. Sie schworen einander Brüderschaft und zogen zusammen weiter.

Sie ritten und ritten, und nach einiger Zeit trafen sie einen jungen Mann. Der fuhr sie an: »Wer seid ihr, wie konntet ihr es wagen hierherzukommen? Aus Furcht vor mir setzt hier keine Ameise ihren Fuß auf den Boden. Ich bin der Mond-Teimuras!«

Der schwarze Teimuras erschrak auch diesmal nicht. Er fuhr den Mond-Teimuras an und rief: »Ich bin der schwarze Teimuras, der Sohn des schwarzen Pferdes, und auf dem schwarzen Berg aufgewachsen.«

Da erschrak der Mond-Teimuras und bat um Brüderschaft. Sie schlossen Brüderschaft und zogen gemeinsam weiter.

Sie ritten und ritten und gelangten in ein Königreich. Als die Nacht sie überraschte, traten sie an die Hütte einer alten Frau und baten sie um ein Nachtlager. Die Alte öffnete ihnen die Tür, und als sie sich ausgeruht hatten, fragte sie: »Kinder, wer seid ihr, wozu seid ihr hierhergekommen?«

Die Gäste sagten: »Wir sind der schwarze Teimuras, der Sonnen-Teimuras und der Mond-Teimuras und sind auf Brautsuche. Unsere Bräute müssen Töchter eines Mannes und sehr schön sein. Andere nehmen wir nicht zur Frau. Wenn du so einen Mann kennst, der drei wunderbare Töchter hat, so sage es uns.«

Die Alte sprach: »Kinder, natürlich kenne ich einen solchen Mann, aber seine Töchter werden dort, wo die Wegkreuzung zu sehen ist, rechts in einer Grube von drei Brüdern Ungeheuer gefangengehalten. Und wenn ihr dort hingingt, würde kein einziger von euch lebend zurückkehren. Aus der Grube steigt solche Hitze auf, daß derjenige, der sich heranwagt, verbrennen muß.«

Die jungen Männer sagten: »Das ist unsere Angelegenheit. Was uns geschehen wird, mag uns geschehen. Laßt uns hingehen und unser Glück versuchen.«

Da sie sich nicht mehr davon abbringen ließen, riet ihnen die Alte: »Kinder, bindet euch mit einem Seil an, und steigt einzeln in die Unterwelt hinab. Wenn einer die Hitze nicht aushalten kann, soll es der zweite versuchen oder der dritte.«

Die jungen Männer zogen los, traten an den Rand der Unterwelt und sahen, daß Rauch heraufquoll. Sonnen-Teimuras band sich das Seil um, und sie ließen ihn in die Grube hinab. Als er bis zur Mitte gekommen war, rief er: »Ich verbrenne, ich verbrenne, Brüder, zieht mich hinauf!«

Die Brüder zogen ihn herauf. Dann band sich Mond-Teimuras das Seil um, aber ihm erging es genauso. Schließlich kam die Reihe an den schwarzen Teimuras. Er band sich das Seil um und bat seine Schwurbrüder: »Laßt mich hinab. Aber wenn ich schreie, laßt mich weiter hinunter, zieht mich nicht herauf.« Sobald er bis zur Mitte gelangt war, rief er: »Ich verbrenne, ich verbrenne, zieht mich nach oben!« Doch wie hätten sie auf ihn hören sollen! Sie ließen ihn immer weiter hinab.

Der schwarze Teimuras gelangte in die Unterwelt. Er lief und lief, und als die Dunkelheit anbrach, kam er zur Hütte einer alten Frau und bat sie: »Du sollst mir wie eine Mutter und ich will dir wie ein Sohn sein. Kannst du mir nicht sagen, wo sich die wunderschönen Mädchen aufhalten?«

Die Alte sprach: »Ich kann es dir zwar sagen, doch die Ungeheuer haben sie zur Frau genommen. Das älteste Ungeheuer hat zwölf Köpfe, das mittlere neun und das jüngste acht Köpfe. Wenn du hingehst, werden sie dich verderben und auffressen.«

Der junge Mann ließ sich nicht beirren und brach auf zu den Ungeheuern. Er lief und lief und kam zum Schloß des zwölfköpfigen Ungeheuers. Er gab den verschlossenen Türen einen Tritt, schlug sie ein und ging hinein. Das Mädchen war zu Hause, das Ungeheuer zur Jagd gegangen. Der schwarze Teimuras gefiel dem Mädchen so sehr, daß sie ihre Augen nicht von ihm abwenden konnte. Zugleich tat er ihr leid, und sie sagte: »Du bist ein hübscher junger Mann. Ist es nicht schade, daß dich jetzt das Ungeheuer fressen wird?«

Der junge Mann erwiderte: »Sorge dich nicht um mich. Das laß meine und des Ungeheuers Sache sein. Du wirst etwas zu essen haben, bring es mir.«

Das Mädchen antwortete: »Was sollte ich wohl haben, um es dir geben zu können? Es sind nur zwölf Tone Brot gebacken und zwölf Büffelstiere gekocht, und das reicht nicht einmal für das Ungeheuer.«

Der junge Mann ließ sich alles herbringen und hatte es im Nu aufgegessen.

In diesem Augenblick kam auch das Ungeheuer und sprang von seinem Pferd. Der schwarze Teimuras saß auf dem goldenen Thron, spielte auf dem goldenen Tschonguri und ließ das goldene Lamm umherspringen. Das Pferd witterte den Geruch des Menschen und scheute. Das Ungeheuer fuhr es an: »Du elendes Vieh, was versetzt dich in Angst, ist der schwarze Teimuras etwa gekommen?!«

Von innen rief ihm der schwarze Teimuras zu: »Hier bin ich, komm her!«

Das Ungeheuer stürzte zu ihm hinein, und sie fielen übereinander her. Man konnte denken, zwei Berge stießen zusammen. Der schwarze Teimuras besiegte das Ungeheuer, warf es zu Boden und schlug ihm alle zwölf Köpfe ab. Dann zog er einen goldenen Ring hervor und verlobte das Mädchen. Der junge Mann gefiel der Schönen, und sie freute sich, aber der schwarze Teimuras sagte zu ihr: »Ich bestimme dich zur Frau meines ältesten Bruders.« Da wurde das Mädchen traurig, aber was sollte sie machen.

Am nächsten Morgen nahm er das Mädchen und ging zum Schloß des neunköpfigen Ungeheures. Auch dort schlug er die Türen ein und aß neun Tone Brot und neun Büffelstiere auf. Er drang auf das Ungeheuer ein, hieb ihm alle neun Köpfe ab, verlobte das Mädchen mit seinem mittleren Bruder, ging zum dritten Ungeheuer, tötete auch dieses und nahm das jüngste Mädchen für sich.

Als er an das Tor der Unterwelt kam, um hinaufgezogen zu werden, band er erst die älteste Tochter an das Seil und ließ sie hinauf und dann die mittlere. Als die Reihe an seine Braut kam, sagte sie zu ihm: »Steige erst du hinauf, und dann komme ich, sonst werden dich deine Brüder hintergehen und in der Unterwelt lassen.«

Der junge Mann hörte nicht auf sie. Er ließ erst seine Braut hinauf und griff dann selbst zu dem Seil. Aber als er bis zur Mitte emporgestiegen war, schnitten die Brüder das Seil durch, und er stürzte wieder in die Unterwelt hinab.

Das Mädchen rief zu ihm hinunter: »Ich habe es dir doch gesagt, warum hast du nicht auf mich gehört!« Dann riet sie ihm: »Hab keine Angst. Dort in dem Garten sind drei Ziegen: eine rote, eine schwarze und eine weiße. Wenn du die weiße einfängst und dich auf sie setzt, wird sie dich nach oben werfen. Die rote wird dich hin- und herschleudern, und wenn du dich auf die schwarze setzt, wird sie dich in die zweite Unterwelt hinabstoßen.«

Der schwarze Teimuras rannte und rannte, doch er konnte weder die weiße noch die rote Ziege fangen. Er fing nur die schwarze und sprach: »Was soll ich machen. Komme, was kommen soll. Ich werde mich auf diese setzen.« Er setzte sich darauf und war im gleichen Augenblick in die zweite Unterwelt gefallen.

Was sollte der junge Mann tun? Er machte sich auf und lief und lief und kam zur Hütte einer alten Frau, die er um ein Nachtlager bat. Die Alte nahm ihn auf und ging daran, das Abendbrot zuzubereiten. Sie brachte Urin herein und begann, darin das Mehl zu kneten.

Der junge Mann schrie auf: »Alte, was machst du da?«

»Was bleibt mir denn anderes übrig«, erwiderte die Alte, »an der Quelle sitzt ein Drache, niemanden läßt er Wasser holen. Alle, die hingegangen sind, hat er aufgefressen, was soll ich denn machen? Unser Herrscher gibt ihm jedes Jahr ein Mädchen. Dann füllt er jedem, der ein Gefäß hat, dieses mit Wasser. Ich aber habe kein Gefäß zum Aufbewahren des Wassers und quäle mich so.«

Der junge Mann wurde ganz rot vor Zorn. Er ergriff einen Krug und Pfeil und Bogen und eilte zum Wasser. Am Wasser war die wunderschöne Tochter des Herrschers angebunden und weinte bitterlich. Der junge Mann fragte: »Warum weinst du?«

»Wie soll ich nicht weinen, jeden Augenblick muß der Drache kommen und wird mich fressen.«

»Fürchte dich nicht«, erwiderte der junge Mann, »setz dich hin, und laß mich eine Weile in deinem Schoß schlafen.« Er legte seinen Kopf in den Schoß des Mädchens und schlief süß ein.

Da rauschte der Drache im Himmel heran und senkte sich herab. Bittere Tränen rannen dem Mädchen aus den Augen. Ein Tropfen fiel dem Schlafenden auf die Wange und weckte ihn auf. Er spannte den Bogen, der Pfeil schnellte davon, traf den durch die Luft heranfliegenden Drachen und spaltete ihn mittendurch. Das verfluchte Ungetüm war so gewaltig, daß sich sein Blut zu einem Meer aufstaute und aus seinem Fleisch große Berge emporwuchsen.

Erfreut lief das Mädchen zu seinem Vater, der junge Mann aber füllte den Krug mit Wasser und brachte ihn eilends zu der alten Frau in die Hütte. Die Freude der Alten kannte keine Grenzen. Aber der Herrscher erschrak sehr, als er seine Tochter lebend erblickte. Er dachte, sie sei dem Drachen entflohen, und das Ungetüm werde jetzt kommen und ihm das ganze Reich verschlingen. Als ihm das Mädchen erzählte, was geschehen war, freute er sich, lud sofort das ganze Königreich ein und veranstaltete ein Fest. Zu seiner Tochter sagte er: »Wer ist der junge Mann gewesen, der dich gerettet hat? Geh durch die Gäste, und zeig ihn mir.«

Das Mädchen lief umher, aber der junge Mann war nicht dort. Der junge Mann hatte der alten Frau gesagt: »Wer auch immer kommen mag, sage nicht, daß du einen Gast hast.«

Der Herrscher veranstaltete erneut ein Festmahl und ließ alle herbeiholen. Als der junge Mann nicht mehr anders konnte, ging er aufs Feld, fing einen Hasen, steckte ihn in seine Tasche und setzte sich so unter die Gäste. Das Mädchen lief vorüber und bemerkte ihn, aber sie wagte es nicht, zu ihm hinzugehen, denn er ließ sofort den Hasen den Kopf aus der Tasche herausstrecken und erschreckte sie damit. Dem Mädchen fiel das schwer, und sie sagte zu ihrem Vater: »Der junge Mann ist hier, laß ihn herbringen.«

Da brachte man den jungen Mann zum Herrscher. »Was soll ich dir geben, mein Sohn, für diese gute Tat?« fragte ihn der Herrscher. »Wenn du willst, schenke ich dir das halbe Königreich.«

»Ich will nichts von dir«, sagte der junge Mann, »bring mich nur nach oben.«

Diese Bitte fiel dem Herrscher schwer, aber er versprach es ihm trotzdem. Er ließ einen Feuervogel holen und sprach zu ihm: »Der Drache hat dir doch deine Jungen gefressen. Dieser junge Mann hier hat den Drachen getötet.«

Da stürzte der Feuervogel zu dem jungen Mann hin und fiel vor ihm auf die Knie. Der Herrscher sagte zu ihm: »Du mußt den jungen Mann nach oben tragen.«

Sogleich setzte der Feuervogel ihn sich auf die Flügel und flog girrend auf. Auf seinem Rücken waren zwölf Joch Ochsen als Wegzehrung festgebunden. Sooft der hungrige Vogel den Schnabel aufsperrte, warf ihm der junge Mann einen Ochsen hinein. Nur wenig fehlte noch bis ganz oben, als dem jungen Mann das Fleisch ausging. Der Feuervogel schrie, er hatte Hunger und wollte Fleisch! Da riß sich der junge Mann Fleisch von seinem Schenkel und gab es ihm zu fressen. Noch einmal schlug der Feuervogel kräftig mit den Flügeln und flog hinauf in die Oberwelt.

Der Feuervogel fragte den jungen Mann: »Was war denn so süß, was du mir zuletzt gegeben hast?«

Der junge Mann zeigte ihm den blutigen Schenkel, von dem er das Fleisch abgerissen hatte. Da strich ihm der Feuervogel mit dem Flügel darüber und heilte ihm die Wunde. Dann verabschiedete er sich von ihm und flog wieder hinab zur Unterwelt.

19. Der arme Junge

Es war, was gewesen ist, wäre es nicht gewesen, würde es auch nicht erzählt.

Es war einmal eine Witwe, die war so arm, daß nicht einmal die Fliegen in ihrem Haus blieben, und diese Witwe hatte zwei Kinder, einen Knaben und ein Mädchen. Der Knabe war ein solch tapferer Junge, daß er den Schlangen die Zunge aus dem Munde herausgerissen hätte, das Mädchen aber war so schön, daß die Kaisersöhne und die schönen Prinzen allerorten mit Ungeduld darauf warteten, bis sie herangewachsen, damit sie um sie werben könnten. Als das Mädchen das sechzehnte Lebensjahr vollendete, geschah ihr, was allen schönen Mädchen geschieht: Es kam ein Drache, der raubte sie und brachte sie weit fort auf das jenseitige Gestade.

Von jetzt ab liebte die Witwe ihren Sohn hundert und tausend Mal mehr als bisher, weil er ihr einziges Kind und die einzige Freude war, die ihr noch auf dieser Welt geblieben, sie hütete ihn, wie man sein Augenlicht hütet, und hätte ihn nicht einmal einen Schritt weit von sich gehen lassen. Sosehr sie sich aber an ihm freute, war sie doch untröstlich und stets traurig, weil, mein Gott! ein Knabe ist zwar ein Knabe, aber ein Mädchen ist ein Mädchen, besonders wenn es schön ist.

Da der Knabe seine Mutter so traurig sah, sammelte er immer mehr Kraft und zählte die Tage, bis er groß genug sein würde, um in die weite Welt zu gehen und das Schwesterlein, Rotbäckchen sein, zu suchen auf ungebahnten Pfaden, mit Dornen beladen. Als er 18 Jahre vollendet hatte, machte er sich Kalbssandalen, an denen Stahlsohlen waren, ging zu seiner Mutter und sprach also: »Mutter, ich habe keinen Ruheort und keine Ruhestunde hier am Ort, solange ich dich so traurig und vergrämt sehe, immer in Gedanken an meine Schwester; ich habe beschlossen, in die weite Welt zu gehen und nicht eher zurückzukommen, als bis ich Kunde von ihr bringen kann. Ob ich sie finde, weiß ich nicht, ich habe wenigstens die Hoffnung, die lasse ich dir auch, damit du dich mit ihr beruhigst.«

Als die Witwe solche Worte hörte, mußte sie sich überwinden und doch wieder nicht zu sehr, um ihm zu antworten: »Gut, mein Sohn, mein Kind! Tu, was du nicht lassen kannst, und wenn du zurückkehrst, werde ich dich wiedersehen, und wenn du nicht zurückkehrst, werde ich dich nicht beweinen, weil der Weg weit ist, den du vor dir hast; bleibst du auch noch so lange aus, ist doch immer noch die Hoffnung, daß du einmal zurückkehrst.« Nachdem sie dies gesprochen hatte, rührte sie ihm drei Brote mit ihrer eigenen Muttermilch an, eins aus Mehl, das andere aus Kleie, das dritte aber aus Asche vom Herde des Hauses.

Der Knabe steckte die Brote in den Rucksack, nahm Abschied von seiner Mutter und ging in die Welt wie ein armer Junge, dem alle Wege gleich weit, alle Stege gleich breit sind und der nicht weiß, welche Richtung er einschlagen soll.

Am Tor stand er still, schaute einmal nach Sonnenaufgang, dann nach Sonnenuntergang, nach Mitternacht und nach Mittag, darauf nahm er eine Handvoll Staub unter der Türschwelle hervor und warf sie in den Wind; wohin der Wind den leichten Staub trieb, dahin wandte er seine Schritte.

Und der arme Junge ging und ging und ging, immer weiter und weiter, durch viele und reiche Länder, bis er an eine Heide kam, auf der kein Gras wuchs und kein Wasser quoll. Hier hielt er an und holte seine drei Brote hervor. Er fing mit dem aus Mehl an, weil es das schönste war.

Und wie er davon abbiß, wuchs seine Kraft und wurde sein Durst gelöscht.

Und wiederum wanderte der arme Junge weiter und wanderte über die lange Heide, Sommertag bis zur Nacht, den Weg so bang, daß er hingelang, bis er an einen großen Wald kam, so groß wie die Heide, über die er gewandert, der war dicht und düster und sogar von den Winden verlassen. Als er in diesen Wald trat, erblickte er am Stamm eines Baumes eine alte Frau, die war gebückt und runzelig im Gesicht. Der arme Junge, der seit so langer Zeit kein Menschenantlitz gesehen und keine Erdensprache gehört hatte, freute sich jetzt und sagte lustig: »Glück auf, Mütterchen! Aber wie kommst du her, und was machst du in dieser Einöde von einem Wald?«

»Gut sei dein Wort!« entgegnete ihm die Alte seufzend. »Ach Gott, so weit bin ich auch durchs Alter heruntergekommen, ich wollte ein bißchen wohin gehen und kann nicht weiter, weil meine Füße mich nicht mehr tragen.«

Als der arme Junge dies hörte, hatte er Mitleid mit der Alten, näherte sich ihr und fragte sie, woher sie käme und wohin sie ginge und in welcher Angelegenheit sie unterwegs sei. Er wußte nicht, der Arme, daß dies niemand anders als die Waldhexe war, die sich am Rande des Waldes aufhält und denen entgegengeht, die sich in diesen öden Gegenden verirren, um sie mit Worten zu betören und dann ins Verderben zu stürzen. Als er sie so kraftlos sah, fielen ihm seine drei Brote ein; wie wenn er schon morgen heimkehren sollte, dachte er daran, seine Reisezehrung mit ihr zu teilen, damit sie etwas Kraft bekäme.

»Ich danke dir«, entgegnete ihm die Waldhexe, die anderes mit ihm im Sinne hatte, »aber schau, ich habe keine Zähne, um dein trockenes Brot zu kauen. Wenn du mir etwas Liebes antun willst, nimm mich auf den Rücken und trage mich, denn ich wohne hier ganz in der Nähe.«

»So koste doch nur«, sagte der Knabe, der ihr in seiner großen Herzensgüte etwas Liebes erweisen wollte, »du bist gewiß nur aus Hunger so hinfällig geworden, und wenn dir dies nicht hilft, trage ich dich, wie du es wünschst.«

Als die Waldhexe das Brot aus weißem Mehl sah, guckte sie es mit Lust an; es hatte so etwas an sich, was, weiß ich nicht, aber so etwas, daß

selbst die Waldhexe nicht umhin konnte, einen Bissen davon zu neh-
men. Und wie sie hineinbiß, wurde ihr Herz weicher. Nachdem sie drei
Bissen genommen hatte, fühlte sie sich Mensch wie wir alle, mit dem
Herzen auf dem rechten Fleck und mit mildem Sinne.

»Erfahre, mein Sohn«, sagte sie ihm, »daß ich die Waldhexe bin und
daß ich sehr gut weiß, wer du bist, woher du kommst und wohin du
dich aufgemacht hast. Das ist eine große Sache, die du vor dir hast, denn
deine Schwester befindet sich gerade auf dem jenseitigen Gestade, wohin der Erdenmensch nur auf eine einzige Art gelangen kann.«

»Und auf welche wäre das?« fragte der arme Junge ungeduldig.

Die Waldhexe sah ihn zweifelhaft an. »Ich rate dir nicht, dich daran-
zumachen«, sagte sie, »denn es wäre schade um dein junges Leben. Aber
wer weiß, vielleicht wirst du Glück haben; ich sehe, daß du ein weiches
Herz hast, und wer ein weiches Herz hat, kann vieles zustande bringen;
außerdem kenne ich dich, du wirst keine Ruhe haben, bis du sie nicht
gefunden hast. So wisse also, fern von hier, nachdem du noch sechs Heiden und sechs Wälder durchwandert hast, wirst du am Rande des siebenten Waldes, der sich an der Grenze des jenseitigen Gestades aus-
dehnt, eine alte Hexe treffen; diese Alte hat eine Pferdeherde, in dieser
Herde befindet sich ein verzaubertes Pferd, das dich auf das jenseitige
Gestade bringen kann. Dies Pferd aber kann nur der erringen, der es aus
der ganzen Herde zu wählen weiß, nachdem er dieser Alten ein Jahr
lang gedient hat.«

Das hatte der arme Junge wissen wollen. Er verlor keine Zeit mehr,
dankte der Waldhexe für die Aufklärungen und machte sich auf, immer
geradeaus durch den dichten Wald, weil sein Weg lang war und er sich
zu eilen hatte.

Und der arme Junge ging wie einer, der in guter Absicht geht, und
eilte, wie man eilt, wenn man noch Zeit zum Heimweg behalten will.
Wieviel er gegangen und wie er geeilt ist, kann sich jeder vorstellen, der
behalten hat, wie lange Zeit er brauchte, um durch eine einzige Heide
und einen einzigen Wald zu wandern.

Wenn aber die Kräfte ihn verließen, biß er einmal vom Brot ab, und
alsogleich erstarkte er wieder.

Als er aus dem sechsten Wald herausgehen wollte und an einem Bache mit klarem Wasser vorbeikam, sah er eine Wespe, die mit den Wellen des Wassers kämpfte, und er hatte Mitleid mit dem Tier. So nahm er einen trockenen Zweig und hielt ihn mit einem Ende der Wespe hin, damit sie hinaufkrabbeln und dann Gebrauch von ihren Flügeln machen könnte.

Diese Wespe war aber die Königin selber über die Wespen des Waldes, und als sie sich durch seine Güte gerettet sah, flog sie ihm auf die Schulter und sprach: »Wohin du auch gehest, möge das Glück dein Gefährte sein! Bitte, ziehe mir ein Haar unter dem rechten Flügel heraus, und hebe es dir gut auf, denn wer weiß, ob es dir nicht einmal von Nutzen sein kann! Wenn du mich brauchst, dann bewege dies Haar, und ich werde zu dir kommen, wo du auch immer seist auf der Erdoberfläche.«

Der arme Junge nahm das Haar, verwahrte es sorgfältig und ging weiter. Er ging, wer weiß wie weit, bis er an einen großen See kam, am Rande aber sah er einen Fisch, der auf dem Trockenen herumzappelte. Er hatte Mitleid mit dem armen Tier, in dem kaum noch ein Atemzug war, darum nahm er es und warf es in den See.

Dieser Fisch aber war der Kaiser der Fische selber, mit Schuppen aus Edelsteinen und Flügeln aus Gold. Er schwamm einmal um den See herum, atmete ein paarmal auf, um Kräfte zu sammeln, dann kehrte er zum Knaben zurück und sprach also: »Wohin du auch gehest, möge das Glück dein Gefährte sein. Bitte, ziehe mir eine Schuppe ab unter meinem rechten Flügel und hebe sie dir gut auf, denn wer weiß, ob sie dir nicht einmal von Nutzen sein kann. Wenn du mich aber einmal brauchst, reibe diese Schuppe, und ich werde zu dir kommen, wo du auch seiest, soweit die Wasser auf Erden reichen.«

Der arme Junge nahm die Schuppe, verwahrte sie sorgfältig und ging weiter. Er ging, wer weiß wie weit, und gelangte an die siebente Heide, wo kein Halm wächst und kein Wasser quillt, da fand er einen Maulwurf auf seinem Wege, welchen das Tageslicht oberhalb der Erde überrascht hatte und der nun erbärmlich im Finstern herumtappte und seinen Maulwurfshügel, in dem die Jungen hungerten, nicht finden konnte, obgleich er nur einen Sprung weit entfernt war. Er hatte auch mit ihm Mitleid, nahm ihn und trug ihn an seinen Hügel heran.

»Wohin du auch gehest«, sprach der Maulwurf, »möge das Glück dein Gefährte sein. Bitte, nimm dir eine Kralle von meiner rechten Pfote und hebe sie dir gut auf, wer weiß, ob sie dir nicht einmal von Nutzen sein kann. Wenn du mich aber brauchst, kratze auf der Erde mit dieser Kralle, und ich werde zu dir kommen, wo du auch immer seiest auf Erden.«

Der arme Junge nahm die Kralle, verwahrte auch sie sorgfältig, und wieder ging er weiter über die endlose Heide, dem unsichtbaren Walde zu, der an der Grenze des jenseitigen Gestades lag.

Wie viele Tage und wie viele Nächte er über diese Heide zog, das weiß nur der liebe Gott; eines schönen Morgens aber, als er aus dem Schlaf erwachte, sah er in der Ferne, so fern, als sei es in der andern Welt, einen Lichtstreif, ungefähr wie ein Feuer, das sich die Hirten am Eingang der Hürde anmachen. Dort war das Nest der Zauberin mit der Herde verhexter Pferde.

Der arme Junge freute sich sehr, als er sich dem Ende der Welt so nah sah, und seine Freude währte bis zum Abend des dritten Tages, als er am Hause der Zauberin anlangte.

Da war er, du lieber Gott! mitten in der Heide, gerade am Rande des Waldes, der sich in der Abenddämmerung verlor, auf einem weiten Felde, das mit grünem Gras bedeckt und von Quellen mit klarem Wasser durchflossen war; mitten auf diesem Felde erhob sich aber eine Anzahl hoher Stangen, und auf jeder derselben steckte ein Menschenschädel. Die Hütte der Zauberin stand mitten in diesen Stangen, eine hohe Pappel vor ihr und zwei Weidenbäume rechts und links davon.

Das bewies also, daß die Waldhexe recht hatte: Hier gingen die Dinge nicht gerade spaßhaft her.

Der arme Junge faßte sich ein Herz und näherte sich, um in die Hütte einzutreten, die wie ausgestorben mitten auf der Heide stand.

Die alte Hexe saß in dem Hausflur auf einem hohen Stuhl mit drei Beinen, vor ihr aber stand ein großer Kessel auf einem großen Dreifuß über einem Feuer, das ohne Rauch brannte. In der Hand hielt die Alte das Schienbein eines Riesen, mit dem sie die Zauberkräuter im Kessel umrührte.

Als der arme Junge ihr guten Abend sagte, sah sie ihn von oben bis unten an. »Willkommen, Held! Ich erwarte dich schon lange, denn lange schon klirrt dieser Kessel und sagt mir unaufhörlich, daß du zu mir unterwegs bist.«

Der arme Junge freute sich sehr über den guten Empfang, denn die Alte erschien ihm durchaus nicht widerwärtig, wie sie ihn liebend anschaute und mit weicher Stimme sprach. Sie freute sich auch, daß sie noch Hand an einen Mann legen konnte, weil die Stangen mit Menschenschädeln sie vor den bösen Elfen bewahrten, die nicht durch sie hindurchdringen konnten; und da war ein Stück Landes, so für drei Köpfe, noch nicht mit Stangen besetzt.

Nun machten sie miteinander ab, der arme Junge solle ein Jahr lang die Herde behüten und als Lohn das Pferd empfangen, das er sich selbst auswählen würde; falls er aber die Herde verliere, müsse er seinen Kopf der Zauberin überlassen; alsdann schlug die Alte noch eine Stange in die Erde und setzte die Mütze des Helden darauf. Schließlich aß er etwas, um nicht hungrig mit der Herde zur Weide zu gehen.

Während der Knabe aß, zog die Alte die Mutterstuten hinter die Hütte und fing an, sie mit dem Schienbein des Riesen zu hauen, und befahl ihnen, nicht etwa nachts Wasser zu trinken oder die anderen trinken zu lassen, weil das Wasser aus den Quellen der Flur einschläfere; die Alte wollte, daß die Herde die Nacht durch weide.

Der arme Junge wußte aber nichts davon.

Als er mit der Herde auf die Weide kam, fühlte er einen Durst, um den man vom Morgen bis zum Abend geht, nur um ein Tröpfchen Wasser zu finden; er legte sich daher an einen Quell und trank, um seinen Durst zu löschen, und sowie er trank, schlief er auch gleich ein.

Als er am nächsten Tage beim Morgengrauen vom Schlaf erwachte, war die Herde verschwunden, nirgends eine Spur! Man braucht sich nur klarzumachen, daß seine Mütze schon auf der Stange saß, um zu verstehen, wie groß seine Verzweiflung war. Aber er sah sich nach allen Seiten um, ohne auch nur eine Pferdespur zu entdecken; die Morgendämmerung aber brach immer mehr herein, und er stand ganz verloren da und wußte nicht, wohin er sich wenden solle.

Da fiel ihm der Dienst ein, den er einst der Wespe erwiesen hatte, und er dachte daran, daß eine Wespe, die so schnell fliegt, die Herde entdecken und ihm Nachricht über sie bringen könnte; so nahm er das Haar, das unter dem Flügel der Wespe herausgezogen war, und bewegte es. So schnell wie man denkt und nicht denkt, hörte man von allen Seiten ein Summen, welches anschwoll und immer stärker wurde, daß man hätte meinen können, die Welt solle zugrunde gehen. Herrgott! Da kam immer eine Wespe nach der andern, ein Schwarm nach dem andern, große Reihen, ganze Wolken von Wespen, größere und kleinere, alle bereit, die Erde zu umkreisen und die Befehle des armen Jungen zu erfüllen.

»Hab keine Angst«, sagte die Wespenkönigin, »denn wenn die Herde noch auf der Erde ist, bringen wir sie dir, ehe die Sonne sich am Himmel zeigt.«

Darauf wurde alles still um den armen Jungen herum, weil die Wespen nach allen Orten flogen und sich über die Erde ausbreiteten.

Viel Zeit verging nicht, bis sich in der Ferne eine Staubwolke zeigte, die in rasender Eile auf die weite Flur mitten in der Heide zuflog, und die von stechenden Wespen gejagte Pferdeherde eilte daher, daß die Erde unter ihren Hufen erdröhnte.

Der arme Junge dankte den Wespen für ihre Hilfe, dann wandte er sich dem Hause zu, als wäre gar nichts vorgefallen.

Die Alte sah ihn etwas schief an, sagte, es sei gut, und fing von neuem an, die Mutterstuten zu schlagen, und befahl ihnen, sich nachts gut zu verstecken.

Am Abend wollte der arme Junge nicht essen, weil er glaubte, daß er durch die Speisen der Zauberin in vergangener Nacht einen so unlöschbaren Durst bekommen habe; als er aber mit der Herde auf die Weide ging, befiel ihn, sowie er das klare Wasser sah, ein brennender und verzehrender Durst, und wohin er auch ging, quoll Wasser unter seinen Füßen hervor. Schließlich konnte er sich nicht mehr beherrschen, und indem er sich auf den Beistand der Wespen verließ, legte er sich an eine Quelle, und kaum hatte er getrunken, so schlief er auch alsogleich ein.

Diesmal wachte er aber später auf als in der vergangenen Nacht, weil er später eingeschlafen war, später bewegte er das Haar, das er unter dem Flügel der Wespe herausgezogen, und später trafen die Wespenschwärme ein, um ihm die Herde zu suchen und heimzujagen.

Was mußte er aber sehen? Viel Zeit verging nicht, als, schau an, ein Schwarm nach dem andern zurückkehrte und ein jeder die Kunde brachte, daß die Herde sich nicht auf der Erdoberfläche befände, sondern sich irgendwie auf dem Meeresgrund verloren haben müsse.

Die Sonne aber sollte gerade aufgehen. Der arme Junge nahm also die Fischschuppe, rieb sie, und plötzlich erschien zu seinen Füßen in den Quellen eine Brut von Fischchen, die alle Rinnen anfüllten und ihn fragten, was er wünsche und befehle. Er teilte ihnen das Was und Wie mit, und alsogleich begannen alle Wasser, Flüsse, Teiche und Meere sich in Bewegung zu setzen, die Wespen aber flogen über alle Berge, damit sie, sowie die Herde von den grätigen Fischen aufgejagt sei, hinter derselben hereilen und sie weiterjagen könnten.

Der arme Junge hatte kaum noch Zeit, seine Herde zu sammeln und nach Hause zu bringen, als die Sonne auch schon aufging.

Die Alte sah ihn ärgerlich an, sagte auch diesmal, es sei gut, und gab den Mutterstuten eine noch tüchtigere Tracht Prügel; denn das Jahr hatte drei Tage, und wenn sie sich auch diese Nacht nicht ordentlich versteckten, konnte der Held seinen Lohn fordern.

Das wußte auch der arme Junge. Darum fing er von seinem Brot zu essen an, als er mit der Herde auf die Weide ging; und sooft er abbiß, wuchs seine Kraft und löschte sich sein Durst. Wenn er jedoch die Quelle sah oder das Wasser über den Steinchen plätschern hörte, wurde er wieder durstig, und so aß er das ganze Brot aus Mehl. Jetzt hätte er das Kleienbrot angreifen sollen, er getraute es sich aber nicht, da sein Weg noch lang war und er sich fürchtete, ohne Zehrung zu bleiben. Er verließ sich also auch diesmal auf die Unterstützung der Wespen und Fische, legte sich an einen Quell, und sowie er getrunken, schlief er auch gleich ein.

Als er aufwachte, war es heller Tag, nur war die Sonne noch nicht aufgegangen. Er bewegte das Haar, die Wespen aber kamen mit der Nachricht, daß die Herde nicht auf der Erdoberfläche sei, er rieb die Fischschuppe, aber die Fische sagten, daß sie auch nicht unter dem Wasser sei; da nahm er in seiner Verzweiflung die Kralle des Maulwurfs und kratzte mit ihr auf dem Boden.

Jetzt hättest du das Wunder schauen sollen! Die Wespen summten, die Fische wühlten alles Wasser auf, die Maulwürfe aber begannen die Erde zu durchdringen, sie zu durchfurchen, als ob sie sie ganz zu Mus machen wollten. Als die ersten Sonnenstrahlen die Wipfel der Pappeln vor der Hütte berührten, zog die Herde wie gejagte Schatten auf den armen Jungen zu; wollte sie ins Wasser, scheuchten sie die Fische, suchten sie sich in der Erde zu verbergen, vertrieben sie die kralligen Maulwürfe, und so mußten sie dahin gehen, wohin die Wespen sie führten.

Der arme Junge dankte für die Hilfe und kehrte heim, gerade als die Sonne die Hütte beschien.

Die Alte sah ihn zornig an und sagte nichts mehr.

Aber jetzt kam es drauf an! Das Jahr war um, und der arme Junge begann, sich hinter den Ohren zu kraulen, weil er nicht wußte, welches Pferd aus der Herde er wählen solle.

So geht's dem Übereiligen! Die Waldhexe hätte ihm dies wahrscheinlich auch noch sagen können, hätte er sie nicht so schnell verlassen. Jetzt ging er aufs Geratewohl los. Und dann dachte er, was er auch träfe, schlecht käme er doch nicht weg, denn auf jeden Fall war's auf langem Wege immer besser zu Pferde als zu Fuß. Außerdem hatte er die Pferde der Alten rennen sehen und wußte, daß es lauter Pferde, keine Schindmähren waren.

So ging er also durch die Herde, und wie er ging, stieß er auf ein krankes Füllen, mit dem er Mitleid hatte, weil es so ungepflegt aussah; aber es fiel ihm nicht ein, gerade dieses zu wählen. Soviel er sich aber wandte und drehte, immer blieb er bei diesem stehen, denn er war gar zu gutherzig seiner Art nach und sagte sich, wenn er auch nicht viel mit ihm anstellen könne, erweise er doch wenigstens einem armen Tiere etwas Gutes.

»Wer weiß«, sagte er sich, «wenn ich es kämme, bürste und striegle, wird womöglich noch ein gutes Pferd aus ihm.«

So wählte er dies und entschloß sich, als Zugabe noch die Tasche zu stehlen, in der sich Kamm, Bürste und Striegel befanden, damit er sein Pferd gut besorgen könne.

Die Alte wurde giftgrün, als sie hörte, daß er sich dies Tier gewählt, weil dies das verzauberte war. Aber was konnte sie ihm tun? Sie mußte Wort halten. Sie riet ihm nur, sich ein anderes, besseres auszusuchen, sagte ihm, er würde bald ohne Pferd bleiben und daß für guten Dienst sich ein guter Lohn gebühre; schließlich gab sie es ihm jedoch.

Aber eine Hexe bleibt immer eine alte Hexe, und sowie der arme Junge zu Pferde gestiegen, Abschied genommen und davongeritten, ging sie an den großen Kessel, stellte ihn ab und bestieg den Dreifuß, dann verwandelte sie sich in Gesicht und Haltung und eilte mit der Schnelligkeit des Fluches ihm nach, um ihn zu erreichen, zu verderben und ihr Pferd zurückzunehmen. Der arme Junge fühlte, daß ihm etwas Furchtbares folge, und gab seinem Pferde die Sporen.

»Du spornst mich umsonst an«, sprach das Pferd, »wir können ihr doch nicht enteilen, solange wir noch auf ihrem Bereiche sind. Wirf aber den Kamm hinter dich, um ihr ein Hindernis in den Weg zu legen.«

Jetzt wußte der arme Junge, daß er gut gewählt habe, als er sich das kranke Füllen ausgesucht hatte. So holte er den Kamm aus dem Sack heraus und warf ihn hinter sich, aus dem Kamm aber wurde ein langer hoher Zaun, über den die Hexe nicht fortkonnte, sondern dessentwegen sie einen Umweg machen mußte, so daß er einen Vorsprung gewann.

»Wirf die Bürste«, sagte das Pferd, als es von neuem das Getrappel des Dreifußes in seiner Nähe hörte.

Der arme Junge warf die Bürste, und aus ihr wurde ein ausgedehntes Rohrdickicht, durch das die Alte nur mühsam und mit Ach und Weh durchdringen konnte.

»Wirf den Striegel«, rief das Pferd zum drittenmal.

Als er den Striegel fortgeworfen hatte, schaute der arme Junge nach rückwärts und sah einen Wald von Messern und Säbeln, die Alte aber zwischen ihnen, wie sie sich mühte, durch ihn hindurchzukommen, und sich in lauter kleine Stücke zerschnitt.

Als sie an den siebenten Wald gelangten, wo das Reich der Hexe aufhörte, schüttelte sich das kranke Pferd einmal und wurde unvermerkt zu einem schönen geflügelten Pferde, wie es weder vorher noch nachher eins gegeben hat.

»Jetzt halt dich gut!« sagte ihm das Pferd, »jetzt werde ich dich so führen, wie noch nie ein Held vom diesseitigen Gestade zum jenseitigen gelangt ist, denn ich habe dort auch eine Schwester, die ich zu suchen ausgehe.«

Der arme Junge war betäubt von der Windeseile, mit der das Pferd über den Wald hinflog und sich darauf auf das jenseitige Gestade herabließ in einer großen Lichtung in dem andern Teil des Waldes. Als er zu sich kam, befand er sich auf dem jenseitigen Gestade, seinem Pferde gegenüber, das sich jetzt einmal schüttelte, zum zweiten Male, sich in einen schönen Prinzen mit langen Locken verwandelte und sprach: »Wohin du auch gehest, möge das Glück dein Gefährte sein, denn du hast mich aus dem Zauber befreit, in welchem mich die Waldhexe gebannt hatte. Erfahre, daß ich der Sohn des roten Kaisers bin und mich aufgemacht hatte, um meine Schwester zu suchen; am Rande eines Waldes aber fand ich die Waldhexe, und die klagte mir, daß sie nicht mehr gehen könne, und bat mich, sie auf dem Rücken zu tragen; als ich sie aber aus Mitleid hatte auf mich steigen lassen, verwandelte sie mich in ein Pferd und verdammte mich dazu, Pferd zu bleiben, bis ein Held sich meiner erbarme und mich bestiege, damit ich ihn aufs jenseitige Gestade trüge; dort sollte ich meine menschliche Gestalt wiedergewinnen.«

Der arme Junge freute sich schrecklich, daß er nun nicht mehr allein war. Er nahm das Kleiebrot, brach es entzwei und gab die eine Hälfte dem Kaisersohn, damit sie Brüder auf Leben und Tod seien und dieselbe Sehnsucht sie beide trüge.

Der Kaisersohn kostete vom Brote, und wie er davon aß, wuchsen seine Kraft und seine Liebe.

Sie erzählten sich ihre Erlebnisse und gingen dann geradeaus vorwärts.

Ferne, ferne, gerade am Ende des jenseitigen Gestades, sah man glänzende Gehöfte aufragen; das mußten die Paläste des Drachen sein.

Die Welt auf dem jenseitigen Gestade war so schön, daß man sie ewig hätte durchwandern mögen, lichtvoll, grün und blumenreich, mit schön gefiederten Vögeln, zahmen und munteren Tieren. Und in dieser Welt alterte der Mensch nicht, sondern blieb immer so, wie er gewesen, als er sie betreten hatte, denn hier gab es keine Tage, die Sonne ging nicht auf noch unter, sondern es kam das Licht von selbst, so wie aus heiterm Himmel. Die Drachen aber waren nirgends zu sehen, und die beiden Brüder auf Tod und Leben gingen unbehindert ihres Weges.

Nachdem sie so weit gegangen, wie man in drei Tagesmärschen kommt, gelangten sie an die schönen Paläste und hielten vor ihnen an, weil sie schön, wunderschön waren, mit hohen Türmen, Mauern aus samtweichen Steinen, mit Schneeplatten bedeckt, die an der Sonne getrocknet waren.

Sie schienen aber leer und verlassen.

Der arme Junge und der Kaisersohn traten ein, gingen durch all die mit Kostbarkeiten angefüllten Räume, und da sie niemanden fanden, dachten sie, daß der Drache gewiß auf die Jagd gegangen sei, und beschlossen, ihn zu erwarten. Sie wunderten sich aber, ihre Schwester nicht hier zu finden.

Darauf streckten sie sich jeder auf einem schönen Diwane aus und gaben sich der Ruhe hin, als sie plötzlich beide zusammenfuhren und erstarrt blieben vor dem, was sie hörten.

Herrgott! Es war ein so rührender Gesang, daß er auch die Steine hätte erweichen müssen, man fühlte sich wie in der andern Welt, wenn man ihn hörte, und er entsprang einer Frauenstimme. Der arme Junge und der Kaisersohn horchten nicht lange, sondern sprangen auf und eilten dahin, woher der Gesang ertönte.

Und dies erblickten sie: An einem Teil des Schlosses war ein Glasturm, in diesem Glasturm aber saß ein Mädchen und spann und sang und weinte, ihre Tränen aber verwandelten sich beim Herabfallen alsogleich in Perlen. Und dies Mädchen war so schön, daß zwei Männer, wären sie in der Welt gewesen, sich ihretwegen umgebracht hätten. Wie die beiden Helden sie erblickten, blieben sie regungslos stehen und schauten sie sehnsüchtig an, das Mädchen aber hörte zu spinnen auf, sang nicht mehr und weinte nicht, sondern sah sie verwundert an.

Dies aber war von keinem der beiden die Schwester, und wie es so zu geschehen pflegt, meinte der arme Junge, sie sei die Schwester des Kaisersohnes, der Kaisersohn aber, sie sei die Schwester des armen Jungen.

»Ich bleibe hier«, sagte der arme Junge, »gehe du aber hin und befreie meine Schwester, um sie zur Frau zu nehmen.«

»Nein, ich bleibe hier«, antwortete der Kaisersohn, »gehe du hin und befreie meine Schwester, denn diese hier nehme ich zur Frau.«

Jetzt kommt's drauf an! Als sie verstanden, daß dieses schöne Mädchen von keinem der beiden die Schwester war, griffen die schönen Helden an die Schwerter, im Begriff, sich mit ihnen zu bekämpfen, wie sich Männer zu bekämpfen pflegen, wenn sie etwas unter sich teilen müssen.

»Haltet ein«, sprach das schöne Mädchen, »überstürzt euch nicht. Sucht erst besser nach, ob ich wirklich das bin, was ich euch erscheine, oder ob ich am Ende nur ein Schatten bin? Ich bin das körperlose Mädchen, das erst verkörpert wird in dieser Welt, wenn der Drache mich von dem andern Gestade geraubt haben wird. So wie ihr mich jetzt seht, werde ich dann auch sein, werde spinnen, singen und weinen, denn ich werde an meine Mutter denken, die spinnt, singt und weint; und so spinnen, singen und weinen auch eure Schwestern, die von den beiden älteren Brüdern des Drachen, der dies Schloß beherrscht, geraubt worden sind.«

Als sie dies hörten, wollten die beiden Helden davongehen, um nicht mehr Zeit unterwegs zu verlieren.

»Haltet ein, und überstürzt euch nicht«, sagte ihnen wieder das körperlose Mädchen. »Ihr denkt wohl gar, daß ihr den Drachen so durch den bloßen Willen besiegen werdet? Eurer harren große Dinge. Mich hat die alte Drachin hierhergesetzt, damit ich ihren jüngsten Sohn immer ansporne, weil es geschrieben steht, daß alle drei Brüder zu gleicher Zeit Hochzeit machen sollen. Die beiden ältesten Brüder halten eure Schwestern gefangen, können mit ihnen aber erst Hochzeit machen, wenn der jüngste Sohn mich geraubt haben wird. Sooft er von der Jagd heimkehrt, hält er dort an, wo ihr jetzt steht, sieht mich mit Sehnsucht an, dann richtet er seine Waffen her, füttert sein Pferd mit glühenden Kohlen, aber kann sich doch noch nicht auf den Weg machen, weil meine Zeit noch nicht gekommen ist. Darum bleibt und besiegt ihn hier, damit er mich nicht etwa raube, während ihr unterwegs seid und ihr dann zu spät zu euren Schwestern kommt. Aber achtet auf eins: Ihr könnt ihn außerhalb seines Hofes nicht besiegen, weil er unsichtbar ist. Wenn er nach Hause zurückkehrt, wirft er darum seinen Streitkolben mit so viel Gewalt an das Tor, daß die Erde bebt, die Mauern einstürzen und alle Erdenmenschen, die sich in ihnen befinden könnten, lebendig begraben werden. Wenn ihr also genug Kraft in euch fühlt, um die Tore in ihren Angeln zu halten, so daß sie nicht wanken, wenn er den Streitkolben dagegenwirft, so bleibt, sonst geht in Gottes Namen, denn es wäre schade um euer junges Leben.«

Der arme Junge und der Kaisersohn sahen sich an, verstanden, daß es so geschehen müsse, und entschlossen sich zu bleiben.

Während also der arme Junge zur Pforte ging, um sie zu halten, zog der Kaisersohn sein Schwert heraus und erwartete den Drachen mitten im Hof. Ihr merkt wohl, daß dies kein Scherz war.

Viel Zeit verging nicht, als plötzlich krach! der Streitkolben gegen die eisenbeschlagene Türe schlug, daß man hätte glauben können, die Welt ginge zugrunde. Der arme Junge meinte, ihm rissen die Sehnen des Herzens entzwei von der großen Schwere und die Mauern in ihren Grundgefügen würden einstürzen – aber er hielt die Angeln der Tore.

Als er sah, daß das Schloß nicht zusammenstürzte, stand der Drache etwas verwundert still.

»Was heißt das?« sagte er. »Ich muß seit gestern sehr schwach geworden sein.« Er ahnte nicht, was seiner wartete.

Als er dann mit Mühe das Tor öffnete, bemerkte er nicht den armen Jungen, sondern ging direkt auf den Kaisersohn zu, der todesmutig mitten auf dem Hofe stand, denn schließlich, was wollt ihr? Drache ist Drache und nicht ein Mädchen im Weiberrock.

Wir wollen uns nicht länger dabei aufhalten, wir wissen ja, was geschieht, wenn Drachen und Kaisersöhne aneinandergeraten. Sie begannen den Kampf. Der Kaisersohn war ein Held, aber auch der Drache war der jüngste von drei Brüdern! Sie schlugen sich mit den Schwertern wer weiß wie lange; als sie dann sahen, daß einer den andern so nicht besiegen konnte, wurden sie handgemein, während der arme Junge sich mühte, das Schloß aufrecht zu halten, damit es nicht über ihrem Kopf einstürzte.

Als der arme Junge sah, daß seine Kräfte nachließen und daß keiner den andern unterkriegte, rief er laut: »Pack ihn und schleudere ihn, denn ich kann nicht mehr.«

Darauf erfaßte der Kaisersohn den Drachen, wie man so jemand anpackt, sammelte alle seine Kräfte und warf ihn zu Boden, daß ihm die Knochen knackten und er bewußtlos liegenblieb; darauf ergriff er eiligst die Flucht, lief durch das halbgeöffnete Tor und zog auch den armen Jungen nach sich; die Mauern stürzten ein, und all die großen und schönen Paläste und begruben den Drachen sozusagen lebendig. Nur der Turm aus Glas, jetzt leer und verlassen, stand noch da, das körperlose Mädchen aber war aus ihm verschwunden in dem Augenblick, als nie-

mand mehr da war, der sie von den jenseitigen Gestalten hätte rauben
können.

Der arme Junge und der Kaisersohn dankten dem Herrgott, daß sie
dies so weit hatten gut ausführen können, und wanderten weiter und gingen und gingen, bis sie vor dem Schloß des zweiten Drachen anlangten.

Schon von ferne sahen sie den Glasturm und hörten den Klagegesang;
des armen Jungen Herz aber klopfte höher und immer höher, weil er, je
mehr er herankam, immer deutlicher die Stimme seiner Schwester
wiedererkannte.

Als sie in das große und schöne Schloß gelangten und das Mädchen in
dem Glasturm sahen, stürzten sich beide auf sie zu, um den Turm einzu-
brechen und sie in den Arm zu nehmen.

Aber so leicht gingen die Sachen nicht. Das Mädchen im Glasturm,
welches wirklich des armen Jungen Schwester war, schaute sie verwundert an; als aber der arme Junge ihr sagte, daß er gekommen sei, um sie
aus den Klauen des Drachen zu befreien, antwortete sie ihm, daß sie ihn
nicht kenne und daß ihr Bruder ihm weder in Gesicht noch Gestalt gli-
che.

Groß war des armen Jungen Trauer, als er sah, daß seine Schwester
nichts von ihm wissen wollte, und er war doch ihretwegen durch so viele
Heiden gewandert, durch soviel Gefahren gezogen; aber seine Trauer
wurde noch größer, als sie zu klagen begann, daß sie sich vor Sehnsucht
nach dem Drachen verzehre. Der Drache käme an jedem Tage, sagte sie,
und betrachte sie mit ungestillter Sehnsucht. Doch hielt er sie von einem
Tage zum andern hin und verheiratete sich nicht mit ihr.

Aber für den armen Jungen war es noch erträglich, war sie doch nur
seine Schwester; als der Kaisersohn aber das Mädchen sah, ihre Stimme
hörte und ihre Liebe zu dem Drachen bemerkte, wurde er, ich weiß
nicht wie, aber ganz außerordentlich wütend.

»So! Wenn du nicht kommen willst, werden wir dich mit Gewalt nehmen!« sagte er, bereit, das ganze Schloß auf den Rücken zu nehmen und
mit ihm auf das andere Gestade zu flüchten.

»Sachte, sachte«, sprach das Mädchen, »wenn es sich darum handelte,
so brauchte ich nur einen Nagel aus dieser Glaswand zu ziehen, um das
ganze Schloß über eurem Kopf einstürzen zu lassen. Ich habe aber Mit-

leid mit eurer Jugend und rate euch, nicht zu lange hier zu bleiben, weil mein Verlobter euch sonst antreffen könnte, und ihr habt niemand, der über euch wehklagen würde.«

Der arme Junge holte jetzt sein Aschenbrot aus der Reisetasche und sagte: »Schwester, koste nur von diesem Brote, und dann sage noch, daß ich nicht dein Bruder bin!«

Sie streckte die Hand aus, und die Glaswände öffneten sich; nachdem sie aber das Brot genommen und von ihm gekostet hatte, fühlte sie, daß es mit ihrer Mutter Milch angerührt sei, und es überfiel sie ein Heimweh, daß man vor Mitleid hätte weinen können. »Vorwärts«, sagte sie eilig, »laßt uns entfliehen, denn wenn er uns hier findet, ach und weh über euer Haupt!«

Der arme Junge nahm sie in den Arm und küßte sie, weil sie seine Schwester war, der Kaisersohn aber umarmte und küßte sie auch, weil er – weil er doch so ein Bruder auf Leben und Tod von dem armen Jungen war!

Darauf verständigten sie sich, mit diesem Drachen zu verfahren wie mit seinem Bruder, sie warteten noch eine Weile, empfingen den Drachen, wie sich's gebührt, besiegten ihn, und nachdem sie wieder Gott gedankt, daß sie dies auch überstanden, machten sie sich weiter auf, um auch die Kaisertochter zu befreien.

Jetzt kam es aber darauf an. Die Kaisertochter wollte durchaus nicht von ihnen befreit sein, und der Kaisersohn hatte nichts bei sich, kein Abzeichen, an dem sie ihn als Bruder hätte erkennen können. Vergebens sagte ihr der arme Junge, daß, wenn sie nicht gutwillig käme, er sie mit Gewalt nehmen würde, denn sie hielt die Hand an dem gefährlichen Nagel, und es war keine Möglichkeit, sie zu besänftigen.

Das sollte also heißen, daß es ihnen an den Kragen gehen würde, wenn sie den Drachen abwarteten, denn sie waren zwei, nur zwei Personen, und wenn der eine das Schloß an den Angeln des Tores hielt, der andere den Drachen mitten im Hof erwartete, war keiner da, der sie vor dem bewußten Nagel beschützen könne.

»Laß mich nur«, sagte der arme Junge, der, seitdem er die Kaisertochter gesehen, ganz ich weiß nicht wie geworden war, außerordentlich wütend: »Entweder ich ihn oder er mich!«

Wie man sieht, hatte er sich entschlossen, den Drachen sogar auf freiem Felde zu bekämpfen, wo er ihn nicht sehen konnte, eine unerhörte Sache, seitdem die Märchenprinzen mit Drachenkindern kämpfen; denn wenn es schwer ist, einen Drachen zu besiegen, so ist es doppelt schwer, ihn, wenn er unsichtbar ist, zu besiegen, und daran hatte auch noch nie jemand gedacht.

Der Kaisersohn und des armen Jungen Schwester versteckten sich darum in einem Graben neben dem Schloß, damit der Drache sie nicht sähe; der arme Junge aber stellte sich ein bißchen ans Tor und wartete, daß der Drache seinen Streitkolben würfe, damit er gezwungen wäre, sich ihm zu nähern, denn wenn er keinen Streitkolben mehr hätte, würde er gezwungen sein, entweder mit dem Schwert oder mit der Faust zu kämpfen.

Viel Zeit verging nicht, bis krach! der Streitkolben an das eisenbeschlagene Tor schlug, aber auch der arme Junge war nicht faul, er schlug auf das andere Tor ein und rannte mit dem Tor und allem heraus und ließ das Schloß hinter sich zusammenstürzen.

»Komm, wenn du den Mut hast, jetzt zum Vorschein«, rief er darauf und glaubte, daß der Drache etwas antworten würde und sich dabei verraten.

Der Drache aber fühlte, daß er seinen Mann gefunden habe, und dachte gar nicht daran zu sprechen, sondern näherte sich unsichtbar, zog das Schwert heraus und zückte es gerade nach des armen Jungen Kopf, um ihn abzuhauen, aber der Hieb teilte nur seinen Kinnbacken in zwei Teile.

Das schmerzte den armen Jungen, aber es freute ihn auch, weil er jetzt wußte, wo er seinen Feind zu suchen habe; so stürzte er sich auf die Gegend los, aus der ihm der schwere Schlag gekommen war, und schlug zu und fühlte, daß er ins Fleisch getroffen, und schlug wieder und fühlte wieder, daß er getroffen hatte, und so führte er kleine, schnelle Stöße, mit denen er den Drachen vor seines Schwertes Spitze hertrieb. Plötzlich aber fühlte er, daß er nicht mehr traf, daß der Drache seinem Säbel entronnen sei, und er blieb zusammengekauert, wie der, der nicht weiß, woher ihm jetzt der Schlag kommen wird, stehen.

Der Drache zielte noch einmal gerade auf den Kopf des armen Jungen, und wie er zuhaute, schlug er ihm das rechte Ohr ab.

»Das werde ich dir heimzahlen«, rief der arme Junge und stürzte sich von neuem auf ihn. Jetzt waren aber seine Kräfte schon sehr geschwächt, und er traf den Drachen nur hin und wieder und verlor ihn nach kurzer Zeit aus Säbelweite.

Die Kaisertochter sah von oben ihrem Kampfe zu aus dem heil gebliebenen Turm, und wie sie schaute, wunderte sie sich über des armen Jungen Heldenmut; jetzt aber, als sie sah, daß der Drache den dritten Schlag nach des armen Jungen Kopf richtete, rief sie: »Lieber Held, wende dich nach rechts und speie dreimal aus, damit du ihn mit Augen sehen kannst.«

Als der arme Junge dies hörte, fühlte er sich hundert- und tausendmal stärker, als er gewesen war, und wie er sich nach rechts wandte und ausspie und den Drachen erblickte, stürzte er sich auf ihn, umfaßte ihn mit seinen Armen und drückte ihn so, daß er ihm die Knochen zerquetschte und ihn dann mausetot wegschleuderte.

Darauf verloren der Kaisersohn und der arme Junge keine Zeit mehr, sondern machten sich reisefertig. Die Kaisertochter küßte den armen Jungen, und augenblicklich heilte das Ohr an und das Kinn zu, so daß er noch schöner als zuvor war. Darauf gingen der arme Junge und der Kaisersohn in die Ställe des Drachen, die sich versteckt unter den Grundfesten des zusammengestürzten Schlosses befanden, ein jeder nahm ein verzaubertes Pferd, bestieg es, hob seine Braut darauf, und so eilten sie nach Hause.

Wäre der rote Kaiser nur ein gewöhnlicher Mensch gewesen, würde er sich schon gefreut haben, er war aber außerdem ein Kaiser! Er teilte sein Reich zwischen seinem Sohn und seiner Tochter Gemahl; darauf ging der arme Junge und holte sich seine arme Mutter, und nachdem auch sie gekommen war, wurde eine Hochzeit hergerichtet, Himmel! was für eine Hochzeit, von der die Leute reden werden, solange die Welt steht.

> Ich schwang mich in den Sattel dann,
> Damit ich's euch erzählen kann.

20. Der Teufel ist los oder das Märlein, wie der Teufel den Branntwein erfand

Es hatten einmal zwei Landesherren einen Grenzstreit; da waren auf jeder Seite Zeugen, die das Recht behaupteten, und darunter waren zwei, die hatten vom Teufel die Schwarzkunst erlernt und ihm dafür ihre Seelen verschrieben.

Diese beiden haben einmal ein jeder in der Nacht wollen falsche Grenzsteine setzen, so, wie jeder von ihnen die Grenze behauptete, und haben die Steine mit schwarzer Kunst wollen machen, daß sie aussähen, als ob sie schon viele, viele Jahre da gestanden hätten. Da sind sie alle zwei, als feurige Männer, hinauf auf die Höhe gegangen. Und wie der eine hinaufkommt, da ist der andere schon da. Aber keiner hat etwas von dem andern gewußt, daß dieser denselben Gedanken hatte.

Da fragte der eine den andern: »Was machst du da?«

»Was hast du danach zu fragen? Sage mir zuvor, was du da machen willst?«

»Grenzsteine will ich setzen und will den Grenzzug machen, wie dieser eigentlich sein muß.«

»Das habe ich selbst schon getan, und da stehen die Steine, und so geht der Grenzzug.«

»Das ist nicht richtig, und so geht der Grenzzug. Mein Herr hat gesagt, ich hätte recht, und ich solle nicht nachgeben.«

»Wer ist denn dein Herr? Das wird auch ein schöner Musjö sein!«

»Der Teufel ist mein Herr! Hast du nun Respekt?«

»Das ist nicht wahr, das ist mein Herr, und mein Herr hat mir gesagt, ich habe recht und solle nicht nachgeben. Packe dich den Augenblick, oder es geht dir schlecht!«

Und so kamen die zwei hintereinander, und zuletzt da gab der eine feurige Mann dem andern eine Maulschelle, daß ihm der Kopf herabflog und kullerte den ganzen Berg hinab. Und der feurige Mann ohne Kopf rannte hinter seinem feurigen Kopfe her und wollte ihn haschen und ihn sich wieder aufsetzen. Aber er konnte ihn nicht einholen bis ganz drunten im Graben.

Wie nun der eine dem andern die Maulschelle gegeben hatte und jener hinter seinem Kopfe herlief, da kam auf einmal ein dritter feuriger Mann dazu und fragte den, der oben blieb: »Was hast du da gemacht?«

»Was geht es dich an, und was hast du mir zu befehlen? Den Augenblick packe dich deiner Wege, oder ich mache es dir gerade so wie jenem.«

»Halunke! Hast du nicht mehr Respekt vor mir? Weißt du nicht, daß ich dein Herr, der Teufel, bin?«

»Und wenn du zehnmal der Teufel selbst bist, so liegt mir daran gar nichts; du kannst mich meinetwegen recht schön reinmachen!«

»Diesen Gefallen will ich dir tun, du sollst aber dein Lebtag daran gedenken!«

Und da fing der Teufel an und machte ihn rein, daß die Feuerputzen auf dem ganzen Bergrücken herumflogen.

Aber wie er ihn so rein machte, da ersah mein feuriger Mann den günstigen Augenblick und griff hin und erwischte den Teufel im Nacken, hielt ihn fest und sagte ihm:

»Nun bist du in meiner Gewalt; nun sollst du sehen, daß du in der Menschen Händen bist! Du hast dein Leben lang genug armen Leuten den Hals herumgedreht, nun sollst du auch selbst einmal erfahren, wie es tut, wenn einem der Hals umgedreht wird!«

Und fing an und wollte dem Teufel den Hals umdrehen. Wie der Teufel sah, daß der feurige Mann Ernst mit ihm machte, legte er sich aufs Bitten und gab ihm die himmelbesten Worte, er solle ihn doch gehenlassen und solle ihm den Hals nicht herumdrehen; er wolle ihm auch alles tun, was er nur von ihm verlangte. Da sagte ihm der: »Weil du also erbärmlich tust, so will ich dich nur gehenlassen; aber zuvor mußt du mir meine Verschreibung wiedergeben, in welcher ich dir meine Seele verschrieben habe, und mußt mir auch versprechen, ja, du mußt mir das bei deiner Großmutter beschwören, daß du kein Teil mehr an mir haben willst, auch all dein Lebetage von keinem Menschen dir wieder die Seele verschreiben lassen.«

Wollte der Teufel wohl oder übel, einmal stak er in der Klemme, und wenn er loskommen wollte und wollte nicht den Hals herumgedreht haben, so mußte er in einen sauern Apfel beißen und gab ihm seine Verschreibung wieder und versprach's ihm und verschwur sich bei seiner Großmutter, daß er keinen Teil mehr an ihm haben wolle und wolle auch alle sein Lebetag von keinem Menschen sich wieder lassen die Seele verschreiben. Wie er das alles getan hatte, ließ jener den Teufel los.

Wie aber der Teufel wieder ledig war, da tat er einen Sprung zurück, daß ihn jener nicht etwa unversehens noch einmal erwische, und stellte sich hin und sagte: »So, nun bin ich wieder ledig; wenn ich dir, du Schalksnarr, nun auch deine Verschreibung wiedergegeben habe und habe dir versprochen und beschworen, daß ich kein Teil mehr an dir haben wolle, so habe ich dir doch nicht versprochen, daß ich den Hals dir nicht auch umdrehen wolle, so ich wieder ledig wäre. Und auf dem Flecke da sollst du alleweil sterben, dafür, daß du mich gegurgelt hast und hast mir wollen den Hals umdrehen!«

Und damit fuhr der Teufel auf ihn ein und wollte ihm den Garaus machen, der aber riß aus und lief zum Wald hinein. Und der Teufel immer hinter ihm her. Endlich ersah es jener und kam an eine alte Buche, die war hohl und hatte unten ein Loch. Da kroch er geschwind hinein und wollte sich verstecken vor dem Teufel. Aber er war nicht weit genug hineingekrochen, und die Fußzehe guckte ihm noch heraus. Und weil er über und über feurig war, da leuchtete die Zehe durch die Nacht, und der Teufel wurde es gewahr, wo jener sich hin versteckt hatte, und kam und wollte ihn an der Fußzehe erwischen.

Aber der in seinem Baume hörte es, wie der Teufel getappt kam, wie er nach ihm greifen und ihn erwischen wollte; da zog er sich vollends hinein und machte sich weiter im Baume hinauf. Da kroch der Teufel auch hinein, und jener machte immer weiter im Baume hinauf und der Teufel immer hinter ihm her. Endlich da hatte der Baum oben in der Höhe ein weites Astloch, da kam jener dran und kroch heraus. Und wie er draußen war, da nahm er etwas und verkeilte das Astloch, wo er herausgekrochen war, und stieg geschwind herab und verkeilte auch das untere Loch und machte es mit schwarzer Kunst so fest, daß es der Teufel selbst und seine Großmutter und die ganze Hölle nicht wieder aufbringen konnten. Danach ging er seiner Wege.

Und da steckte nun der Teufel in der alten Buche und konnte nicht herauskommen und es half ihm alles nichts, er mußte drin steckenbleiben. Und da hat er lange Zeit darin gesteckt, und vielmal zu jener Zeit, wenn Leute des Wegs über jenen Berg gegangen sind, da haben sie ihn darin hören blöken und grunzen in seiner Buche. Endlich aber, wie der Holzschlag dort hinaufgekommen ist, da ist die Buche abgehauen worden. Da ist er endlich wieder herausgekommen und ist wieder frei geworden, der Teufel. Wie er nun wieder los war, da machte er sich auf und ging heim in die Hölle und wollte sehen, wie es aussähe? Aber da war alles leer darin, wie es in der Kirche in der Woche ist, und war keine Seele mehr zu hören noch zu sehen. Seit der Teufel damals fortgegangen und nicht wiedergekommen war und auch kein Mensch nicht gewußt hatte, wo er hingekommen war, da war nicht eine einzige Seele wieder in die Hölle gekommen. Und da war seine Großmutter aus Herzeleid gestorben, und wie die tot war, da packten alle die armen Seelen, die dazumal in der Hölle waren, auf und machten sich auf und davon, und gingen alle miteinander in den Himmel. Und da stand er, Maus-Mutter-Stern-allein in der Hölle, und wußte seines Leides keinen Rat, wie er's wohl anfinge, daß er wieder arme Seelen bekäme, weil er es nicht mehr tun durfte, und hatte es damals bei seiner Großmutter verschwören müssen, daß er von keinem Menschen sich wieder wollte die Seele verschreiben lassen, und auf andere Weise bekam er damals keine Menschen in die Hölle. Und da stand er und wußte seines Herzeleids kein Ende und wollte sich die Hörner aus dem Kopfe raufen vor lauter Herzeleid und Jammer. Da fiel ihm auf einmal etwas ein.

Wie er in der alten Buche gesteckt hatte und nicht herausgekonnt, da war ihm zuletzt die Zeit lang geworden, und da hatte er über allerlei nachsimuliert und den Branntwein erdacht und erfunden. Das fiel ihm alleweil mitten in seinem Herzeleide wieder ein, und da dachte er sich, das müsse ein Mittelchen sein, wie er doch wieder arme Seelen in die Hölle bekommen könne.

Und da packte er auf der Stelle auf und ließ die Hölle Hölle sein und ging nach Nordhausen und wurde ein Schnapsbrenner und machte Branntwein drein und drauf und schenkte ihn in die Welt hinein. Und er zeigte auch den Nordhäusern allen miteinander, wie der Schnaps gemacht wird, und versprach ihnen viel Geld und Gut, wenn sie's lernten und Branntwein brennten.

Und die Nordhäuser ließen sich's auch nicht zweimal sagen und wurden alle Schnapsbrenner und machten Branntwein und schenkten ihn in die Welt hinein. Seit dieser Zeit schreibt sich's her, daß bis auf den heutigen Tag so viel Branntwein in Nordhausen gebrannt wird wie an keinem andern Orte in der ganzen Welt.

Aber wie sich's der Teufel gedacht hatte, also ging es auch. Wenn die Leute erst ein wenig Branntwein im Leibe hatten, da fingen sie an zu fluchen und zu schwören und fluchten und schwuren ihre Seele zum Teufel, daß sie der Teufel bekam, wenn sie gestorben waren, und brauchte ihnen darum nicht zu dienen, wie er sonst hatte tun müssen, wenn er eine arme Seele hatte haben wollen. Und wenn sie sich den Kopf erst richtig vollgesoffen hatten im Branntwein, da fingen sie auch an und zankten sich und prügelten sich und brachen sich selber die Hälse, daß sich der Teufel nicht erst brauchte die Mühe zu geben und brauchte sie ihnen herumzudrehen. Und wenn der Teufel sonst mit aller Mühe und Not hatte alle Wochen einmal eine arme Seele in die Hölle bekommen können, da kamen sie jetzt dutzend- und schockweise alle Tage hinein, und es dauerte kein Jahr, da war die Hölle zu klein geworden und konnte der Teufel die Seelen nicht mehr unterbringen und mußte ein ganz neues Stück lassen anbauen an die Hölle.

Und kurz und gut, seit der Teufel aus der alten Buche jenes Mal wieder losgekommen ist, seit der Zeit ist der Branntwein aufgekommen, und seit der Branntwein in der Welt ist, da kann man erst recht eigentlich sagen: »Der Teufel ist los!«

21. Kurbads

Es war einmal ein Bauer, der hatte keine Kinder. Er selbst machte sich zwar nicht viel daraus, aber seine Frau grämte sich tagaus, tagein. Und als nach fast sieben Jahren ihr Mann starb, da hatte ihr Kummer kein Ende mehr. »Daß mein Mann tot ist«, klagte sie, »ist ja hart, doch das muß ertragen werden, hätte ich nur wenigstens ein Kindchen zum Hätscheln!«

Eines Tages erfährt die Witwe, da sei in der Stadt ein armer Mann, dem es gar nicht gutgehe. Er würde deshalb eins seiner neun Kinder anderen Leuten gern in Pflege geben. Auf der Stelle läßt die Bäuerin anspannen und fährt zur Stadt. Aber was nicht werden soll, wird nicht: Der Mann hatte kurz zuvor sein Kind bereits weggegeben. »Verdammt!« ruft der Knecht, »so sind wir umsonst gefahren, Bäuerin.«

Die Bäuerin ist aber so betrübt, daß sie kein Wort der Erwiderung findet. Auf dem Heimweg, kurz bevor sie ihren Bauernhof erreicht haben, bemerken sie bei der Überfahrt über einen Fluß einen großen Fisch, der sich auf das Ufer schnellt. Er zappelt, als könne er nicht wieder zurück. Hurtig springt der Knecht vom Wagen und will den Fisch fangen, aber der gleitet zurück ins Wasser und sagt: »Die Bäuerin selbst soll kommen, dann werde ich mich fangen lassen.«

Die Bäuerin geht hin, und wirklich, der Fisch springt wieder ans Ufer und sagt: »Hör zu, Bäuerin: Wenn du mich jetzt fängst und schlachtest, hernach kochst und verspeist, so wird dir die Glücksgöttin Laima einen Sohn bescheren. Nur sieh zu, daß sonst niemand auch nur einen Bissen von mir kostet.«

Die Bäuerin tut, wie ihr gesagt ist, und verbietet der Magd, von der Fischbrühe und dem Fisch zu kosten. Aber die Magd hat natürlich ihren eigenen Willen. Sie möchte doch zu gern wissen, ob der Fisch genügend Salz habe und ob wohl sonst die Bäuerin allemal komme, um am Kochlöffel zu lecken. Sie bricht sich mir nichts, dir nichts ein Stückchen vom Fisch ab – er schmeckt nicht übel, sie kostet von der Brühe – die schmeckt auch nicht übel; die Schuppen und die Eingeweide dagegen machen sich am Herdrand nicht schön, die wirft sie zur Tür hinaus auf den Kehricht. Dorthin tapst eine Stute, die den lieben langen Tag auf dem Hof nur ein paar Grashalme findet, und frißt die Schuppen mitsamt den Eingeweiden. Was soll man da sagen: Wer Hunger hat, dem werden auch Eingeweide zu Leckerbissen! Der Wirt ist tot, der Knecht zeigt sich den ganzen Tag nicht im Hause, da hat der Magen des armen Gauls Feiertag, er knurrt in einem fort.

Aber was geschah in der nächsten Nacht: Da gebiert die Bäuerin einen Sohn, die Magd gebiert einen Sohn, und die Stute ebenfalls. Den Sohn der Stute nannten die Leute Kurbads [Wo Hunger ist].

Die drei Knaben wuchsen zusammen auf, doch Kurbads übertraf die beiden anderen an Mut und Kühnheit. Seine Lieblingsnahrung waren Nußkerne, sein Lieblingsgetränk Stutenmilch und seine liebste Schlafstelle die Ofenbank. In seinem fünften Jahr wich Kurbads, wenn er durch den Wald hüpfte, kleineren Bäumen schon nicht mehr aus, im sechsten Jahr war ihm kein Baum zu groß, und in seinem siebten Jahr fürchtete er sich weder vor einem Wolf noch vor einem Bären.

So gewann Kurbads mit den Jahren solche Riesenkräfte, daß ihm alle Hausarbeiten, selbst die schwersten, nur ein Spiel waren. Schweiß auf der Stirn wie andere Menschen kannte er noch gar nicht. Da kam es ihm in den Sinn, irgendein schwieriges Werk zu vollbringen, um wenigstens einmal den Schweiß von der Stirn trocknen zu müssen.

Eines Tages teilte der Starke seinen beiden Pflegebrüdern, dem Sohn der Bäuerin und dem Sohn der Magd, mit, daß er am Abend das neue Haus zu säubern beabsichtige. Dieses neue Wohngebäude hatte der verstorbene Bauer aufgeführt, und es hatte nur einen Fehler: Der Bauer gedachte so wie heute einzuziehen, aber der Böse war ihm schon gestern darin zuvorgekommen. Da war alles umsonst, wohnen konnte man nicht darin, und die bösen Geister vertreiben schon erst recht nicht.

Die Pflegebrüder wandten zwar ein, daß sie zu dritt doch unmöglich vollbringen könnten, was das ganze Gesinde zusammen nicht fertiggebracht hätte, aber Kurbads erwiderte: »Wer gebraten und gesotten ist, kann nicht so klug werden wie der, der roh verzehrt ist.« Zuletzt fügten die Pflegebrüder sich und begleiteten ihn in das verhexte Haus.

Mit Einbruch der Dämmerung fingen das Ungeziefer in den Wandritzen und die Fliegen zu sprechen an: »Wollen wir doch mal sehen, ob die nicht wie die Spreu zerstieben werden, wenn unser dreiköpfiger Herr die Brücke überschritten hat.«

Kurbads versteht die Unterhaltung, seine Pflegebrüder nicht. Vor Mitternacht sagte Kurbads zum Sohn der Magd: »Du bist der Schwächste unter uns, nimm dein Schwert und bewache die Flußbrücke. Dort wird ein dreißigköpfiger Riese kommen, den laß bloß nicht herüber! Er ist von drei Riesen der schwächste, darum besorg du es ihm.«

Aber der Magdsohn erwiderte kurz angebunden: »Das geht micht nichts an, meinetwegen mag kommen, wer will.«

»Nun, wenn du dich fürchtest, muß ich wohl selbst gehen. Über die Brücke darf er nicht herüber, sonst hat er die Macht in den Händen. Aber zur Sicherheit will ich hier aufs Fenster eine Waschschüssel stellen. Erscheint in ihr Milch, so geht es mir im Kampf gut. Zeigt sich aber Blut, dann eilt zu meiner Mutter, daß sie mir zu Hilfe kommt. Bleibt wach, und denkt an meine Worte.«

Drauf gürtete sich Kurbads sein Schwert um, begab sich ans Flußufer, setzte sich vor der Brücke hin und wartete. Bis Mitternacht war alles still, nur die Frösche im Fluß, die Wildgänse in der Luft und die Schwalben unter der Brücke unterhielten sich miteinander. Die einen im Flusse riefen: »Kurbads, Kurbads«, die anderen in der Luft: »Er verscheucht ihn, scheucht ihn« und die dritten unter der Brücke: »Der große Riese hat drei Köpfe, alle weg.«

Da, genau um Mitternacht, hört er, wie die Vorläufer des Riesen kommen: ein Hund mit ständigem Gebelfer, ein Habicht mit Gekreisch durch die Lüfte. Kurbads gürtet sich sein Schwert los, erhebt sich und hält es vor die Brücke. Da erdröhnt die Erde, und der dreiköpfige Riese erscheint, aber vor Kurbads Schwert macht er halt wie vor einer Mauer. Wohl ruft der Riese: »Kurbads, du Hund, laß mich hinüber!« Aber Kurbads rührt sich nicht vom Fleck weg und entgegnet: »Ich laß dich nicht.«

Dreimal fordert der Riese seinen Gegner auf zurückzutreten, doch da das alles nichts hilft, schreit er ihn wütend an: »Blas auf die Fläche, damit ich sehe, wieviel Geld du aus der Brückenhöhlung, meinem Geldkasten, hervorblasen kannst.« Kurbads bläst, und es gelingt ihm, ein volles Külmit [zwischen 12 und 24 Liter] Goldgeld hervorzublasen. Der Dreiköpfige dagegen kriegt nur ein halbes Külmit Kupfergeld heraus. Als der Riese das sieht, will er schon umkehren, aber Kurbads läßt ihn nicht, er soll ihm zuerst das Geld zusammensuchen. Der Riese weigert sich.

»Nun, wenn du dich weigerst, dann müssen wir es mit dem Schwert ausmachen.«

Ja, das war ein Kampf! Die Brücke dröhnte, die Erde bebte, die Schwerter klirrten, und plitsch, platsch! sanken zuletzt des Riesen Häupter vom Rumpf.

In seiner Siegesfreude lebte Kurbads mit seinen Pflegebrüdern höchst vergnügt, bis der nächste Abend kam. Als die Dämmerung hereinbrach, ließen sie ihr Vergnügen beiseite und eilten ins Haus. Da sprachen das Ungeziefer in den Wandritzen und die Fliegen also: »Nun wart du nur, den Dreiköpfigen hast du wohl überstanden, aber wie wird es mit dem Sechsköpfigen gehen?«

Kurbads vernimmt diese Unterhaltung, seine Pflegebrüder nicht. Vor Mitternacht sagte Kurbads zu dem Sohn der Bäuerin: »Geh du heute nacht die Brücke hüten.« Der jedoch fürchtete sich ebenso wie der andere und entgegnete: »Was geht es mich an, meinetwegen mag da kommen, wer da will.«

»Nun ja, beide habt ihr Furcht, dann muß ich wieder selbst gehen. Über die Brücke darf er nicht kommen, sonst hat er die Macht in den Händen. Aber zur Sicherheit will ich hier aufs Fenster eine Waschschüssel stellen. Erscheint in ihr Milch, so geht es mir im Kampf gut. Zeigt sich aber Blut, dann eilt zu meiner Mutter, daß sie mir zu Hilfe kommt. Bleibt wach, und denkt an meine Worte.«

Kurbads begibt sich ans Flußufer. Alles war still, nur die Frösche quarren: »Kurbads, Kurbads«, die Wildgänse schreien: »Er verscheucht ihn, scheucht ihn« und die Schwalben unter der Brücke zwitschern: »Der große Riese hat sechs Köpfe, alle weg.«

Da, gerade um Mitternacht, hört er, wie die Vorläufer des Riesen kommen: ein Hund mit ständigem Gebelfer, ein Habicht mit Gekreisch durch die Lüfte. Kurbads erhebt sich und hält sein Schwert vor die Brücke. Da erscheint der sechsköpfige Riese, die Erde erdröhnt, aber der Weg ist ihm versperrt, das Schwert ist im Wege. Wohl brüllt der

Riese: »Kurbads, du Hund, laß mich hinüber!« Aber Kurbads rührt sich nicht vom Fleck weg und entgegnet: »Ich laß dich nicht, um keinen Preis.«

Dreimal fordert der Riese seinen Gegner auf zurückzutreten, doch da das alles nichts hilft, schreit er ihn wütend an: »Blas auf die Fläche, damit ich sehe, wieviel Geld du aus der Brückenhöhlung, meinem Geldkasten, hervorblasen kannst.« Kurbads bläst, und es gelingt ihm, ein volles Lof Goldgeld hervorzublasen. Der Sechsköpfige dagegen kriegt nur ein halbes Lof Kupfergeld heraus. Als der Riese das sieht, will er schon umkehren, aber Kurbads läßt ihn nicht, erst soll er ihm das Gold einsammeln. Der Riese tat es nicht.

»Nun, wenn du mir nicht folgst, so müssen wir uns im Schwertkampf messen.«

Das war mal erst ein Kampf! Die Brücke dröhnte, die Erde bebte, die Schwerter klirrten, und plitsch, platsch! sanken zuletzt des Riesen Häupter vom Rumpf. Nun geht Kurbads wohlgemut nach Hause, legt sich aber sogleich zur Ruhe, um sich für den Kampf des folgenden Tages zu stärken.

Am dritten Abend waren das Ungeziefer in den Wandritzen und die Fliegen in größter Unruhe, sie summten in einem fort: »Verdammter Kerl! Die beiden hat er überwunden, aber mag er, mit unserem Neunköpfigen wird so ein Wicht sich wohl hüten anzubinden.« Kurbads versteht auch wieder alles, seine Pflegebrüder jedoch nicht. Er stellt die Wasserschüssel ans Fenster, schärft den beiden aufs strengste ein, die Schüssel nicht aus den Augen zu lassen, und eilt zur Brücke. Alles ist ebenso still wie sonst, nur die Frösche quarren: »Kurbads, Kurbads«, die Wildgänse schreien: »Er verscheucht ihn, scheucht ihn«, und die Schwalben unter der Brücke zwitschern: »Dem Neunköpfigen geht heute nacht Kopf um Kopf futsch.«

Genau um Mitternacht hört er die Vorläufer des Riesen kommen: neun Hunde mit ständigem Gebelfer, neun Habichte mit Gekreisch durch die Luft. Kurbads tritt auf die Mitte der Brücke. Der Riese nähert sich und brüllt: »Kurbads, du Hund, laß mich hinüber!«

Kurbads erwidert: »Was brüllst du, Traubenkopf, komm lieber kämpfen!«

Gesagt, getan. Kurbads schwingt sein Schwert mit aller Macht. Schon sinkt ein Kopf vom Rumpf, aber sogleich wachsen an seiner Stelle drei neue. Ein zweiter Kopf rollt nieder – drei wachsen an seiner Stelle. Ein dritter Kopf fällt – drei an seiner Stelle. Kurbads sieht, daß er so nicht zum Stich kommt, wirft sein Schwert fort und packt den Riesen mit bloßen Händen ans Genick. Doch der Riese stößt seinen Gegner mit dem ersten Griff bis zu den Knien in die Erde und ein zweites Mal bis zu den Achselhöhlen. Da sagte Kurbads: »Alle Kämpfer verschnaufen sich eine Weile, wollen wir uns auch verschnaufen.«

Gesagt, getan. Der Riese setzte sich und verschnaufte sich, Kurbads jedoch wartete nur in Sorgen auf die Hilfe seiner Mutter. Aber wie sollte diese wohl daran denken, ihm zu helfen, wenn die Brüder in ihrer Schlafsucht weder die Schüssel beachteten noch ihr eine Nachricht schickten? Er reißt sich also einen Schuh vom Kopf und schleudert ihn direkt in das Fenster des Hauses, wo die Brüder eingeschlafen sind. Diese erwachen und sehen: Die Schüssel ist voller Blut. Jetzt laufen sie wie gebrannt und bringen dem Pferd Nachricht, und dieses ist auch eins, zwei, drei Kurbads zu Hilfe geeilt. Jetzt ging es flink. Wenn der Sohn einen Kopf abgehauen hatte, so schlug die Mutter so kräftig mit den Hufen, daß die hellen Funken sprühten und die Schnittstelle ausbrannten, so daß ein neuer Kopf nicht wachsen konnte. Nach einer kleinen Weile lag der Riese wie ein Klotz am Boden.

Nach dem Kampf ging Kurbads in das gesäuberte Haus, um sich auszuschlafen. Doch so bald wollte sich der Schlaf nicht einstellen, und der Schläfer hörte, wie das Ungeziefer in der Wandritze sich mit den Fliegen unterhielt: »So ein Unhold, unsere Männer hat er getötet. Nun meinetwegen, aber wir Frauen, die Hexen, werden uns schon an den Wichten rächen. Wenn sie morgen alle drei ihrer Wege gehen, wirst du, Frau des Dreiköpfigen, dich in ein Bett verwandeln. Dann wird den einen, sobald er das Bett bemerkt, eine solche Schläfrigkeit überkommen, daß er sich sofort hinlegen wird, und damit ist er natürlich in unseren Krallen. Du, das Weib des Sechsköpfigen, wirst dich in eine Quelle verwandeln, und der andere wird, sobald er die Quelle sieht, einen brennenden Durst verspüren und trinken, und dann ist er natürlich in unseren Krallen. Das Weib des Neunköpfigen aber wird bald die Gestalt eines Drachen, bald eines Hundsköpfigen annehmen und den starken Unhold überfallen, bis sie ihren Mann gerächt hat.«

Am nächsten Morgen gab Kurbads das zusammengeblasene Geld den Müttern, damit sie reichlich zu leben hätten, dann machte er sich mit den beiden Pflegebrüdern auf den Weg. Am Wegrand entdeckten sie ein hübsches Bett. Den Sohn der Magd überkam eine solche Müdigkeit, daß er gar nicht zu halten war, und er wollte sich schlafen lagen. Aber Kurbads ließ es nicht zu. Er gürtete sein Schwert los und zerhieb das Bett über Kreuz. Anstelle des Bettes war nur eine Blutpfütze zu sehen, und die Müdigkeit war auch verschwunden. Während sie weitergingen, sahen sie eine klare Quelle. Der Sohn der Bäuerin verspürte einen so unheimlichen Durst, daß er mit Gewalt aus der Quelle trinken wollte. Kurbads ließ es jedoch nicht zu, gürtete sein Schwert erneut los und schlug über Kreuz auf die Quelle. An ihrer Stelle war jetzt eine blutige Pfütze zu sehen, und der Durst war auch gleich verschwunden.

Nach dreitägiger Wanderung gelangten die Pflegebrüder in ein wildfremdes Land. Dessen Beherrscher hatte drei Töchter, die, während sie in der Badestube badeten, vom Teufel geraubt worden waren. Der König hatte versprochen, seine jüngste Tochter und das Reich demjenigen zu geben, der sie ihm wiederbrächte. Und was gab es Leichteres für unseren Kurbads: Er bot sogleich an, sie zu suchen.

Die Pflegebrüder wollten sie in der weiten Welt suchen, aber Kurbads sagte: »Nein, wo sie verschwunden sind, da muß man mit der Suche beginnen: In der Badestube sind sie verschwunden, so fangen wir in der Badestube auch mit unserer Suche an.«

Am Abend nahm Kurbads eine Keule, ein Schwert, Grütze und einen Kessel. In der Badestube zündete er ein Feuer an und kochte die Grütze. Doch den Pflegebrüdern dauerte das Warten zu lange, sie schliefen ein. Um Mitternacht knarrte die Tür der Badestube. Ein Teufel schlich sich herein und streute Asche in die Grütze. Aber Kurbads packte den Unhold, zwängte ihn in die Tür und bearbeitete dessen Rücken mit seiner Keule.

Der Teufel verlegte sich in seinem Schmerz auf Versprechungen: Er wollte ihm ein Pfeifchen geben, mit dem er zehn Erdgeisterchen aus der Erde rufen und sie jederlei Arbeit verrichten lassen könnte. Kurbads nahm das Pfeifchen, schlug aber von neuem darauf los, bis er sagen würde, wo er die drei jungen Frauen gelassen hätte.

Als der Teufel sah, daß es kein Entrinnen gab, gestand er endlich: »Dort, jenseits des Feldes ist ein Sumpf; mitten darin befindet sich auf einem Hügel ein gewaltiger Steinblock. Wälzt man ihn beiseite, so stößt man auf einen tiefen Schacht. Wenn man durch ihn in die Tiefe steigt, so gelangt man zu den Mädchen.«

Diese Auskunft genügte Kurbads. Er ließ den Teufel wieder frei, weckte seine Pflegebrüder und machte sich auf die Suche nach dem Sumpf. Ja, wahrhaftig! Jenseits des Feldes lag ein Sumpf, in seiner Mitte ein Hügel und auf dem Hügel ein Steinblock so groß wie ein Heuschober. Kurbads bläst die Backen auf und wälzt den Stein in den Sumpf, daß es nur so klatscht. Aber was jetzt? Wie soll er durch das Loch in die Tiefe gelangen? Da kommt er auf den Einfall, auf seinem Pfeifchen zu blasen. Sowie er tüchtig hineinbläst, sind zehn Erdgeisterchen zur Hand, die nach seinen Befehlen fragen. »Ich befehle, daß ihr mir einen so langen Strick bringt, daß ich mit ihm auf den Grund dieses Schachtes gelange.« Sogleich erscheinen ein paar Erdgeisterchen mit dem Strick. Da band Kurbads den Sohn der Magd an den Strick und ließ ihn hinab. Aber der war kaum bis zur halben Tiefe gelangt, als er schon brüllte, man solle ihn hinaufziehen, er habe Angst. Ebenso ging es auch mit dem Sohn der Bäuerin.

Nun ließ sich Kurbads selbst hinab. Aber damit seine Pflegebrüder nicht im nassen Sumpf zu liegen brauchten, befahl er den Erdgeistern, für sie ein Haus zu bauen und sie mit Speise und Trank zu versorgen. Im Nu waren die Balken zusammengefügt, die Dachsparren darübergelegt, das Dach gedeckt und mitten drin ein Tisch hergerichtet. Die Erdgeister verschwanden, und Kurbads ließ sich mit seiner Keule in die Unterwelt hinab.

Auf halbem Wege stellte sich schon der Teufel seinem ehemaligen Gegner von der Badestube her entgegen und rief: »Komm nur, komm, ich will dich zerschmettern.« Aber Kurbads hatte kaum seine Keule erhoben, als der Teufel schon Lunte roch und verschwand. Endlich erreichte er mit seinem Strick den Grund und sah sich auf einer weiten Fläche. Am anderen Ende dieser Fläche erblickte er ein Haus, aus dem

Rauch heraufstieg. Kurbads wandte sich dorthin und erreichte das Haus. Das war die Behausung des Teufels. Drinnen kochten gerade die Köche für ihn das Mittagessen. Als sie den Fremden sahen, fragten sie ihn ganz erschrocken: »O weh, wie bist du hierher geraten? Kommt unser Herr, so wird er dir mit einem Finger das Lebenslicht ausblasen.«

»Geht, ihr Angsthasen, geht!« erwiderte Kurbads und ließ sich neben dem Kessel nieder. Indes überredeten ihn die Köche, sich lieber hinter dem Ofen zu verstecken, sonst könnte es ihnen selbst übel ergehen, weil sie einen Fremden hereingelassen hätten. Kurbads folgte ihrem Rat.

Bald darauf kehrte der Teufel wirklich heim und fing sofort an zu schnuppern und fragte, was das für ein fremder Geruch sei. Die Köche logen, es sei eben eine Krähe durchgeflogen. Damit beruhigte er sich auch und ging zum Kessel, um das Essen zu prüfen, ob es auch genug Salz habe. Sobald nun der Teufel seinen Kopf in den Kochkessel steckte, sprang Kurbads hinter dem Ofen hervor und hieb ihm mit seinem Schwert so über den Kopf, daß Kopf und Rumpf in den Kessel fielen. Während nun der Teufel schmorte, mußten die Köche von den verlorenen jungen Frauen berichten.

Sie sagten, die eine lebe in einem silbernen Schloß und gehöre dem, den er soeben getötet habe. Die zweite lebe in einem goldenen Schloß und gehöre dem Dreiköpfigen. Die dritte und jüngste wohne in einem diamantenen Schloß und gehöre dem Sechsköpfigen. Sobald Kurbads das erfahren hatte, gürtete er sich sein Schwert um und begab sich zum silbernen Schloß. Dort kam ihm ein junges Mädchen entgegen, rang die Hände und sprach erstaunt: »O weh, Jüngling, wie bist du hierher geraten? Wenn mein Herr und Gebieter kommt, wird er dich mit dem kleinen Finger totschlagen.«

»Nun, nun, mein Kind, ob er denn wirklich so furchtbar ist? Ich will dir was sagen: Dein Herr ist schon tot, und ich komme, dich zu befreien.«

Als das Mädchen das hörte, sank sie Kurbads zu Füßen und weinte vor Freude. Nun besah sich Kurbads das silberne Schloß, aß und trank und fragte dann das Mädchen nach ihren Schwestern aus. Sie gab ihm, so gut sie konnte, Auskunft und brachte zum Schluß ein eigentümliches Gefäß, das ihr Herr an jenem Morgen an dem Fenster vergessen hatte.

Darin waren zweierlei Getränke: auf der rechten Seite das Kraftwasser, auf der linken Seite das Ohnmachtswasser. Trank man von dem Getränk zur Rechten, so gewann man ungeheure Kraft, trank man dagegen das zur Linken, so war die Kraft für ein volles Jahr dahin. Kurbads trank auf der rechten Seite und wurde dadurch so stark, daß er sich selbst wunderte.

In der Frühe des nächsten Tages begab sich Kurbads zur Wohnung des zweiten Teufels, des Dreiköpfigen, und tötete den auch. Jetzt waren bereits zwei Schwestern befreit. Am dritten Tage kam der Sechsköpfige an die Reihe. Doch hier sollte es Kurbads nicht ebenso glücken. Der Sechsköpfige hatte das Essen schon gekostet und verzehrt und begab sich soeben zur dritten Schwester in das diamantene Schloß.

»Nun, das hat nichts zu sagen, ich will ihn dort schon kriegen«, brummte Kurbads und begab sich zum Schloß. Dort stand das Gefäß mit dem Trank auf dem Fenster, und der Sechsköpfige hielt seinen Mittagsschlaf, daß von seinem Schnarchen das Haus dröhnte. Kurbads drehte das Gefäß um: das Kraftwasser nach links, das Ohnmachtswasser nach rechts und sah sich dann nach der jüngsten Schwester um. Er fand sie auch, eine schöne Frau, aber zu Tode betrübt. Als sie den Fremden erblickte, flüsterte sie verwundert: »O weh, Jüngling, wie bist du hierher geraten? Wenn mein Herr und Gebieter aufsteht, wird er dich mit seinem kleinen Finger zerschmettern.«

»Nun, nun, so stark wird er ja nicht sein. Weck ihn lieber auf, damit mein Schwert den Wicht in das Reich des Ungeziefers befördere. Dort ist für solch einen Schinder eine sanftere Ruhestätte als in einem diamantenen Schloß.«

Während sie noch so sprachen, erwachte der Sechsköpfige, und indem er sich auf die andere Seite kehrte, krachte das Bett so laut, daß einem im dritten Zimmer die Ohren zufielen. Das Mädchen lief zum Sechsköpfigen hinein und beruhigte ihn, er solle doch schlafen. Aber er schnupperte und fragte, was das denn nur für ein fremder Geruch sei. Das Mädchen redete ihm ein, eine Maus sei soeben über die Diele gelaufen, er solle nur ruhig schlafen. Der Sechsköpfige glaubte es und schlief von neuem ein. Nun wartete Kurbads nicht länger. Er gürtete sich sein Schwert los, öffnete die Tür und führte einen so wuchtigen Hieb, daß drei Köpfe des Teufels sofort niedersanken. Blitzschnell sprang dieser auf und wollte den Krafttrank nehmen, trank aber statt dessen den Ohnmachtstrank. Kurbads hieb ihm auch noch die übrigen drei Köpfe ab und schleifte den Rumpf mitsamt den Köpfen in eine Pfütze. Die jüngste Schwester fiel Kurbads um den Hals, vergoß Freudentränen und wußte nicht, wie sie ihm danken sollte. Aber Kurbads erklärte ihr kurz angebunden, er habe sie nicht befreit, um sich von ihr danken zu lassen, sondern nur, um die jüngste Schwester zur Frau zu erhalten und die beiden anderen seinen Pflegebrüdern zu geben, die auf der Oberwelt am Eingang des Schachtes zurückgeblieben seien.

»Wohlan denn«, sagte die Jungfrau, »so wollen wir die Schwestern holen und mit ihnen zum Fest eilen, um in der Oberwelt Hochzeit zu halten. Denn das darfst du mir glauben: Sobald die Sippe des getöteten Teufels herausbekommen hat, was du mit unseren Herren gemacht hast, werden sie dich von allen Seiten wie Heuschrecken überfallen.«

»Gut, dann brechen wir sofort auf!«

Vor dem Tor schaute Kurbads noch einmal nach dem diamantenen Schloß zurück. Das sah die jüngste Königstochter und fragte: »Was schaust du dich so verlangend um?«

»Wenn ich doch als Entgelt für meine Mühe dies diamantene Schloß mitnehmen könnte!«

»Das können wir leicht machen. Nimm hier meinen Kranz, und trag ihn dreimal rings um das Schloß, so wird es sich in ein diamantenes Ei verwandeln.«

Und so geschah es auch. Er nahm das diamantene Ei mit und eilte zur mittleren Schwester in das goldene Schloß. Vor dem Tor schaute Kurbads wieder zurück. Da fragte die mittlere Schwester: »Was schaust du dich denn so verlangend um?«

»Wenn ich doch als Entgelt für meine Mühe dies goldene Schloß mitnehmen könnte.«

»Das können wir leicht machen. Nimm hier meinen Kranz, und trag ihn dreimal um das goldene Schloß herum, so wird es sich in ein goldenes Ei verwandeln.«

So geschah es. Nun eilten sie alle drei zum silbernen Schloß, zur dritten Schwester. Vor dem Tor blickte Kurbads wieder zurück. Da fragte ihn die älteste Schwester: »Was schaust du dich denn so verlangend um?«

Wenn ich doch als Entgelt für meine Mühe auch dies silberne Schloß mitnehmen könnte.»

»Das können wir leicht machen. Hier, nimm meinen Kranz, und trag ihn dreimal um das silberne Schloß herum, so wird es sich in ein silbernes Ei verwandeln.«

So geschah es, und nun eilten alle vier zum Eingang zurück, um wieder auf die Oberwelt zu gelangen. Kurbads band die älteste Schwester an das Seil und zerrte an ihm, damit die Pflegebrüder sie hinaufzögen. Sie zogen erst die älteste Schwester empor, sodann die mittlere, dann die jüngste und ließen soeben das Seil hinab, um auch Kurbads hinaufzuziehen – da kam die Frau des Riesen, eine Hexe in Gestalt eines Werwolfs, heran: Ritsch! war das Seil durchgerissen, ratsch! rollte es in die Unterwelt. Rutsch! wälzte sich der Felsblock aus dem Sumpf und verschloß die Öffnung. Zuletzt verschwand auch das von den Erdgeistern erbaute Häuschen, und die fünf konnten sich noch glücklich schätzen, daß sie selbst mit heiler Haut heimkehren konnten.

Kurbads blieb also in der Unterwelt. Nichts zu machen, er mußte seine Keule zur Hand nehmen, sein Schwert umgürten und auf einen Ausweg sinnen. Hätte er sich wenigstens an das Pfeifchen erinnert, das er von den Erdgeistern bekommen hatte, vielleicht hätten die ihm geholfen. Aber so geht es: Hat man seinen Verstand am nötigsten, so ist man wie vernagelt.

So wanderte er immer drauflos, bis er an ein Häuschen kam, vor dessen Tür ein blinder Greis mitten auf dem Hof sein Vieh weiden ließ. »Weshalb läßt du denn dein Vieh hier auf dem Hof darben, während doch ganz in der Nähe die fettesten Weiden sind?«

»Ja, das wäre schon recht, aber die Wiesen gehören dem Hundsschnäuzigen, ich darf nicht.«

»Wo lebt denn das Ungeheuer, ist es eben zu Hause?«

»Im Augenblick wird es wohl nicht zu Hause sein, aber das ist egal, auch dann darf ich nicht auf seiner Wiese weiden, denn dort im Wald ist sein Wächter, ein Riesenvogel.«

»Ist der denn so schrecklich?«

»Er wäre nicht so schrecklich, aber – was soll man da sagen – er ist selbst in der Klemme. Denn ist er nicht wachsam, wird er von dem Hundsschnäuzigen bestraft. So hat er mir im vorvorigen Jahr erlaubt, ein klein wenig auf der Wiese seines Herrn zu weiden, aber sieh da! der Hundsschnäuzige war gleich zur Hand, sog mir meine Augen aus und erschlägt nun jahraus, jahrein die junge Brut des Vogels mit Schlossen. Das Ungeheuer soll wohl im Besitz einer Arznei sein, durch die ich mein Augenlicht wiederbekommen kann, aber wie will einer dazu gelangen?«

»Graukopf, ich wollte dich wohl von deinem Plagegeist befreien, wenn du mir sagen könntest, wie ich wieder an die Oberwelt gelange.«

»Wenn du es schaffst, den Hundsschnäuzigen zu bezwingen, so würde der Vogel dich zum Dank an die Oberwelt tragen.«

»So, dann ist alles gut, treib sogleich das Vieh auf die Wiese, damit ich Gelegenheit zum Kampf finde.«

Kaum war das Vieh auf der Weide, als auch schon der Hundsschnäuzige erschien und der Streit begann. Kurbads packte ihn an seiner Hundegurgel, drückte ihn mit dem Fuß an den Boden und hieb mit seiner Keule fürchterlich drauflos, daß das Hundevieh vor Schmerz gestand, wo es das Gefäß mit dem Heilwasser hingelegt hatte. Kurbads nagelte das Ungeheuer mit seinem Schwert an den Boden, ging nach dem Heilwasser und benetzte damit die Augen des Alten. Dieser bekam sein Augenlicht wieder.

Aber inzwischen hatte sich das Ungeheuer von dem Schwert losgerissen und fiel über Kurbads her. Kurbads gab ihm einen Schlag mit der Keule – umsonst; einen zweiten – wieder umsonst, nur daß es zu Fall kam. Er versetzte ihm einen dritten Schlag, da streckte das Ungeheuer alle viere von sich. Voller Freude führte nun der Alte seinen Retter eiligst zum Nest des Greifen, da er wußte, daß die jungen Vögel gerade jetzt das Hagelwetter erwarteten.

Als Kurbads sich dem Nest näherte, sah er, daß die Jungen – sie waren wohl so groß wie ein stattlicher Heuschober – im Nest lagen, doch waren sie noch nackt. Während jene sie noch bewachten, kam das Hagelwetter sausend und brausend herangezogen. Aber Kurbads deckte die nackten Jungen, so gut er konnte, und schützte sie vor dem Schloßenfall. Sobald das Wetter vorbeigezogen war, kam auch der alte Vogel – er hatte die Größe eines Pferdes – herbeigeflogen und trat Kurbads entgegen, indem er sprach: »Dein Verdienst ist es, wenn meine Jungen auch einmal heranwachsen werden. Wie soll ich dir das vergelten?«

»Ich verlange keinen anderen Dank, als an die Oberwelt zu gelangen.«

»Gut, ich will dich hinbringen. Aber der Weg ist lang, und das Meer ist weit, geh deshalb und fang dir drei Unterweltsstiere, die zerhack in Stücke, und wenn ich dann unterwegs den Schnabel aufsperre, so wirf mir jedesmal ein Stück hinein.«

Kurbads ging, die Stiere einzufangen. Das waren vielleicht Stiere! Von ihrem Gebrüll erzitterte das Gras, und von ihrem Scharren bebte die Erde. Aber Kurbads packte einen bei den Hörnern und hieb ihm den Kopf ab. Er packte einen zweiten und hieb ihm den Kopf ab. Und er packte einen dritten und hieb ihm den Kopf ab.

Am folgenden Morgen nahm Kurbads das Fleisch der Stiere, bestieg den Rücken des Vogels und flog auf ihm neun Tage und neun Nächte durch die Lüfte. Am neunten Tag wurde bereits der Rand der Oberwelt sichtbar. Da schaute sich Kurbads um: Das Stierfleisch war zu Ende! Was nun? Wenn er kein Fleisch hatte, so fehlte es dem Vogel an Kraft, ihn zu tragen. Nichts zu machen! Kurbads mußte sich mit dem Schwert seine eigene linke Wade abschneiden und mit ihr den Vogel füttern, bis sie das Land erreichten.

Gegen Abend erreichte Kurbads glücklich sein Ziel und fand seine Braut und die Pflegebrüder bei dem alten König. Jene erzählten nun, wie es ihnen mit dem Seil ergangen war, und Kurbads berichtete von seinen Erlebnissen in der Unterwelt. Unterdessen fiel ihm sein diamantenes, goldenes und silbernes Ei ein. Er nahm den Kranz der jüngsten Schwester, trug ihn dreimal um den Platz, auf dem sich das diamantene Schloß erheben sollte, warf das diamantene Ei auf die Erde – und das diamantene Schloß stand fertig da. Dann nahm er den Kranz der mittleren Schwester, trug ihn dreimal herum, warf das güldene Ei auf die Erde, und – das goldene Schloß stand fertig da. Zuletzt nahm er den Kranz der ältesten Schwester, trug ihn dreimal herum, warf das silberne Ei auf die Erde, und – das silberne Schloß stand fertig da. Nun gab er dem Sohn der Bäuerin und dessen Liebster das silberne Schloß, und er selbst behielt für sich und seine Liebste das diamantene Schloß.

Nach der Hochzeit gedachte Kurbads ruhig in seinem Schloß zu leben und sich von seinen Mühen zu erholen. Aber die Hexen und Zauberer ließen ihm keine Ruhe, weder bei Tag noch bei Nacht. Sie plagten sein Vieh, sie schädigten seine Felder, sie quälten seine Untertanen und sein Gesinde. Kurbads erkannte, daß hier die neunköpfige Hexe ihr Spiel habe, und beschloß, sein Reich zu säubern.

Er lud sich drei Schiffspfund Salz und drei Schiffspfund Salzlake auf die Schultern, ging dann der Drachenhexe entgegen und überlegte: ›Wenn ich ihr das Salz in den Rachen schütte, so wird sie Wasser saufen wollen. Während sie dann säuft, werde ich an den Strand eilen und ihr dort den Garaus machen.‹

Nachdem er drei Tage gewandert war, kam der Drache mit Getöse unter lautem Flügelschlag und mit aufgesperrtem Rachen durch die Luft geflogen. Kurbads stellte sich hin und warf ihm drei Schiffspfund Salz in die Gurgel. Der Drache nieste gewaltig und eilte zum Meer, seinen Durst zu löschen, Kurbads hinterher, hatte aber das Meer noch nicht zu Gesicht bekommen, als der Drache sich bereits vollgesoffen hatte und zurückgeflogen kam. Kurbads blieb stehen und goß ihm drei Schiffspfund Salzlake in den Schlund. Jener nieste gewaltig und flog, diesmal auf einem anderen Weg, zum Meer, seinen Durst zu löschen.

Kurbads verlor seine Spur. Lange suchte er nach dem Drachen, bis er an das Meer gelangte, wo er eine Schmiede fand. In ihr schmiedete der Himmelsschmied. Der gab Kurbads einen Rat: Zu Fuß den Drachen zu verfolgen sei sinnlos. Er wolle ihm ein Roß schmieden, auf dem er in der Zeit, die eine Handvoll Flachs zum Verbrennen brauche, dreimal um die Welt reiten könne, nur müsse sich der Reiter davor hüten, daß er nicht rückwärts blicke.

Während Kurbads noch mit dem Himmelsschmied verhandelte, hatte sich der Drache schon vollgesoffen und flog über die Schmiede hin. Wohl raffte er glühende Kohlen auf und schleuderte sie dem Drachen in den Schlund, versengte ihm aber bloß die Zungenspitze. Nun schmiedete der Himmelsschmied ein Roß, das glänzte so hell wie die Sonne. Kurbads bestieg seinen Rücken und flog hinter dem Drachen her. Das

Roß flog mit Windeseile von Meer zu Meer, von Wald zu Wald. Da, horch! Was ist das? Hinter seinem Rücken hörte er ein mächtiges Getöse. Bäume krachen bricks und bracks! Wogen branden schwicks und schwacks! Kurbads schaut sich um, aber im selben Augenblick erdröhnen Donnerschläge, Blitze zucken nieder, und das Roß ist verschwunden.

Wohl bedauerte er jetzt sehr, daß er sich umgeschaut und die Warnung des Himmelsschmiedes vergessen hatte. Wohl wurde es ihm alsbald klar, daß die Lärmmacher eben seine Feinde gewesen waren. Doch Wasser, das einmal verschüttet ist, läßt sich nicht mehr einschöpfen.

Kurbads legte sich am Rand eines kleinen Bächleins zur Ruhe und stellte das Kraftwasser neben sich hin. Am Nachmittag wollte er den Trunk zu sich nehmen und dann noch einen Versuch machen, mit Aufgebot aller Kräfte die Drachenhexe zu verfolgen. Doch es kam wieder anders, als er beabsichtigt hatte, denn die Drachenhexe hatte schon um die Mittagszeit mit dem Teufel verabredet, Kurbads zu betrügen und dann zu überwinden.

Während er schlief, nahm die Hexe die Gestalt einer Kröte an, kroch zum Gefäß, in dem der Trank enthalten war, und drehte es so, daß das Kraftwasser nach links, das Ohnmachtswasser aber nach rechts zu liegen kam. Kurbads erwachte, wollte das Kraftwasser trinken, trank aber statt dessen das Ohnmachtswasser. Der Ärmste merkte zwar gleich, was geschehen war, aber es war zu spät. Seine Kraft war für ein Jahr hin.

Nun fackelte der Teufel auch nicht länger, hurtig war er da, Kurbads solle sich ihm für ein Jahr als Knecht verdingen oder gleich seine Kraft mit ihm messen. Der Böse dachte: ›Wart, Alterchen, ich will dich schon mit Arbeiten gehörig plagen, lebend sollst du mir nicht davonkommen.‹ Kurbads nahm das Angebot an, doch unter folgender Bedingung: Wenn einer von beiden sich um der Arbeit willen ärgern sollte, so sollte der andere ihm drei Fleischstreifen aus dem Rücken schneiden dürfen. Dem Teufel war dieser Handel durchaus nach dem Herzen.

Am nächsten Morgen befiehlt der Teufel unserem Kurbads, Hasen auf die Weide zu treiben. Aber was es mit diesen Hasen für eine Bewandtnis hatte, sollte der Hüter sofort erfahren: Sobald er sie hinaustrieb, zerstreuten sie sich nach allen Ecken und Enden. Gegen Abend war der Hüter allein auf der Weide, kein Hase war mehr zu sehen. Aber was will das sagen! Mit Sonnenaufgang bläst Kurbads nur auf seinem Pfeifchen, gleich sind zehn Erdgeisterchen da, die suchen und spüren und hetzen und treiben, bis alle Hasen wieder hübsch beisammen sind. Als der Teufel das sah, dachte er: ›Mit dem ist nicht zu spaßen, über den hat das Ohnmachtswasser keine Gewalt.‹

Am nächsten Morgen läßt er ihn die Kühe weiden, das solle aber so geschehen, daß sie am Abend vor Feistigkeit wackelten. Sobald die Kühe ausgetrieben waren, waren sie ebenso verschwunden wie tags zuvor die Hasen. Doch auf den Klang der Pfeife sind wieder die zehn Erdgeisterchen zur Stelle und suchen und spüren und hetzen und treiben, bis alle Kühe wieder beisammen sind.

Nun schlägt Kurbads mit seiner Keule jeder Kuh ein Bein ab und treibt sie dann nach Hause, daß sie wackeln. »Hör, du hast ja den Kühen die Beine abgehauen«, brüllt ihn der Teufel, blau vor Wut, an.

»Du selbst hast doch heute morgen gesagt, ich soll sie so weiden, daß sie am Abend wackeln, und jetzt ärgerst du dich noch darüber.«

»Nein, nein, Kurbads, ich ärgere mich nicht.«

»Nun, dann ist's gut, gib mir eine andere Arbeit.«

Am nächsten Morgen läßt ihn der Teufel die Pferde weiden, dies solle aber so geschehen, daß sie abends alle grinsten. Die Pferde verschwinden ebenso wie tags zuvor die Kühe. Doch auf den Klang der Pfeife erscheinen des Abends wieder die zehn Erdgeisterchen und suchen und spüren und hetzen und treiben, bis alle beisammen sind. Kurbads schneidet nun mit seinem Schwert jedem Pferd die Oberlippe herunter und treibt sie nach Hause, daß sie nur so grinsen. »Hör, du hast ja den Pferden die Oberlippe abgeschnitten!«

»Hast du denn nicht heute früh selbst gesagt, ich soll die Pferde so weiden, daß sie am Abend alle grinsen, und jetzt ärgerst du dich noch darüber?«

»Nun, nein, Kurbads, ich ärgere mich nicht.«

»Nun, dann ist es gut, gib mir eine andere Arbeit.«

Am nächsten Morgen ließ ihn der Teufel eine Stute anschirren und im Lauf des Tages das Land soweit aufpflügen, wie die weiße Hündin laufen würde, Kurbads schirrte die Stute so kurz an den Pflug, daß sie sich nicht rühren konnte. Dann fing er die weiße Hündin, schlug sie mit seiner Keule windelweich, stopfte sie unter die Klete [Speicher] und setzte sich dann selbst auf den Pflug, um den Abend zu erwarten.

Am Abend kam der Teufel, um nach ihm zu sehen. »Weshalb pflügst du denn nicht?«

»Weshalb ich nicht pflüge? Der Hund läuft nicht, die Stute rührt sich nicht, und dann wirst du dich noch darüber ärgern!«

»Nein, nein, ich ärgere mich nicht.«

»Nun, dann ist es gut, gib mir eine andere Arbeit.«

Am nächsten Tage befahl ihm der Teufel, den Pferdestall auszumisten, der seit Jahr und Tag keine Mistgabel mehr zu sehen bekommen hatte. Kurbads blies auf seinem Pfeifchen, gleich waren die Erdgeister zur Stelle und stachen und warfen und luden und karrten, bis der Stall eins, zwei, drei leer war. Am Abend kam der Teufel nachzusehen: Ja, da war nichts zu machen.

Am nächsten Tage ließ der Teufel Kurbads mit Hilfe seiner Frau, die die Gestalt einer Stute angenommen hatte, eine volle Fuhre Holz aus dem Wald einführen. Kurbads belud die Fuhre mit dem Holz, aber – die Stute wollte nicht ziehen. Als Kurbads das sah, kam er mit seiner Keule und maß an der Stute herum. »Was willst du eigentlich an meinen Flanken ausmessen?« forschte die Stute.

»Wart, wart, mein Pferdchen, ich will mir aus deinem Fell Lederstreifen für ein Paar Bundschuhe schneiden, damit du die Fuhre leichter heimziehen kannst.«

»Laß das, laß das, es wird auch so gehen.« Glücklich zog die Stute die Fuhre heim. Zu Hause war der Teufel wie rasend, aber die Stute erwiderte: »Du hast ein großes Maul, geh doch und zieh, da wirst du selbst sehen, wie du mit Kurbads fertig wirst.«

»Ärgerst du dich?« fragte Kurbads.

»O nein, ich ärgere mich nicht.«

»Nun, dann ist es gut, gib mir eine andere Arbeit.«

Am nächsten Tage ließ ihn der Teufel für das Mittagessen ein Schwein schlachten. Kurbads verlangte, er soll ihm angeben, welches er schlachten soll, allein der Teufel erwiderte: »Schlachte das, das nach oben schaut.« Da ging er in den Stall, um das bezeichnete Tier zu suchen, weil aber alle nach oben schauten, schlachtete er alle. Der Teufel tobte, aber Kurbads fragte ihn: »Ärgerst du dich?«

»Nein, nein, ich ärgere mich nicht.«

»Dann ist es gut, gib mir eine andere Arbeit.«

Am nächsten Morgen ließ ihn der Teufel zwei Külmit Mehl bringen, woraus Klöße bereitet werden sollten: Ein Külmit Klöße sollte Kurbads verzehren, das andere würde der Teufel essen. Kurbads setzte sich hinter den Rücken des Teufels und stopfte sich die Klöße unter das Hemd. Der Teufel aß, überfraß sich und hatte die ganze Nacht Bauchschmerzen.

Des Morgens ließ er dann die Badestube heizen und wollte sich dort durch Abreiben wieder gesund pflegen. Im Bad ächzte und stöhnte der Arme. »Weißt du was, Kurbads, ich habe mich etwas überfressen, wie geht es dir?«

»Mir ist auch nicht so wohl, doch kenne ich ein gutes Mittel. Ich werde mir mit dem Säbel den Bauch aufschlitzen, daß die Klöße herausfallen.« Kurbads ging ins Vorhaus, schüttete seine Klöße auf den Boden und sagte zum Teufel: »Jetzt bin ich gesund wie ein Rettich.« Der Teufel versuchte, sich auch den Bauch aufzuschlitzen, aber er brachte es nicht fertig, es tat entsetzlich weh. Kurbads wälzte sich vor Lachen, aber der Teufel sagte kein Wort, brummte nur ärgerlich: »Über den hat das Ohnmachtswasser keine Gewalt. Der Wicht hat eine besondere Natur und eine besondere Kraft.«

Nun rieben sich beide im Mondenschein bis Mitternacht. Da plötzlich ergriff der Teufel seine zehn Schiffspfund schwere Axt und sagte zu Kurbads: »Hier ist die Axt, wollen wir uns im Wald eine Eiche holen.« Kurbads ergriff die Axt am Stiel und schaute lange in den Mond. »Was schaust du da, laß uns gehen!«

»Schön, gehen wir! Aber weißt du was? Ich hätte Lust, dem Altvater [gemeint ist Gott] das Fenster einzuwerfen.«

»Bist du verrückt? Ich habe nur eine Axt, und die willst du mir durchbringen. Gib die Axt her, laß uns gehen!«

»Na gut, gehen wir.«

Sie gingen in den Wald. Der Teufel stieg auf eine Eiche, bog sie zur Erde wie eine Gerte und rief Kurbads zu, er soll den Baum fällen. Doch der lehnte sich an eine dicke Eiche und betrachtete den Mond. »Was schaust du? Hau zu!«

»Ich werde schon hauen, doch habe ich Lust, zuerst die Axt dem Altvater ins Fenster zu werfen, denn ich habe ihn schon lange nicht mehr brummen gehört.«

»Bist du bei Sinnen? Laß den Altvater in Ruhe. Gib mir lieber die Axt, ich will hauen, und du steig hinauf, und bieg die Eiche.«

Kurbads stieg auf den Wipfel der Eiche. Aber der Baum schnellte zurück und schleuderte Kurbads hinüber, so daß er gerade auf einen Hasen zu fallen kam. Er fing den Hasen und wartete, bis die Eiche fallen würde. Der Teufel hieb immer zu, bis sie fiel, aber verkehrt, den Wipfel gegen das Haus, das dicke Ende gegen den Wald hin. Nun nahm Kurbads den Hasen und ging zum Teufel.

»Wo treibst du dich denn herum? Warum biegst du den Baum nicht?«

»Was treibe ich mich herum, ich bin meinem jüngsten Bruder begegnet, und wir haben uns unterhalten, denn wir hatten uns schon lange nicht mehr gesehen.«

»Was macht denn dein Bruder?«

»Er ist Läufer von Beruf.«

»Dann soll er kommen und mit mir um die Wette laufen.«

»Schön.«

Sobald nun Kurbads den Hasen losließ, da lief er, daß sein Schwänzchen wackelte. Auch der Teufel lief los, konnte ihn aber nicht einholen.

»Du treibst ja mit meinem Bruder nur irgendwelche Possen, alles willst du immer, und nichts kannst du.«

»Nun, was ist mit der Eiche? Nimm du das dünne Ende, ich will das dicke nehmen, aber haben wir einmal angefaßt, dann gibt es natürlich kein Stillstehen, bis die Eiche zu Hause ist.« Der Teufel ergriff das dünne Ende und zog die Eiche rückwärts durch den Wald, daß es nur so krachte. Aber Kurbads setzte sich auf den Stamm und fuhr mit. Zu Hause wischte sich der Teufel den Schweiß von der Stirn, und Kurbads spottete: »Du bist ein schwaches Geschöpf, daß du so schnell zu schwitzen anfängst.«

Am nächsten Morgen befahl ihm der Teufel, die kleinen Teufelchen heimzufahren und gut zu füttern. Kurbads schirrte das Teufelspferd an, fuhr nach den Kindern, packte sie in den Wagen, legte einen tüchtigen Hebebaum darüber, schnürte das Fuder zu und fuhr heim. Aber auf der Fahrt fiel eins der Kinder nach dem andern heraus und schrie: »Kurbads, ich falle, ich falle!« Da griff Kurbads zu einem anderen Verfahren: Jedem Kind, das herausfiel, schlug er am Rade knacks! den Schädel ein. Zu Hause angekommen, setzte er die totgeschlagenen Teufelchen im Kreis um den Tisch, stopfte ihnen Essen in den Mund, legte jedem einen Napf mit Essen in den Schoß und ging dann fort, das Pferd loszuschirren.

Bald darauf war der Teufel drinnen und brüllte fürchterlich: »Kurbads, du hast ja die Kinder totgeschlagen!«

»Ich soll sie totgeschlagen haben? Nein, überzeug dich selbst. Sie sind an Heißhunger gestorben. Alle haben den Mund voll und die Hände im Speisenapf. Du kannst mir glauben, daß sie im Heißhunger sich verschluckt haben und erstickt sind.«

»Was du behauptest! Totgeschlagen hast du sie!«

»Wie, ärgerst du dich?«

»Nein, nein, ich ärgere mich nicht.«

»Dann ist es gut, gib mir eine andere Arbeit.«

Am nächsten Morgen sprach der Teufel zu Kurbads: »Hör zu, heute abend werde ich auf eine Hochzeit gehen. Besorg die Stute, mach dich zurecht, und komm mir nach. Aber wenn du siehst, daß ich zwischen Braut und Bräutigam sitze, dann wirf mir ein Auge zu.« Kurbads schlug dem Pferd die Augen aus und ging auf die Hochzeit. Kaum hatte sich der Teufel zwischen die Braut und den Bräutigam gesetzt, als Kurbads das eine Pferdeauge nach ihm warf. Da machte der Teufel große Augen. Nach einer Weile warf Kurbads das andere Pferdeauge nach ihm. Da sprang der Teufel auf und, hastdunichtgesehen, war er zur Tür hinaus nach Hause. Dort tobte und brüllte er: »Weshalb hast du dem Pferd die Augen ausgeschlagen?«

»Du selbst hast mir doch gesagt, ich soll dir ein Auge zuwerfen.«

»Wer wird denn so etwas sagen.«

»Wie, ärgerst du dich?«

»Nein, nein, ich ärgere mich nicht.«

»Dann ist es ja gut, gib mir eine andere Arbeit.«

»Die sollst du bekommen.«

In der Nacht, als Kurbads sich zur Ruhe gelegt hatte, hörte er den Teufel mit seiner Frau sprechen. Er wolle sich noch in dieser Nacht leise an Kurbads heranschleichen und ihn mit der Axt erschlagen. Denn wenn er sich nicht damit beeilte, so würde Kurbads ihn zuletzt selbst totschlagen. Auch sei das Jahr bald abgelaufen, wo die Wirkung des Ohnmachtswassers ein Ende habe. Als Kurbads das vernommen hatte, sprang er von seinem Lager auf, legte an das Kopfende ein Butterfaß, das er so verhüllte, daß es einem Menschenkopf ähnlich sah, und versteckte sich dann selbst hinter dem Ofen.

Um Mitternacht schlich der Teufel auf den Zehenspitzen leise herein und schlug mit voller Wucht auf das Butterfaß los, daß es in tausend Stücke zerbarst. Hohnlachend eilte er zu seiner Frau zurück und erzählte: »Dem habe ich eins versetzt! Das Hirn floß nur so übers Genick.« Aber Kurbads lief dem Teufel nach und fragte ihn, warum er denn das Butterfaß zertrümmert hätte. Jetzt fingen dem Teufel, als er Kurbads sah, wahrhaftig die Beine zu schlottern an: Der war nicht totzukriegen. Er nahm seine Siebensachen unter einen Arm, seine Frau unter den anderen und lief zu der Hexe, Kurbads Todfeindin. Kurbads indes folgte ihm Schritt für Schritt. Nach einiger Zeit sagte der Teufel zu seiner Frau: »Jetzt können wir uns etwas ausruhen, meine Last ist doch arg schwer.«

»Natürlich, ein wenig verschnaufen könnte man«, rief Kurbads hinter dem Rücken des Teufels.

»Kurbads, bist du auch hier?«

»Natürlich, wo du bist, da bin ich auch.«

Der Teufel nahm wieder seine Habseligkeiten und seine Alte und lief bis zum Ufer eines Flusses, wo er sich etwas hinzustrecken und auszuruhen gedachte. Während er sich niederließ, war Kurbads auch schon da.

»Kurbads, bist du auch hier?«

»Natürlich, wo du bist, da bin ich auch.«

In solch einer Klemme hatte sich der Teufel noch nie befunden; rein, um sein Ende zu kriegen! Weder totschlagen konnte man ihn noch ihm entrinnen. Endlich kam ihm ein neuer Gedanke: Er lagerte seine Frau neben sich, Kurbads aber an der steilen Uferböschung, um ihn, wenn er eingeschlafen wäre, in den Fluß zu stoßen. Aber Kurbads wird doch wohl nicht so dumm sein, neben dem leibhaftigen Teufel einzuschlafen! Er wehrte sich vielmehr nach Kräften gegen den Schlaf, wartete, bis beide eingeschlafen waren, schob dann die Teufelsfrau an seine Stelle, während er sich auf ihren Platz legte, und dann wartete er ab, was sich weiter begeben würde.

Als nun der Teufel erwachte, stieß er den am Abhang liegenden Schläfer in den Fluß hinab. Als er aber bald merkte, daß er seine eigene Frau hinabgestoßen hatte, sprang er am Ufer hin und her, zertrampelte die Erde und rang die Hände. Da faßte Kurbads seine Keule und gab dem Teufel einen solchen Hieb ans Genick, daß er holterdiepolter in die Tiefe hinabstürzte.

Als Kurbads sich so von der Knechtschaft des Teufels befreit sah, wandte er sich der Heimat zu, und wie er unterwegs seine Keule schwang, merkte er, daß seine früheren Kräfte wiedergekehrt waren. So ging er weiter, bis er zu einem großen Wald kam. Am Waldesrande saß ein weißhaariger Mann und flocht sich Peitschen.

»Wozu flechtest du Peitschen, Alter?«

»Oh, das sind Hexenpeitschen, denn dieser Wald ist so von Hexen besessen, daß jedermann seine liebe Not mit den Ungetümen hat. Nur mit diesen Peitschen kann man sich ihrer erwehren. Doch wenn sich jemand fände, der mit starker Hand die Behausung der Ungetüme zerstörte, so wäre der Wald für ewige Zeiten rein.« Dazu erklärte sich Kurbads bereit.

Er wartete den Abend ab, wo die Ungetüme in ihrer Behausung versammelt waren, und wälzte einen großen Stein vor den Eingang. Dann ergriff er seine Keule, schob den Stein ein klein wenig zurück, ließ ein Ungetüm heraus und schlug es tot und so fort. Die ganze Nacht war Kurbads an der Arbeit, bis alle tot waren und der Wald hinfort rein war.

Am folgenden Tage traf Kurbads jenseits des Waldes einen Menschen, der ein großes Feuer angezündet hatte und dabei unablässig jammerte: »Mich friert, mich friert!«

»Ja, warum wärmst du dich denn nicht, wenn dich friert!«

»Sobald ich mich wärmen wollte, wäre mein Quälgeist, ein Werwolf, da und würde mich verschlingen.«

»Nun wärme dich ruhig, deinen Werwolf will ich schon in die Lehre nehmen.«

Und so geschah es auch. Kaum hatte er sich die Hände gewärmt, als der Werwolf erschien und über den Ärmsten herfallen wollte. Doch Kurbads packte ihn zuvor an der Gurgel, zerriß ihn und warf ihn ins Feuer als Frühstücksbraten für die übrigen Hexen. Der Werwolf verbrannte schwelend, das Feuer erlosch, und der Mann fror nicht mehr.

Nachdem Kurbads wieder ein Stück gegangen war, erblickte er einen anderen Menschen, der, am Ufer eines Sees sitzend, unaufhörlich schrie: »Ich habe Durst, ich habe Durst.«

»Weshalb trinkst du nicht, wenn du Durst hast?«

»Ja, sobald ich trinken wollte, wäre mein Peiniger, ein Adler, da und würde mich auf der Stelle verschlingen.«

»Nun trink man ruhig, den Adler will ich mir schon in die Lehre nehmen.«

Und so geschah es. Kaum hatte der Mann einen tiefen Schluck getan, als sich der Adler mit dem Schnabel klappernd und mit den Flügeln schlagend auf den Armen stürzte. Aber Kurbads schlug ihm den Kopf herunter und warf den Unhold in den See. Sofort trocknete der See aus, und der Mann hatte keinen Durst mehr.

Zuletzt gelangte Kurbads nach Hause. Aber dort erwartete ihn neues Unheil. Seine Frau lag von der Drachenhexe verzaubert todkrank. Die Arme war durch ihr Leiden so mitgenommen, daß sie ihren Mann nicht einmal wiedererkannte. Doch Kurbads fand auch hier, wie überall, eine Lösung. Er nahm das Heilwasser des Hundsschnäuzigen, mit dem er die Augen des Alten kuriert hatte, und stellte damit auch seine Frau wieder her.

Danach lebte Kurbads manches Jahr glücklich und zufrieden, denn die Drachenhexe durfte sich in seinem Reiche nicht mehr zeigen. Doch behielt sie noch nach Jahren Rachegedanken im Sinn. Da sie Kurbads auf keine andere Weise beikommen konnte, so durchflog sie neun Königreiche und hetzte neun Könige auf, mit ihrer Kriegsmacht Kurbads zu überwältigen. Es sammelte sich eine gewaltige Heeresmacht, und der Thronfolger des dritten Reiches, ein unbezwingbarer Riese, führte sie geradenwegs in Kurbads Reich. Kurbads sammelte gleichfalls seine Kriegsleute und zog seinen Feinden entgegen.

Nun erhob sich ein gewaltiger Kampf. Die Schwerter klirrten, und die Keulen schmetterten. Kurbads hatte den Riesen bereits mit seiner Keule zu Boden geschlagen. Während er aber sein Schwert zog, um dem Riesen das Haupt zu spalten, verwundete ihn dieser mit seinem Schwert an der linken Schulter. Als die Drachenhexe das sah, schwang sie sich, mit den Flügeln schlagend, auf Kurbads Kopf und spuckte ihre giftige Galle in seine Schulterwunde. Kurbads erhob noch den linken Arm und erwürgte damit die Drachenhexe; den rechten Arm erhob er und spaltete dem Riesen das Haupt. Dann jedoch sank er, vom Drachengift bezwungen, auf seine Keule und starb.

22. Der Jäger

Es war einmal ein Jäger, der ging auf die Jagd und fand kein Wild. Da erschien ihm der Teufel und sagte zu ihm: »Hör zu: Gibst du mir, was du neu vorfindest, wenn du nach Hause kommst, dann jagst du Wild, soviel du willst.«

Und der Mann sagte ja. Da konnte er sich reichbeladen mit Wild auf den Heimweg machen.

Als er zu Hause ankam, sah er, daß ihm ein Sohn geboren worden war, das stimmte ihn sehr traurig, weil er an sein Versprechen dachte. Und während der kleine Junge heranwuchs, durchlitt er großen Kummer. Wenn er seine anderen Söhne anschaute, lachte er, und wenn er den einen ansah, begann er zu weinen.

Da sagte dieser eines Tages zu seinem Vater: »Lieber Vater, warum weint Ihr nur, wenn Ihr mich anschaut, und lacht, wenn Ihr die anderen anschaut?«

Zunächst wollte der Vater es ihm nicht sagen. Aber der Sohn war so hartnäckig, daß der Vater es ihm erklären mußte.

»Weißt du, mein Sohn, ich habe deine Seele dem Teufel vermacht.«

»Macht Euch deswegen keine Sorge! Richtet mir morgen ein Bündel, ich will auf die Suche nach meiner Seele gehen.«

Und er zog los. Auf halbem Wege traf er auf ein steinaltes Frauchen, das sagte zu ihm: »Wohin gehst du, Kind?«

»Ich geh zur Hölle.«

»Gott bewahre! Weißt du denn überhaupt, wo das ist?«

»Man hat mir gesagt, es sei dort hinter dem Gebirge, weit, weit von hier.«

»Aber was willst du da?«

»Ich will meine Seele holen, die mein Vater verkauft hat.«

»Dann nimm dich in acht! Wenn du dorthin gehst, packen dich die Teufel und lassen dich nicht mehr los.«

»Aber ich kann doch auch nicht ohne Seele leben.«

»Nun, dann geh! Aber nimm diese Blase voll Weihwasser mit. Wenn du dort ankommst, klopfst du an die Tür, und sie fallen sofort alle über dich her, und dann bespritzt du sie mit dem Weihwasser und verlangst nach deiner Seele. Du bespritzt sie, und so werden sie in Schach gehalten, bis sie sie dir geben. Das Weihwasser wird dir nicht ausgehen, soviel du auch davon verbrauchst.«

Er tat das, und da gaben sie ihm seine Seele.

Auf dem Rückweg traf er das gleiche Frauchen wieder. Das sagte ihm, er solle fortan nie mehr sündigen.

23. Die Quittung aus der Hölle

Im 16. Jahrhundert lebte auf dem alten Schlosse zu Tanzenberg ein Ritter namens Siegmund. Dieser war ein rachgieriger, feindseliger Mensch, der seine Untertanen unterdrückte, wann immer sich Gelegenheit hierzu bot. Sein Lieblingsroß war ein Rappe, der ihn in manchen Kampf getragen hatte. Siegmund besaß auch einen Affen, der auf den Namen Pollux hörte und immer in seiner Nähe weilte. Das Besitztum des Ritters umfaßte Tanzenberg mit der Umgebung, auch die Ortschaft Möderndorf nannte er sein eigen. Diese Ortschaft hatte er dem gewesenen Verwalter von Tanzenberg verpachtet, weshalb der Mann kurzweg ›Möderndorfer‹ genannt wurde. Dieser lieferte immer zur festgesetzten Zeit sein Pachtgeld ab.

Nun war wieder einmal die Frist gekommen, daß er den vereinbarten Pachtzins zahlen sollte. Er ging daher nach Tanzenberg und bezahlte dem Ritter seine Schuld. Siegmund nahm das Geld in Empfang, konnte aber keine Quittung darüber ausstellen, da er von grimmigen Gichtanfällen geplagt wurde.

Bald darauf starb er, und sein Erbe ging auf den Sohn über, der sich bis zu seines Vaters Tode in Ungarn aufgehalten hatte. Der neue Herr besah seine Papiere und bemerkte alsbald, daß es mit der Zahlung des Pächters von Möderndorf nicht richtig stehe, denn die letzte Quittung fehlte. Er ließ ihn daher vor sich kommen und fragte ihn, warum er den Pacht nicht gezahlt habe. Dieser beteuerte, die Summe dem Verstorbenen übergeben zu haben, doch was half es? Der Herr verlangte die Quittung. Nun erzählte der Möderndorfer, wie es gekommen, daß er keine Quittung habe, aber seine Aussage fand keinen Glauben. Entweder solle er die Quittung vorweisen oder die Summe nochmals zahlen. Traurig schlich der Pächter nach Hause und sann auf einen Ausweg, da er zweimal zahlen weder konnte noch wollte.

Eines Tages ritt er auf seinem Schimmel nach Karnburg. Da kam er zu einer Keusche, in welcher sich eine Zigeunerin aufhielt, die als Wahrsagerin bekannt war. Bei ihr hoffte er Hilfe zu finden. Er band sein Pferd vor der Hütte an einen Pflock und schritt durch die niedere Tür ins Innere. Die Alte war am Herde beschäftigt. Auf ihrer Schulter hockte ein Kater, der fortwährend fauchte, als er den Ankömmling erblickte. Nachdem der Pächter der Alten seine Leidensgeschichte erzählt hatte, sagte sie: »Ich will dir einen Rat geben, du mußt ihn aber auch jederzeit befolgen!« Da er mit allem einverstanden war, mischte die Zigeunerin einen Trank und bot ihm davon zu trinken, dann sprach sie: »Besteige dein Pferd, und reite nach der Richtung, die ich dir zeigen werde. Da wird dir ein Jäger entgegenkommen, der dein Pferd verlangen wird. Du brauchst ihm jedoch nur zu antworten: ›Pferd und Reiter gehören zusammen! Ich will die Quittung!‹ Nach mehrstündigem Ritte wirst du zu einem Schlosse gelangen. Dort wird man dir einen Trunk anbieten und dich zum Sitzen nötigen. Weder im einen noch im andern darfst du nachgeben; du sollst auch Gott nicht anrufen, sonst stehe ich für nichts.« Der Pächter bedankte sich, bestieg sein Pferd und ritt in der be-

zeichneten Richtung durch den Wald. Ein furchtbares Gewitter zog heran, es blitzte und donnerte ohne Aufhören, sein Pferd scheute und war kaum zu bändigen.

Plötzlich stand ein Jäger vor ihm und fragte: »Verkaufst du dein Pferd?« worauf der Pächter entgegnete: »Pferd und Reiter gehören zusammen; ich will die Quittung!« Rechts und links tauchten jetzt allerlei unheimliche Gestalten auf, aber er ließ sich durch nichts abschrecken und ritt mutig seines Weges. Endlich lichtete sich der Wald, und vor seinen Augen erhob sich ein Schloß, welches durchaus dem Schlosse Tanzenberg ähnlich sah.

Er ritt durch das Tor und übergab sein Pferd einem herbeieilenden Stallburschen; dann schritt er die Stiege hinauf und begab sich in den Rittersaal. Hier begegnete er dem Kellermeister; das war ein alter Bekannter, der manchen Humpen mit ihm geleert hatte. Der Kellermeister rief freudig aus: »Nur hurtig! Herr Siegmund wartet schon auf dich.« Beide betraten nun den Prunksaal. Dem Pächter lief es kalt über den Rücken, als er die mit brennrotem Samt behangenen Wände sah, die ihn züngelnde Flammen zu sein dünkten. Eine große Gesellschaft fröhlicher Zecher war hier versammelt. Unter den Anwesenden, die teils Ritter, teils Pächter aus Klagenfurt und der Umgebung waren, bemerkte er auch den alten Herrn von Tanzenberg. Ein Hallo erscholl, als sie seiner ansichtig wurden. Alle hielten ihm ihre Gläser entgegen und forderten ihn auf, Bescheid zu trinken. Siegmund rückte einen Sessel heran und lud seinen einstigen Pächter ein, darauf Platz zu nehmen. Aber eingedenk der Worte der alten Zigeunerin lehnte er beides dankend ab. Da sprach der Ritter: »Endlich kommst du herab! Was willst du von mir?« Ohne Zagen erwiderte der Möderndorfer: »Ich will die Quittung.«

»Wenn du das Geld brauchst, es liegt im Katzenloch, der Quittung bedarfst du nicht, da wir in einem Jahre ohnehin beisammensein werden.« Der Pächter gab zur Antwort: »Nicht wie du willst, sondern wie Gott will.«

Da war es ihm, als erwache er aus einem schweren Traume. Er blickte um sich, aber sein Staunen mehrte sich – er lag im Friedhofe von Maria Saal und nicht weit von ihm graste sein Pferd, das an einem Grabkreuz angebunden war. Er dachte nach, wie er hierhergekommen sei, da fiel ihm plötzlich ein, daß er der Quittung halber bei Herrn Siegmund in der Hölle gewesen sei, und in der Hand hielt er einen Zettel mit der Aufschrift ›Quittung‹. Eilends verließ er den unheimlichen Ort, trabte nach Tanzenberg und wies dem neuen Besitzer die Quittung vor. Auch versäumte er nicht zu sagen, wo das abgelieferte Pachtgeld liege. Doch keiner wußte, wo sich das Katzenloch befand, nur ein alter Öchsner, der früher im Dienste Siegmunds gestanden, erwiderte auf die Frage, ob er das Katzenloch kenne, ein zaghaftes ›Ja‹ und erzählte, daß es dort ›geistere‹. Katzenloch hieß nämlich ein alter Turm des Schlosses Tanzenberg, in welchen nach dem Ableben Siegmunds dessen Affe mit des Herrn Silberpfeifchen geflüchtet war und dort sein Unwesen trieb. Die Dienstleute vernahmen oft ein geheimnisvolles Pfeifen und hielten dies für Geisterspuk.

Der Öchsner führte die beiden zum Turme, auf dessen Fenster gerade der Affe erschien. Der junge Ritter legte sein Gewehr an, und tödlich getroffen stürzte das Tier zu Boden. Nun drangen sie in den Turm ein und fanden das vermißte Geld. So endet die Sage von Tanzenberg oder von der Quittung aus der Hölle.

Im folgenden eine andere Fassung derselben Sage.

Zum Schlosse Tanzenberg gehörte einst auch das jetzt schon verfallene Schloß Möderndorf mit einer Säge im gleichnamigen Dorfe. Ein Bauer hatte diese Säge gepachtet und mußte zu gewissen Zeiten den vereinbarten Zins im Schlosse Tanzenberg abliefern. Als er nun eines Tages seinem Gutsherrn die Pachtsumme brachte, traf er ihn ganz allein im Schlosse an. Der Graf besaß einen Affen, an dessen Kunststücken und Grimassen er sich ergötzte. Auch dieser war im Zimmer und hockte unweit des Herrn auf einem Stuhle. Kaum aber hatte der Graf das Geld in Empfang genommen und in eine Lade gesperrt, als er zum übergroßen Schrecken des Bauers leblos in den Stuhl zurücksank. Und während sich der Bauer um den Toten bemühte, war der Affe mit einem Satze auf dem Tische, öffnete die Lade, nahm den Geldbeutel und sprang in den runden Schloßturm. Alle Bemühungen des Bauers blieben erfolglos, mit dem Grafen war's aus, ein Schlaganfall hatte seinem Leben ein Ende gemacht.

Der Erbe verlangte nun vom Bauer nochmals das Pachtgeld. Doch der Arme geriet darüber in Verzweiflung und sann hin und her, wie er das Geld beschaffen könne. Da ging er zu einer Wahrsagerin, sie wohnte in der ›Saglerhütte‹ zu Kading, und flehte sie um Rat an. Ihr Bescheid lautete: »Geh in die Hölle, und fordere vom alten Grafen die Quittung!« Als der Bauer zweifelte, ob der Verstorbene denn auch sicher zur Hölle gefahren sei, beschwichtigte sie ihn mit den Worten: »Weißt du nicht, daß die meisten Grafen in die Hölle kommen? So wird wohl auch er drunten sein.« Dann legte sie ihm ans Herz, in der Hölle ja nichts anzugreifen, dort brenne alles von Feuer; und wenn er Gesellschaft finde, solle er sich hüten, ein Gespräch zu führen. Weiters gab sie ihm Weisungen, wie er in die Hölle gelangen könne: Er müsse abends auf einem Schimmel in den Maria Saaler Friedhof reiten und sich unter der Friedhofmauer niederlegen, so werde er einschlafen und in die Hölle fahren.

Der Bauer tat, wie ihm geheißen, und es gelang ihm wirklich, vom Grafen die Quittung zu erhalten. Am nächsten Tage eilte er, so schnell ihn seine Beine tragen konnten, zum jungen Grafen, wies ihm die Quittung und brauchte den Betrag nicht nochmals zu bezahlen. So war ihm geholfen.

24. Vom Büblein, das sich nicht waschen wollte

Es ist einmal ein Büblein gewesen, das wollte sich schon als ganz kleines Kind immer nicht waschen lassen, und als es größer wurde, so hat sich's vor dem Wasser über alle Maßen gegruselt und hat sich vor dem Naßwerden ärger gefürchtet als vor dem Feuer. Und da hat der unsaubere Geist, der Teufel, Macht genommen über das Büblein und hat zu ihm gesagt, er wolle es an einen Ort führen, wo es sich sein Lebtag nicht zu waschen brauchte, und wenn es ihm sieben Jahre diene, dann solle es ein gutes Leben haben. Das war dem Büblein recht und ging mit dem Teufel, und der führte es fort, daß keine Seele mehr von ihm weder hörte noch sah und wurde ganz und gar vergessen.

Nach sieben Jahren aber erschien in des Bübleins Heimat ein Geselle, der sah aus wie des Teufels rußiger Bruder. Seine Haut war schwarz, sein Haar wirr und ungekämmt, sein Wesen war schweigsam.

Aber wenn er Kinder sah, so warnte er sie vor Unreinlichkeit und ermahnte sie, daß sie sich ja recht fleißig sollten waschen lassen. Nachher geschah es wohl auch, daß er erzählte, wie er am Höllentore im Dienste des unsaubern Geistes habe Wache halten müssen, weil er selbst so unsauber gewesen, und wer alles durch das Tor gekommen, aus dem Dorfe und der ganzen Umgegend. Wie aber die Leute von den Kindern vernahmen, was des Teufels gewesener Torwart erzählte, schalten sie ihn einen schwarzen Unhold und liefen haufenweise zu ihm und gaben ihm vieles Geld, daß er schweige und nicht sage, wessen Vater, Großvater, Mutter, Schwester, Muhme und ganze werte Verwandtschaft er in die Hölle habe einziehen sehen. Da nahm er das Geld, wenn ihn aber einer wieder zu schelten anhub, so sagte er: »Ich wasche meine Hände in Unschuld, ich kann nicht dafür, daß Eure Sippschaft und Magschaft in die Hölle spaziert ist statt in den Himmel.« Und fing an und wusch sich fleißig, des Tages mehr als einmal, und verdiente vieles Geld mit Schweigen, während andere es mit Schwätzen verdienen müssen.

25. Cristina und das Ungeheuer

Es war einmal eine Frau, die hatte drei Töchter; die beiden ersten konnte sie leicht unter die Haube bringen, aber für die dritte fand sie keinen, der sie haben wollte; sie war nämlich schön, und deswegen hatte niemand den Mut, vorzutreten und um ihre Hand zu bitten, und man sagte, sie sei ganz für einen König geschaffen. Die Mama sah wohl, daß die Tochter im Hause alt geworden wäre, wenn die Sache so weiterlief; so wandte sie sich an einen Zauberer, um zu erfahren, warum sie niemand zur Braut haben wollte. Der Zauberer gab zur Antwort, die Jüngste werde die glücklichste der drei Schwestern werden, aber die Mutter müsse das tun, was er ihr jetzt sage: »Ihr müßt auf den höchsten Berg in der Gegend steigen und so tun, als wolltet ihr im Freien essen. Unter das Zeug, das Cristina essen wird, müßt Ihr Opium mischen, und wenn ihr gegessen habt, dann legt Euch nieder und tut so, als ob Ihr ausruhen wolltet. Sie wird einschlafen. Dann steigt Ihr wieder in die Kutsche und

fahrt ohne sie nach Hause zurück, und ich garantiere Euch, daß ihr nichts Böses zustoßen wird.« Die Mutter machte es so und ließ Cristina auf dem Berggipfel schlafen.

Als es bald Mitternacht war, da fühlte sich das Mädchen von der Erde hochgehoben, und so sanft wie vom Wind getragen wurde sie in einen wunderschönen Saal befördert; da war ein Tisch für eine Person gedeckt, und sie hörte eine Stimme, die zu ihr sagte: »Iß, Cristina, und hab keine Angst.« Als sie gegessen hatte, da bewegte sich die Lampe von allein vom Tisch, und die Stimme von vorher sagte zu dem Mädchen: »Geh ihr nach.« Und da fand sie sich in einer Kammer, in der ein Bett schön hergerichtet war. »Jetzt geh schlafen, glückliche Nacht!«, sagte dieselbe Stimme; Cristina ging also zu Bett und schlief ein.

Am nächsten Morgen, kaum war sie aufgestanden, sagte die Stimme zu ihr, sie sei jetzt die Herrin, und das ganze Zeug, die Kleider und so weiter seien für sie, und sie solle beruhigt sein, denn niemand würde sie stören. So lebte Cristina einige Zeit wie eine feine Dame, aber nie konnte sie jemanden sehen. Mit der Zeit langweilte sie sich, und sie wünschte sich, sie könnte ihre Mutter und die Schwestern wiedersehen.

Da hörte sie wieder die Stimme, und die sagte zu ihr: »Cristina, du möchtest deiner Mutter und deinen Schwestern einen Besuch machen, und das kannst du gerne tun. Stecke diesen Ring an deinen Finger, lege den Kopf auf den Tisch, und schon wirst du zu Hause sein. Aber hüte dich wohl, irgend jemand zu sagen, wo du wohnst, wie du lebst und wer ich bin, denn dann würdest du dein Glück verlieren. Sag einfach, es gehe dir gut und basta. Wenn du zurückkommen willst, machst du dasselbe, und dann findest du dich wieder hier.« Das Mädchen tat, wie die Stimme es ihr sagte, und fand sich sofort zu Hause. Kaum war sie dort, da liefen ihr alle mit offenen Armen entgegen, und vor allem die Mutter, die sich viele Sorgen machte und es bereute, daß sie auf den Zauberer gehört hatte, hörte nicht auf, sie tausenderlei Sachen zu fragen. Sie sagte, es gehe ihr gut, aber als sie merkte, daß man ihr bei der vielen Fragerei noch anderes aus dem Mund ziehen würde, steckte sie sich wieder den Ring an den Finger, legte den Kopf auf den Tisch und kehrte zu ihrem Palast zurück.

»Gut so! Du hast auf mich gehört, und wenn du so weitermachst, dann soll es dir gutgehen«, sagte die Stimme zu ihr. Einige Monate gingen vorbei, und Cristina bekam wieder Lust, nach Hause zu gehen, aber die Stimme sagte zu ihr: »Wenn es dir weiter gutgehen soll, dann bleibe hier, denn die Schwestern, das sage ich dir, werden dich reinlegen.«

»Aber ich mache es so wie das letzte Mal, und ich verschwinde, sobald ich merke, daß sie mich mit ihrer Neugierde in die Enge treiben.«

»Tu, wie du willst, aber ich kann dir versichern, daß du dich so um dein schönes Leben bringen wirst.« Cristina versprach, nichts sagen zu wollen, steckte sich den Ring an, legte den Kopf auf den Tisch und ging nach Hause.

Jetzt muß man wissen, daß beim letzten Mal, kaum war Cristina nach Hause gegangen, die Mutter, von Neugierde getrieben, zum Zauberer ging und wissen wollte, wie die Sachen stünden. Der schaute lange in sein Zauberbuch und sagte ihr, das Mädchen lebe im Palast eines wunderschönen Prinzen, der Cupido heiße, und der sei durch die Hexereien einer Maga in ein schreckliches Ungeheuer verwandelt worden, aber wenn die Zeit abgelaufen sei, dann würde er sich zurückverwandeln und das Mädchen heiraten.

Sobald nun Cristina nach Hause gekommen war, da liefen ihr die neidischen und geschwätzigen Schwestern entgegen und sagten zu ihr: »Na, du hast ja vielleicht Glück gehabt, dir geht es wirklich gut, was? Du wohnst im Hause eines Ungeheuers, das ist so häßlich, daß es sich nicht getraut, sich sehen zu lassen, und jede Nacht kommt der Kerl zu dir ins Bett. Wir würden da nicht länger bleiben.« Als sie diese Worte hörte, bekannte sie, sie hätte noch nie gespürt, daß jemand ins Bett gekommen sei, und von einem Ungeheuer in ihrer Umgebung hätte sie noch nichts bemerkt. »Wenn du dich davon überzeugen willst, dann mußt du, wenn er schläft, ein Licht anzünden und ihn dir ansehen. Ja, bevor er aufwacht und bemerkt, daß du ihn entdeckt hast, mußt du ihm ein Messer ins Herz stoßen und ihn umbringen. Dann gehört dir das ganze Haus, und du kannst dir einen Mann nehmen.« Sie versprach, das zu tun, und kehrte zurück. Als sie am Abend im Bett war, steckte sie eine Kerze mit Zündhölzern und das Messer unter das Kopfkissen und tat so, als ob sie schliefe. Dann spürte sie wirklich jemanden auf Zehenspitzen heranschleichen und sich neben sie ins Bett legen.

Als ihr Bettgenosse eingeschlafen war und sie ihn schnarchen hörte, zündete sie vorsichtig das Licht an, packte das Messer und wollte ihn umbringen. Aber statt eines Ungeheuers erblickte sie neben sich einen wunderschönen jungen Mann, der hatte zwei Flügel an den Schultern, und als sie ihn so sah, geriet sie vor Erstaunen so außer sich, daß ihr die Waffe aus der Hand und auf seine Brust fiel. Der wachte auf, und als er den Dolch und das Licht sah, schrie er: »Verfluchte Verräterin!« Und Cristina fühlte sich plötzlich von ihm gepackt, über die Schultern geworfen und in Windeseile auf den Berg getragen, wo ihre Mutter sie schlafend zurückgelassen hatte. Als sie sich nun auf diese Weise mitten in der Nacht nackt und allein an diesem verlassenen Ort wiederfand, da fing sie an bitterlich zu weinen, und sie zerraufte sich vor Verzweiflung die Haare. Da erschien ein altes Weiblein, das begann sie zu trösten, trug sie in ihre armselige Hütte und ließ sich alles haarklein erzählen. »Schlimm, schlimm, mein Mädchen, das kommt davon, wenn man auf die Schwätzerinnen hört! Jetzt hättet Ihr fast Euren Wohltäter umgebracht, wenn es nicht anders gekommen wäre. Na, dann gehe ich zu ihm und rede mit ihm drüber, mal hören, ob er weiß, was da zu tun ist.«

Und die Alte ging fort. Am Abend kehrte sie zurück und sagte, das Ungeheuer sei noch immer in sie verliebt, aber wenn sie von ihm Verzeihung erwirken wolle, müsse sie ein paar sehr schwere Arbeiten als Buße übernehmen. Die erste war folgende: Sie mußte zu einem fernen und sehr hohen Berggipfel gehen, ihn ganz abräumen, und dann würde sie in der Tiefe ein großes Ei finden. Das mußte sie nehmen und dem Ungeheuer bringen. »Allein kannst du das nicht machen«, sagte das alte Weiblein zu ihr. »Und wenn du dein ganzes Leben arbeiten würdest, könntest du es nicht schaffen. Aber rege dich nicht auf; ich will dir helfen. Hier nimm diese Nuß; wenn du an den Berg kommst, knacke sie auf, und du wirst sehen.«

Cristina nahm die Nuß, und sie geht und geht und kommt schließlich zu diesem Berg. Sie knackt die Nuß, und da kommen ganz viele Männer heraus, die fragten, was sie wolle. Sie befahl ihnen, den Berg abzutragen und das Ei zu holen, das da drinnen war. Die machten sich sofort ans Werk, und bevor es Nacht wurde, war der Berg abgetragen, und Cristina, mit dem Ei in der Hand, kehrte zur Hütte des alten Weibleins zurück. Die nahm das Ei und sagte: »Jetzt gehe ich zum Ungeheuer und höre mal, ob er zufrieden ist und ob ihm diese Buße genügt.« Kurz darauf kam sie zurück und erzählte, diese Buße scheine dem Ungeheuer noch nicht ausreichend, er wolle vielmehr, daß Cristina zu einem weit entfernten und hohen Berg gehe, wo ganz viele Tiger wohnten, und sie solle von ihrem Fell so viel bringen, wie man brauche, um sich ein Paar Handschuhe daraus zu machen.

Als das Mädchen diesen Befehl hörte, da verlor sie allen Mut und fing wieder an zu weinen. »Na, nun laß dich mal nicht unterkriegen«, sagte die Alte zu ihr, »ich bin ja auch noch da, und ich will dir helfen. Nimm diese beiden Spiegel und diese beiden Brote. Wenn du siehst, daß die Tiger dir mit offenem Maul entgegenkommen, um dich zu fressen, dann wirf ihnen die Brote hin, und stell die Spiegel vor ihnen auf. Die wilden Tiere wollen sich dann das Brot holen, aber dann sehen sie im Spiegel noch andere, die dasselbe tun wollen, dann bleiben sie stehen, brüllen und schauen. Das ist der Augenblick; gehe auf sie zu, reiß ihnen ein Stück Fell weg, und komm zurück.« Cristina machte es, wie die Alte sie geheißen hatte, und nach einiger Zeit kam sie mit den Fellstücken von den Tigern zurück, aber sie war so abgemagert und bleich vom Laufen und von der Angst, daß man sie kaum wiedererkannt hätte. »Da habt Ihr die Felle«, sagte sie zu der Alten, »und hoffentlich ist das die letzte Buße, denn ich kann nicht mehr.«

Die Alte nahm sie und ging fort. Wenig später kam sie ganz traurig zurück und sagte zu Cristina, das Ungeheuer verlange von ihr noch eine Buße, die sei noch strenger und gefährlicher als alle anderen. »Aber dann soll er doch gleich sagen, daß er mich tot haben will, dann soll er doch aufhören damit«, rief das Mädchen. Und sie weinte jämmerlich. Die Alte beruhigte sie und erzählte ihr dann, das Ungeheuer wünsche, sie solle in die Hölle gehen, sich vom Teufel ein Schächtelchen aushändigen lassen und dieses ihm bringen, ohne es zu öffnen. »Aber wie soll ich das machen?«, sagte Cristina, »kann man denn überhaupt in die Hölle gehen und lebendig wieder heraufkommen?«

»Paß auf«, sagte die Alte, »ich werde dir helfen, und du wirst sehen, daß alles gut verläuft. Bevor du dort hinkommst, findest du einen Fluß, an dem zwei Löwen stehen, wenn man denen nicht Geld mit dem Mund gibt, kommt man nicht weiter. Hier ist das Geld, und dort ist der Weg.« Und sie zeigte ihr alles.

Als das Mädchen lange gelaufen war, kam es zu einem kohlschwarzen Fluß, und an seinem Ufer standen zwei riesige Löwen, und kaum hatten die das Mädchen erblickt, da brüllten sie los wie die Stiere. Sie steckte sich das Geld in den Mund, und sie gab es ihnen und zitterte dabei wie Espenlaub. Da packte sie einer der Löwen bei den Kleidern, warf sie sich auf den Rücken und trug sie vom Fluß fort, der aus kochendem Pech bestand. Sie kam zum Tor der Hölle, aber bei dem Rauch und dem Schwefelgestank konnte man kaum hindurchgehen. Doch sie hielt sich die Nase zu, ging hinein und fragte den Teufel nach der Schachtel. Der Teufel gab sie ihr, ohne sich lange bitten zu lassen, und sie rannte schleunigst wieder nach oben, ließ sich vom Löwen zurücktragen und machte sich auf den Weg zurück zu dem alten Weiblein.

Als sie ein gutes Stück Weges gelaufen war, war sie ganz erschöpft; sie setzte sich an den Straßenrand und machte sich daran, die Schachtel hinund herzudrehen, sie hielt sie sich ans Ohr, sie roch daran, und schließlich machte sie sie auf. Da stieg sofort ein so dicker und schwarzer

Rauch daraus hervor, daß die ganze Welt in ein höllisches Dunkel gehüllt wurde, und dann konnte man nichts mehr sehen. Sie wußte nicht, wo sie war, und auch nicht, wohin sie gehen sollte, so hockte sie sich wieder hin und verwünschte die Neugierde, die immer wieder ihr Verderben war, und sie heulte wie eine Seele im Fegefeuer. Da kam plötzlich die Alte herbei: »Na, siehst du jetzt wohl ein, was für ein Dummkopf du bist. Fast hättest du die Strafen für deine Neugierde abgebüßt, da machst du schon wieder denselben Fehler, und der hätte dich das Leben kosten können!«

»Ich bitte recht freundlich«, sagte Cristina, »befreit mich doch von diesem Rauch.«

»Du hättest es verdient, daß man dich hier ersticken läßt …, aber was soll's.« Und sie schlug mit ihrem Zauberstäbchen, und der Rauch flog ganz in die Schachtel zurück, und Cristina machte sich wieder auf den Weg zum Palast des Ungeheuers, um ihm die Schachtel zu bringen.

Als sie ankam, stand ein ganz schwarzes Ungeheuer an der Eingangstüre. Sie gab ihm zitternd die Schachtel, aber kaum hatte der sie in der Hand, da wurde er im Nu der wunderschöne junge Mann von damals mit den Flügeln an den Schultern. Er umarmte sie, er küßte sie, und er dankte ihr, daß sie so viel für ihn getan hatte, und dann heiratete er sie.

26. Maluae und die Unterwelt

Dies ist eine Geschichte aus dem Manoa-Tal, das hinter Honolulu liegt.

Vor vielen Jahren lebte dort am oberen Ende des Tals, am Fuß der höchsten Berge Oahus, Maluae. Er war ein Bauer, der sich dieses Stückchen Erde ausgesucht hatte, da es unterhalb der Berge lag, auf die endlos der Regen herniederfiel. So brachten die Bäche gute Erde, vermischt mit zermahlenem Fels aus den höher liegenden Wäldern mit, was seine Pflanzen düngte.

Er baute Bananen, Taro und Süßkartoffeln an.

Seine Bananenpflanzen wuchsen entlang der Bachufer schnell heran, und sie hingen voll großer Fruchtstauden an ihren baumgleichen Stämmen. Sein Taro füllte die kleinen von Mauern umgebenen Teiche und wuchs im Wasser schnell wie die Wasserlilien. Wenn die Wurzeln reif waren, wurden die Pflanzen herausgezogen, die Wurzeln gekocht und als Speise zubereitet. Seine Süßkartoffeln hatte er im trockneren Hochland gepflanzt.

So hatte er reichhaltige Nahrung, die beständig heranwuchs und die über das ganze Jahr verteilt reif wurde. Immer wenn er etwas erntete, brachte er einen Teil in den Tempel seiner Vorfahren und legte die Früchte auf den Altar der Götter Kane und Kanaloa. Das übrige nahm er für sich und seine Familie.

Maluae hatte einen Sohn, den er sehr liebte, sein Name war Kaa-lii. Der Junge war ein sorgloses und ausgelassenes Kind.

Eines Tages war der Junge müde und hungrig. Er kam am Tempel der Götter vorbei und sah die Bananen, die reif und süß auf dem kleinen Altar vor den Götterfiguren lagen. Und er nahm sie und aß alle auf.

Als die Götter später auf den Altar hinabschauten und ihr Essen suchten, fanden sie nichts, denn der Junge hatte ihnen nichts übriggelassen.

Kane und Kanaloa wurden darüber sehr zornig und rannten hinaus, um den Jungen zu suchen. Sie ertappten Kaa-lii beim Bananenessen, und voller Zorn töteten sie ihn. Seinen Körper ließen sie unter den Bäumen liegen, aber seine Seele brachten sie in die Unterwelt.

Der Vater mühte sich Stunde um Stunde auf seinen Feldern ab, und als er müde wurde, machte er sich auf den Heimweg. Auf dem Weg traf er die beiden Götter. Sie erzählten ihm, wie sein Sohn sie um die Opfergaben gebracht hatte, und wie sie ihn bestraft hatten. Sie sagten: »Wir haben seine Seele in die dunkelsten Gebiete der Unterwelt verbannt.«

Den Vater überkam großer Schmerz, und er machte sich schweren Herzens auf den Weg zu seinem verlassenen Haus. Er suchte nach dem Körper seines Sohnes und fand ihn schließlich tot. Er sah auch, daß die Geschichte der Götter wahr war, da aus dem Mund noch halbgegessene Bananen quollen, so wie die Götter es erzählt hatten.

Maluae wickelte den Körper in Kapa-Tücher, brachte ihn in das stille Haus und legte ihn auf die Schlafmatte. Schon bald legte er sich neben seinen toten Jungen und verweigerte jede Nahrung, denn auch er wollte sterben. Maluae hoffte, wenn er aus seinem eigenen Körper entfliehen könnte, würde er in der Lage sein, dorthin zu gehen, wohin die Götter die Seele seines Sohn verbannt hatten. Und wenn er den Geist seines Sohnes finden würde, könnte er ihn in einen höheren Teil der Unterwelt bringen, um dort in glücklicher Eintracht mit ihm zu leben.

Er stellte keine Opfergaben mehr auf den Altar der Götter und pries sie nicht mehr mit seinen Gebeten. Langsam verging der Nachmittag und wurde zum Abend. Die Götter warteten vergebens auf ihren Diener. Sie schauten hinab auf den Altar, doch dort lag nichts.

Die Nacht verging und auch der folgende Tag.

Der Vater lag Seite an Seite mit seinem Sohn, aß und trank nichts und wartete nur auf den Tod. Das Haus war sorgfältig verschlossen.

Da berieten sich die Götter, und Kane sagte: »Maluae ißt nicht, bereitet sich auch kein Awa zum Trinken vor und hat kein Wasser neben sich. Er ist der Tür zur Unterwelt schon sehr nahe. Wenn er stirbt, so ist es unsere Schuld.« Kanaloa antwortete: »Ja, er war ein guter Mann, und nun haben wir keinen, der uns anbetet. Wir verlieren unseren Diener. Wir waren zu hastig in unserem Zorn, als wir seinen Sohn töteten. War das der richtige Lohn? Maluae hat uns immer Fisch und Früchte und Gemüse auf den Altar gelegt. Er hat immer Awa aus dem Saft der gelben Awawurzel für uns zu trinken gebracht. Wir haben ihn für seine Treue schlecht belohnt.«

Da entschieden sie, Maluae wieder Leben einzuhauchen und ihm zu erlauben, mit seinem Geistkörper hinunter nach Po, dem dunklen Land, zu gehen, um die Seele seines Jungen zurückzuholen. Sie gingen zu Maluae und entschuldigten sich voll Bedauern für ihr Tun.

Doch Maluae war vor Hunger schon stark geschwächt und dem Tod sehr nahe. Er konnte ihren Worten nur noch mit großer Mühe lauschen.

Als Kane ihn fragte: »Liebst du deinen Sohn?« antwortete er mit matter Stimme: »Ja, ich liebe ihn wie nichts anderes auf der Welt.«

»Kannst du in das dunkle Land hinabsteigen, die Seele deines Sohnes einfangen und zurück in den Körper neben dir bringen?«

»Nein«, sagte der Vater, »nein, ich kann nur noch sterben, um mit ihm zusammenzusein und ihn an einen besseren und freundlicheren Ort der Unterwelt bringen.«

Da versprachen die beiden Götter: »Wir werden dir die Macht geben, in das dunkle Land hinabzusteigen, und dir helfen, mit deinem Sohn vor den Gefahren des Ortes der Seelen zu fliehen.«

Mit neuem Mut stand der Vater auf und fing wieder zu essen und zu trinken an. Bald war er stark genug, um sich auf die gefährliche Reise zu begeben.

Die Götter gaben ihm seinen Geistkörper und einen hohlen Stab aus Bambus, den sie vorher mit Essen, Kriegswaffen und einem Stück brennender Lava als Fackel gefüllt hatten.

Ganz in der Nähe von Honolulu, zwischen zwei Seen, befand sich der Ort, wo der Eingang zur Unterwelt lag. Von dort traten die Seelen den Weg zu ihrem wirklichen Zuhause, dem Land Po, an.

An diesem Ort stand ein gespenstischer Brotfruchtbaum mit dem Namen Lei-walo, was soviel heißt wie ›Der achte Blumenkranz‹, der letzte Blumenkranz aus dem Land der Lebenden, der auf die Augen der Sterbenden gelegt wird.

Die Seelen der Verstorbenen flogen, sprangen oder kletterten in die Zweige des Baumes und suchten sich einen morschen Ast, auf dem sie sich niederließen. Sie warteten darauf, daß er abbrach und sie in den dunklen See darunter brachte.

Maluae kletterte den Brotfruchtbaum hinauf. Bald fand er einen Zweig, auf dem eine Menge Seelen saßen und darauf warteten hinabzustürzen. Sein Gewicht war um so vieles größer als das der Seelen. Mit einem plötzlichen Krachen zerbrach der Ast, und alle fielen hinab in das dunkle Land von Po.

Maluae brauchte nur etwas von der Nahrung aus dem hohlen Bambusrohr zu essen, um zu neuer Kraft und Stärke zu kommen. Das hatte er bereits vor dem Hinaufklettern auf den Baum getan. Nur so war er in der Lage, die gefährlichen Wächter des Tores zur Welt der Seelen zu überwinden. Als er in die Unterwelt eintrat, kostete er erneut von der Nahrung der Götter und fühlte, wie er stärker und stärker wurde.

Er nahm die magische Kriegskeule und den Speer aus dem Bambusrohr heraus. Die Wächter der Unterwelt versuchten, ihm den Eintritt in die tiefergelegenen Gebiete des dunklen Landes zu verwehren. Dann forderten ihn die Seelen verstorbener Häuptlinge heraus, einer nach dem anderen. Er mußte Schlacht um Schlacht schlagen. Seine magische Keule schlug die Wächter und Krieger nieder, und mit seinem Speer schleuderte er sie beiseite.

Doch manchmal wurde er auch herzlich aufgenommen, und freundliche Geister halfen ihm. So wanderte er von Ort zu Ort und suchte nach seinem Sohn. Am Ende fand er ihn in ›Papa-ku‹, dem düstersten Bereich des dunklen Landes. Der Junge war schon halb erstickt an den vielen Bananen, die ihm in der Unterwelt ständig in den Mund geschoben wurden.

Maluae fing die Seele seines Sohnes ein und machte sich mit ihr auf den Rückweg in die Welt der Lebenden. Doch bald war er von kriegerischen Seelen umzingelt. Sie versuchten ihn einzufangen und ihm die Seele seines Jungen zu entreißen. Maluae aß noch einmal von der Zaubernahrung der Götter. Wieder und wieder schwang er seine Keule, aber die Schar der Feinde war zu groß. Sie kamen von allen Seiten und hätten ihn, wegen ihrer übergroßen Zahl, fast überwältigt.

Da hob er sein magisches Hohlrohr und aß das letzte, was ihm verblieben war. Dann goß er die glühende Lava aus, die die Götter im Rohr versteckt hatten. Sie fiel auf den trockenen Boden der Unterwelt. Sofort loderten die Flammen an den Bäumen und Büschen der Unterwelt empor, Feuergräben taten sich auf, und Bäche glühender Lava strömten über die Unterwelt.

Die meisten der Geister flohen bei diesem Anblick. Maluae warf eilig die Seele seines Jungen in das hohle Bambusrohr und stürzte hinauf in die Oberwelt. Er brachte die Seele zu dem Körper des Jungen, der in seinem Haus lag, und drängte sie zurück in das Leben.

Der schmale Körper begann zu erblühen, und schon bald tollte Kaalii wieder umher.

Von dieser Zeit an brachten der Junge mit seinem Vater den Göttern ihre Opfer, und beide priesen deren Großmut bis zum Ende ihres Lebens.

Vorstellungen vom Jenseits und von Jenseitigen

27. Das Sonnenkind

In uralten Zeiten lebte einmal in Tonga ein mächtiger Häuptling, dessen Namen man nicht mehr weiß. Der hatte eine Tochter, deren Namen unsere Väter auch vergessen haben, und so nennen wir sie stets, wenn wir von ihr sprechen, die Mutter von Jiji Matailaa, dem Sonnenkinde.

Die Tochter des alten Häuptlings war wunderbar schön, und der Vater verbarg sie vor den Augen der Menschen, damit sie niemand sehen sollte, denn er hatte noch keinen Mann gefunden, der würdig genug gewesen wäre, sie als Frau heimzuführen.

Er baute ihr unten am Meeresstrand einen hohen, dichten, starken Zaun, und die Mutter des Sonnenkindes pflegte stets hierherzugehen, um zu baden. Jeden Tag tauchte sie in den salzigen Wellen unter, und wenn sie aus dem Wasser herauskam, war sie noch schöner geworden. Unter allen irdischen Mädchen und Frauen war niemand so schön wie die Mutter des Sonnenkindes. Nach dem Bade legte sie sich eine Weile in den weißen Sand, um sich auszuruhen und unterdessen trocken zu werden. Und als eines Tages die Sonne auf sie herabblickte und das Mädchen sah, verliebte sie sich darin; und nach einer geraumen Weile bekam das Mädchen ein Kind, das sie Jiji Matailaa, das Sonnenkind, nannte.

Das Kind wuchs auf und wurde ein strammer, hübscher Bursche, und da er auch, wie ein rechter Häuptlingsjunge, sehr hochmütig war, verprügelte er gern die anderen Kinder. Als eines Tages die Kinder alle zusammen auf dem Dorfplatz spielten, ärgerten einige das Sonnenkind. Da nahm es seinen Stock und schlug so lange auf sie los, bis ihm der Arm weh tat und ihre Körper dicke Beulen hatten.

Die Burschen riefen ihm jetzt zu: »Sag einmal, wer bist du eigentlich, Sonnenkind? Wie darfst du es überhaupt wagen, uns zu schlagen? Wir wissen, wer unser Vater ist, aber du – du hast ja gar keinen Vater; dich hat man hinterm Zaun gefunden, du Bankert!«

Da geriet der Junge in maßlose Wut. Gern wäre er auf sie losgestürzt und hätte sie erschlagen, aber vor Wut vermochte er sich nicht von der Stelle zu rühren. Die Stimme blieb ihm im Halse stecken, und aus den Augen perlten ihm vor Zorn die dicken Tränen. Schließlich erhob er

sich, sah noch einmal nach der Bande hin und eilte dann mit einem plötzlichen Aufschrei ins Haus. Als er die Mutter erblickte, lief er auf sie zu, faßte sie beim Arm und rief: »Mutter, was bedeutet das, was die Dorfjungen immer zu mir sagen: ›Du, wer ist denn dein Vater?‹«, und dabei weinte er bitterlich.

»Ssch, Ssch, mein Junge«, sagte die Mutter, »die Dorfbuben lügen. Laß dich nicht von ihren Worten kränken, denn du bist der Sohn eines viel größeren Häuptlings als sie.«

»Aber wer ist mein Vater?« fragte der Junge wieder mit tränenüberströmtem Gesicht. Die Mutter erwiderte: »Nun, wer sind diese Dorfbuben, daß sie dich überhaupt verachten können? Sie sind Kinder von irdischen Menschen, aber du bist das Kind der Sonne; sie ist dein Vater.« Und darauf erzählte sie ihm alles.

Nun wurde das Herz des Sonnenkindes wieder fröhlich. Der Junge wischte sich die Tränen ab und rief: »Ich pfeife auf die Kinder irdischer Menschen! Nie will ich mehr mit ihnen reden oder gar mit ihnen zusammenleben. Lebe wohl, Mutter, jetzt geh ich zum Vater.« Und stolzen Schrittes ging er zur Tür hinaus. Er sah sich nicht einmal um, als die Mutter hinter ihm herrief; sie blickte hinter ihm her, bis er im Walde verschwand, und dann sah sie ihn nie wieder.

Der Junge ging durch den dunklen Wald, bis er an die Stelle kam, wo sein Boot am Strand lag. Dort setzte er sich hin und flocht aus Kokosblättern ein Segel. Und als das Wasser auflief, schob er das Boot ins Meer und segelte los, um seinen Vater, die Sonne, zu besuchen.

Es war Morgen, als er das Segel hochzog und gen Osten steuerte, wo die Sonne gerade aufging; aber als er dort hinsegelte, stieg die Sonne immer höher und höher, und so laut er auch rief, sein Vater hörte ihn nicht. Dann wendete er und fuhr nach Westen, wohin die Sonne eilte. Obwohl der Wind ihm günstig war, kam er doch zu spät. Sein Vater tauchte in den Wellen unter, ehe er nahe genug heran war, um mit ihm sprechen zu können. So war er ganz allein auf dem weiten Meer. Da dachte er bei sich: »Also im Osten klettert mein Vater aus dem Wasser heraus, dann will ich doch lieber dorthin zurückkehren und auf ihn warten.« Er wendete wieder um und segelte die ganze Nacht hindurch nach Osten. Und als der Morgen heraufdämmerte, befand er sich ganz nahe bei der

Sonne. Gerade als sie aus den Wellen emporsteigen wollte, rief er: »Vater, lieber Vater, hier bin ich!«

»Wer bist du?« fragte die Sonne und stieg höher am Horizont empor. »Ich bin das Sonnenkind«, rief der Knabe. »Du mußt mich doch kennen. Ich bin dein Sohn, Mutter ist in Tonga. Warte doch ein bißchen, Vater, und erzähl mir was.«

»Ich darf nicht warten«, sagte die Sonne und stieg höher und immer höher, »die Kinder der Erde haben mich schon gesehen, und dann darf ich mich nicht mehr aufhalten, um mich mit dir zu unterhalten. Wärest du doch einige Augenblicke eher gekommen. Lebe wohl, mein Sohn, jetzt muß ich gehen!«

»Bleib doch, Vater!« rief das Sonnenkind. »Das macht sich ja ganz leicht, auch wenn die Kinder der Erde dich schon gesehen haben. Verstecke dich hinter einer Wolke, dann kannst du ja zu mir herkommen.«

Da lachte die Sonne und sprach: »Du bist ein gescheites Kerlchen, mein Junge, obwohl du noch ein Kind bist, bist du doch schon sehr klug.« Sie rief eine Wolke herbei, stieg hinter ihr zum Meer herab und begrüßte ihren Sohn. Sie erkundigte sich nach seiner Mutter und erzählte ihm allerhand nützliche Dinge, deren Kenntnis uns sicher sehr vorteilhaft gewesen wäre. Aber wir haben davon nichts erfahren, weil der Knabe ungehorsam war.

Schließlich sagte sie zu dem Jungen, daß sie nicht mehr länger warten könnte. »Und nun, mein Sohn«, sprach sie, »höre gut zu. Bleibe hier, bis die Nacht sich auf das Wasser herabsenkt, dann wirst du meine Schwester, den Mond, deine Tante, erblicken. Wenn er sich aus der See erhebt, dann stehe auf, rufe ihn an, und sage ihm, er möchte dir eins der beiden Dinge geben, welche er in Verwahrung hat. Das eine heißt ›Melaja‹ und das andere ›Monuja‹. Bitte ihn um das ›Melaja‹, dann wird er es dir geben. Aber denke daran, was ich dir gesagt habe, und tu das auch, dann wird es dir gutgehen; wenn du ungehorsam bist, wirst du ins Unglück geraten.«

Darauf stieg die Sonne hinter der schwarzen Wolke hervor, und die Welt war strahlend hell erleuchtet. Die Kinder der Erde aber sagten zueinander: »Die Sonne scheint heute ja langsamer heraufzukommen als an anderen Tagen«, und das Sonnenkind holte das Segel nieder, wickelte sich da hinein und schlief bis zum Abend.

Als es wieder erwachte, hißte es das Segel und fuhr schleunigst zu der Stelle, wo das schimmernde Antlitz seiner Tante erscheinen sollte. Es fuhr so dicht heran, daß der Mond, als er aus dem Wasser heraustauchte, ihm zurufen mußte: »Heda, heda, Kind der Erde! Paß auf, oder du fährst mir mit dem scharfen Bug deines Bootes in mein Gesicht hinein!«

Da hielt das Sonnenkind ein wenig zur Seite und streifte beinahe das Gesicht des Mondes; dann lief es plötzlich vor dem Winde auf, fuhr an den Mond heran und hielt ihn mit sicherem Griff fest. »Ich bin kein Kind der Erde«, sagte es, »ich bin das Kind deines Bruders, der Sonne. Ich heiße Sonnenkind, und du bist meine Tante.«

»Bist du wirklich das Sonnenkind?« fragte der Mond ganz verwundert. »Das ist ja wunderbar. Aber laß die Hand los, Neffe, du tust mir ja weh!«

»O nein«, antwortete der Knabe, »wenn ich dich loslasse, läufst du mir weg; und wie bekomme ich dann die Sachen, um die ich dich auf Geheiß meines Vaters bitten soll?«

»Aber Neffe, ich werde dir doch nicht auskneifen«, sagte sehr ernsthaft der Mond. »Ich freue mich ja herzlich, daß du da bist. Laß bitte los, es tut mir wirklich weh.« Da ließ das Sonnenkind los. »Um was sollst du mich bitten?« fuhr der Mond fort.

Nun hatte das Sonnenkind sich vorgenommen, nicht nach dem Wunsch des Vaters zu tun; es pflegte stets ungehorsam zu sein, denn es war ein eigensinniger, starrköpfiger Bursche. »Ich soll dich um das Monuja bitten.«

»Um Monuja!« rief die Tante, »um Monuja? Irrst du dich auch nicht? Hat dein Vater nicht gesagt, du sollst mich nach Melaja fragen?«

»Nein, das war es nicht«, sagte der Knabe trotzig, »er sagte mir, das Melaja möchtest du behalten und mir das Monuja geben.«

»Das ist wirklich sonderbar«, sagte der Mond und grübelte nach. »Die Sonne kann den Knaben doch nicht hassen und ihm den Tod wünschen. Aber es hilft nichts, ich muß ihren Befehlen gehorchen. Neffe, du sollst das Monuja haben. Sieh, es ist nur ein kleines Ding. Es ist in diesem Stückchen Tapa eingewickelt. Jetzt wickele ich es nochmals ein und binde es ganz fest zu, damit das Paket nicht aufgeht. Hier, nimm es, Neffe, und denke daran, was ich dir sage: Binde die Schnur nicht auf, und wickele ebenfalls das Paket nicht aus, solange du noch auf dem Wasser bist; sondern hisse sogleich das Segel, und fahre nach Tonga. Wenn du gelandet bist, sieh dir das Monuja an, aber ja nicht eher, sonst geschieht ein furchtbares Unglück.« Dann sagte er ihm Lebewohl und kletterte am Himmel in die Höhe, und alle Leute, die sich auf dem Wasser befanden, riefen vor Freude: »Da ist ja unser lieber Freund, der Mond! Wir Seefahrer wissen am allerbesten, wie gut er ist!«

Auch die Mädchen und Knaben liefen in den Dörfern zum Hause hinaus und jauchzten: »Oh, der Mond ist da! Kommt, laßt uns auf dem Dorfplatz tanzen!« Und das Sonnenkind hißte das Segel und fuhr nach Tonga.

Die ganze Nacht, den nächsten Tag und die nächste Nacht segelte es über das Wasser, bis es am Morgen des zweiten Tages endlich Land in Sicht bekam. Da wollte es nicht länger warten, denn das Sonnenkind war ein eigenwilliger, ungeduldiger Junge; es hob das Bündel, das ihm die Tante gegeben hatte, vom Boden des Bootes auf und löste die Schnur, mit der es zugebunden war. Dann wickelte es die Tapa, eine nach der anderen ab, bis es schließlich das Monuja zu Gesicht bekam. Es war eine wunderbar schöne Perlschale. Sie war nicht silberweiß wie bei uns zu Lande, sondern sie hatte einen rötlichen Schein, wie man ihn nie vorher und nachher gesehen hat; und der Knabe freute sich sehr darüber und malte sich aus, wie die anderen Jungen ihn wohl beneiden würden, wenn sie das Schmuckstück an seinem Halse erblickten. Aber während er sich die Schale besah, hörte er hinter sich ein gewaltiges Rauschen und Plätschern. Als er aufblickte, bemerkte er eine ungeheure Menge Fische, die alle eiligst hinter ihm herschwammen – Wale, Haie, Meerschweine, Delphine, Schildkröten und viele, viele andere mehr. Sie stürzten in blinder Hast auf ihn los, um das Monuja zu bekommen; und in einem Nu war das Boot so voll, daß es überladen in die Tiefe sank. Die Haie zerrissen ihn in Stücke. Das war das Ende des Sonnenkindes.

28. Die Plejaden

Ein Mann hatte sieben Söhne, die jeden Tag weinten und nach den Eltern riefen: »Papa, ich will etwas zu essen haben! Mama, ich will etwas zu essen haben!«

»Ach, Kinder, ich gab euch schon zu essen, und jetzt ist es genug!«

Man sagt, daß sie immer weiter greinten, und die Mutter sie deswegen anfuhr: »Ihr seid Freßsäcke!«

»Du willst uns also nichts zu essen geben, Mutter?« riefen sie. Man sagt, daß die Mutter eine Tapirkinnlade vom Bratrost nahm und sie ihnen hinwarf mit den Worten: »Da habt ihr zu essen!«

»Das reicht nicht für uns, meine Mutter«, riefen die Kinder. Da nahm der älteste Sohn seine jüngeren Brüder und gab jedem von ihnen ein Stück zu essen.

»Da habt ihr zu essen, meine Brüder, aber es reicht immer noch nicht für uns.«

Man sagt, daß jeder sein Stück nahm und es verzehrte. Dann sprach der älteste Bruder: »Gut, meine Brüderchen, wir wollen zum Himmel gehen, um Sterne zu sein!« Er packte darauf seine kleinen Brüder unter seine beiden Arme, und sie tanzten und sangen: »Laßt uns gehen zum Onkel Ueré! Laßt uns gehen zu Ueré! Ueré!«

Und tanzend stiegen sie empor und entfernten sich.

Die Mutter kam heraus, schaute ihnen nach und sah, wie sie davongingen.

»Ach, meine Söhne, wohin geht ihr? Hier ist Speise für euch!«

»Es ist umsonst, meine Mutter! Bleibe da! Wir gehen jetzt zum Himmel, um bei unserem Onkel zu wohnen und Sterne zu sein!«

So zogen sie tanzend dahin in Kreisen wie der Aasgeier und stiegen höher und höher, bis sie zum Himmel kamen.

29. Das Mädchen und die Wolken

Vor alten Zeiten, als die Zuni noch in Kakima wohnten, lebte einst ein Medizinmann der Bogenbrüderschaft, der vier Töchter hatte. Alle vier waren unverheiratet und lebten bei ihren Eltern. Aber während die drei ältesten Mädchen den ganzen Tag lang Mais mahlten, kochten, Körbe flochten, Wasser holten und sich sonst nützlich machten, rührte die jüngste Tochter keinen Finger. Die übrigen Schwestern ärgerten sich über diese Faulheit, und mehr als einmal versuchten sie, ihre Schwester zur Arbeit anzuhalten. »Komm, hilf uns den Mais mahlen« oder: »Sei uns doch beim Backen behilflich«, oder »Wenn du schon nicht zur Hausarbeit taugen magst, dann nimm eine Hacke, und hilf den Eltern im Maisfeld«, so ging es tagaus, tagein. Doch plötzlich hielt es die jüngste Schwester nicht mehr aus, sie sprang auf und lief zum Dorfe hinaus, ohne Umhang oder Schuhe mitzunehmen. Aufs Geratewohl lief sie nach Süden, nur von dem Gedanken beseelt, die Ermahnungen ihrer Schwestern nicht mehr hören zu müssen. Kaum aber hatte sie das Dorf hinter sich gelassen, als es zu regnen begann. Ohne auf die Regengüsse zu achten, lief sie weiter und kam schließlich in einen Wald. Dort setzte sie sich unter einen Baum und begann zu weinen. So fand sie ein junger Mann der Uwanami, der Wolkenwesen, die ganz weit im Süden an der Küste wohnen, dort, wo das Land aufhört und der Weltenozean beginnt. Erstaunt betrachtete der junge Mann das weinende Mädchen, das da einsam und verlassen unter dem Baume im Regen saß. Nach einer Weile fragte er: »Woher kommst du?« Da berichtete das Mädchen, warum sie aus dem Dorfe gelaufen sei, und beteuerte, daß sie unter keinen Umständen zu ihren Schwestern zurückkehren wolle.

»Nun, dann komm mit zu meinem Dorf«, sprach der junge Mann, »dort wird dich niemand suchen.« Das Mädchen war einverstanden und drängte: »Laß uns eilen, denn bald werden die Männer des Dorfes kommen und nachsehen, wo ich bin. Wenn sie uns hier finden, nehmen sie uns beide mit zurück zu meinen Schwestern!«

Darauf nahm der Mann das Mädchen auf den Rücken und trug ihr auf, beide Augen ganz fest zuzumachen und nicht eher zu öffnen, als bis er das Zeichen dazu gebe. Rasch erhob er sich mit seiner Last in die

Lüfte und eilte nach Süden, dem Lande der Wolkenwesen zu. Erst als er am Ende der Welt angekommen war, setzte er das Mädchen am Strande des allumschließenden Weltenmeeres ab. Dann gestattete er ihr, die Augen zu öffnen. Gemeinsam bestiegen sie einen Hügel und sahen in der Ferne die Hütten eines Dorfes. Doch bevor sie das Dorf der Wolkenwesen erreicht hatten, sprach der junge Mann: »Warte hier auf mich, denn nur wenn du willkommen bist, darfst du unser Dorf betreten. Laß mich vorangehen und fragen, ob du kommen darfst.«

Als der junge Mann vor die Häuptlinge trat, begrüßten diese ihn: »Wir sind schon lange hier, du allein kommst spät. Das aber muß einen Grund haben.« Da erwiderte der Mann: »Die Tochter des Medizinmannes von Kakima bringe ich. Sie wartet vor dem Dorf auf eure Einladung.«

Die Häuptlinge antworteten darauf: »Da sie einmal hier ist, können wir sie nicht zurückschicken, doch hättest du besser getan, sie nicht hierherzubringen. Ihr Vater ist der Medizinmann der Bogenbrüderschaft, eines mächtigen Geheimbundes, und als solcher hat er viele Freunde unter aller Kreatur. Doch da sie hier ist, mag sie bleiben. Bevor du sie ins Dorf bringst, sage ihr, wie sie sich benehmen soll, denn die Menschen sind ungebildete Wesen, die sich in besserer Gesellschaft nicht benehmen können. Erkläre ihr unsere Sitten, damit sie nicht aus Unwissenheit jemanden beleidigt.«

Rasch eilte der junge Mann zurück zu dem wartenden Mädchen, um sie ins Dorf zu führen. »Du darfst mit mir kommen«, sagte er zu ihr, »aber du mußt alle Sitten genau befolgen. Wenn du die Hütte betrittst, mußt du sagen: ›Meine Väter und Mütter, wie geht es euch heute?‹, denn man soll den Älteren mit Ehrfurcht begegnen. Dann mußt du in die Mitte des Raumes sehen, denn dort wirst du einen Streifen Mehl auf dem Boden finden, dem du folgen mußt. Gehe bis zum Altar, und bitte dort um langes Leben und gute Gesundheit. Streue etwas von dem Mehl auf das Geisterbild, und setze dich dann zu den übrigen Frauen. Der freie Platz bei ihnen ist für dich bestimmt. Vergiß nichts, damit du niemanden beleidigst durch deine Unwissenheit.«

Das Mädchen versprach, alles genau zu befolgen. Bald darauf stand sie vor dem Altar, streute etwas von dem heiligen Maismehl auf die

Steinfigur und setzte sich dann zu den Frauen. Sogleich wurde ihr etwas zu essen angeboten, und nach dem Essen begann einer der Häuptlinge: »Meine Tochter, an diesem Abend haben sich unsere Wege gekreuzt, freiwillig bist du zu uns gekommen. Daher wollen wir dich zu einer der Unseren machen, denn niemand kommt zu uns, der zu den Menschen zurückkehren will. Willst du aber nicht bei uns bleiben, dann gehe sogleich zurück, ehe es zu spät ist.«

Das Mädchen weigerte sich nicht, denn es gab ja niemanden, zu dem sie hätte gehen können. Unter keinen Umständen aber wollte sie ihre Schwestern wiedersehen. Da nahmen die Frauen sie bei den Händen, führten sie in ein Nebengemach, wuschen ihr Haar und ihren Körper und bekleideten sie mit einem weißen Gewande. Anschließend wurde sie zurückgeführt, und einer der Häuptlinge bedeutete ihr, sich in der Mitte des Raumes auf den Boden zu setzen. Alle stimmten Gebete für sie an und lehrten sie die geheimen Zauberformeln der Wolkenwesen.

Daheim in Kakima hatten die Eltern die ganze Nacht über nach ihrer Tochter gesucht, waren von Haus zu Haus gelaufen, hatten alle Bewohner befragt, aber niemand wußte von ihr oder hatte sie fortgehen sehen. Da rief der Vater, der Medizinmann der Bogenbrüderschaft, den Habicht zu Hilfe. Als der Habicht im Dorfe erschien, begrüßte er den Vater mit folgenden Worten: »Da du gewollt hast, daß unsere Wege sich treffen, mußt du einen Grund gehabt haben. Sage mir, was dich bedrückt, denn nur dann vermag ich dir zu helfen. Deine Sorgen sind auch meine Sorgen, denn du bist mein Freund.«

Der Vater erzählte von dem Verschwinden seiner jüngsten Tochter, von der vergeblichen Suche und davon, daß das Mädchen ohne Schuhe und ohne Umhang fortgelaufen sei. Der Habicht hörte geduldig zu und versprach, all sein Können einzusetzen, um die Tochter zu finden. Darauf verließ er die Hütte des Medizinmannes der Bogenbrüderschaft und begann, über dem Dorfe zu kreisen. In immer größeren Kreisen suchte er die ganze Welt ab, flog sogar bis an die Küste des Weltenmeeres, aber nirgendwo vermochte er die Vermißte zu entdecken. Auch das Land der Wolkenwesen besuchte er, und eigentlich hätte er das Mädchen sehen müssen, denn gerade hatte sie mit den übrigen Frauen das Haus verlassen. Aber so dicht waren die Wolken, daß selbst das scharfe Auge des

Habichts sie nicht zu durchdringen vermochte. Unverrichteter Dinge kehrte er am Abend zurück nach Kakima, um seinem Freunde zu berichten.

»Die ganze Welt habe ich gesehen, aber von deiner Tochter habe ich nicht eine Spur gefunden. Gräme dich nicht, denn ich bin gewiß, daß sie noch am Leben ist. Ich bin sicher, daß irgendwelche Zauberwesen sie entführt haben, denn nicht einmal ihren Körper habe ich gefunden. Aber ich habe keine Ahnung, wo sie sein könnte. Sprich mit meinen Brüdern, den Raben. Sie finden alles, wenn es überhaupt vorhanden ist. Vielleicht werden sie mehr Glück haben als ich.«

Wieder verbrachte der Vater eine Nacht voller Sorgen. Am nächsten Morgen sandte er seinen Sohn zu den Raben, um diese zu sich zu bitten. »Geh zum Hause deiner Großväter, der schwarzen Götter, und bitte sie zu mir.« Sogleich machte sich der Junge auf den Weg, richtete den Raben den Auftrag aus, und als er wieder im Dorfe ankam, sah er, daß die Raben schneller als er gewesen waren. Eine große Anzahl von ihnen war bereits in der Hütte des Medizinmannes versammelt.

»Hab keine Sorge«, so versuchten sie den betrübten Vater zu beruhigen, »wenn sie überhaupt je vorhanden gewesen ist, dann finden wir sie auch. Wir finden alles, auch das, was man vor uns verstecken will. Jede Schlucht und jeden Berg werden wir absuchen, in alle Winde werden wir fliegen, und nichts soll uns verborgen bleiben.« Und sogleich erhoben sie sich mit schwerem Flügelschlag in die Luft, verteilten sich über die ganze Welt und begannen nach dem Mädchen zu suchen. Auch in das Land der Uwanami, der Wolkenwesen, flogen sie. Als sie die dichten Wolken sich erheben sahen, sprachen die schwarzen Götter: »Wenn das Mädchen sonst nicht zu finden ist, dann haben die Uwanami sie gestohlen.« Und mit dieser Feststellung hatten sie richtig geraten, denn die Raben sind die weisesten unter den Vögeln, nichts bleibt ihnen verborgen, und nichts entgeht ihren scharfen Augen. Selbst ein einzelnes Samenkorn, das beim Pflanzen verloren wurde, wissen sie sogleich zu finden.

Als die Uwanami, die Wolkenwesen, die Raben gewahrten, ließen sie das Mädchen in der Hütte zurück. So kam es, daß die Raben die Verlorene nicht zu entdecken vermochten, denn auch die Uwanami sind weise, weiser als alle Menschen. Denn sie sind ja die vor langer Zeit gestorbenen Vorfahren der Menschen. Und sie sind auch der Regen, der die Menschen ernährt, so lehren es uns die alten Leute, die es wiederum von ihren Eltern so gelernt haben. Wer zu den Wolkenwesen betet und fest an seine Gebete glaubt, dem bringen sie den ersehnten Regen. Um zu zeigen, wie groß ihre Macht ist, hatten sie die Tochter des Medizinmannes zu sich geholt, damit die Menschen begreifen sollten, daß die Uwanami mächtiger sind als der Zauber der Medizinmänner.

Am Abend erschienen die Raben wieder im Dorfe. Auch sie hatten das Mädchen nicht finden können. Aber sie waren fest davon überzeugt, daß die Tochter noch am Leben war, denn nicht einen einzigen Tropfen Blut hatten sie gesehen. »Geh zu den Schmetterlingsleuten, und bitte sie um ihre Hilfe, wir haben nichts ausrichten können«, rieten die schwarzen Götter dem Medizinmanne. Dann flogen sie krächzend zurück zu ihren Wohnungen in den Klippen.

Wieder wurde der Sohn ausgesandt, diesmal zu den Schmetterlingsleuten. Diese kamen sogleich und versprachen, ihr Bestes zu tun. Nur bei den Wolkenwesen konnte das Mädchen sein, denn sonst hätten die Raben es finden müssen. Daher wurde Gelbflügel, der Zitronenfalter, ausgeschickt, um nachzusehen, aber er kam erfolglos zurück.

Am nächsten Tage sandte der Häuptling der Falter Buntflügel, den buntesten Schmetterling, zu den Wolkenwesen. Als Buntflügel an die Küste des Weltenmeeres kam, waren die Wolken so dicht, daß er nichts sehen konnte, denn alle Wolkenwesen hatten ihre Hütten verlassen. Wie dichter Rauch lag ihr Atem über dem Lande und versteckte die Tochter des Medizinmannes. Immer höher stieg Buntflügel, bis er mit einemmal in dieser nebligen Wolkenwelt tief unter sich eine Feder wahrnahm. Sogleich flog er darauf zu, berührte die Feder und rief: »Tochter des Medizinmannes von Kakima, ich habe dich gefunden!« Denn er wußte, daß die Wolkenwesen keine Federn tragen. Dann flog er zurück, und mit Hilfe aller Schmetterlingsleute wurde das Mädchen zurück zur Erde gebracht. Genau vor dem Haus des erstaunten Vaters setzten sie die Tochter nieder. Denn die Schmetterlingsleute sind die Lieblinge des Sonnenjungen, der Macht hat über alle Wolkenwesen. Nur so hatten sie das Mädchen finden können.

Hier endet die Geschichte vom Mädchen, das die Wolken besuchte.

30. Der Besuch im Himmel

In alter Zeit war ein Krieg zwischen zwei Stämmen. Der eine Stamm hieß Kuyalakog, der andere Palawiyang. Der Krieg war in der Gegend des Uraukaima-Gebirges. Die Palawiyang griffen die Kuyalakog an. Sie töteten einige, als sie zur Pflanzung gegangen waren. Da vereinigten sich die Kuyalakog, um die Palawiyang zu vernichten. Sie kamen und griffen sie an. Sie kamen an das Dorf, das aus fünf Häusern bestand, und zündeten es an zwei Stellen an, bei Nacht, damit es hell wurde, und die Feinde nicht im Dunkeln entfliehen konnten. Sie töteten viele mit der Keule, als sie aus den Häusern entweichen wollten.

Ein Mann namens Maitchaule legte sich unversehrt zwischen einen Haufen Toter und bestrich das Gesicht und den Leib mit Blut, um die Feinde zu täuschen. Die Kuyalakog gingen weg. Sie glaubten, alle seien tot. Der Mann blieb allein zurück. Dann ging er weg, badete und ging nach einem anderen Haus, das nicht weit entfernt war. Er dachte, es seien Leute dort, aber er fand niemand. Alle waren geflohen. Er fand nur Maniokfladen und alten Rostbraten und aß. Dann dachte er nach. Er ging aus dem Haus hinaus und weit weg. Dann setzte er sich hin und dachte nach. Er dachte an seinen Vater und an seine Mutter, die die Kuyalakog getötet hatten, und daß er nun niemand mehr habe. Dann sagte er: »Ich will mich zu meinen Gefährten legen, die tot sind!« Er kehrte voll Furcht nach dem verbrannten Dorf zurück. Dort waren sehr viele Aasgeier. Maitchaule war ein Zauberarzt und hatte von einem wunderschönen Mädchen geträumt. Er verscheuchte die Aasgeier und legte sich neben seine toten Gefährten. Er hatte sich wieder mit Blut beschmiert. Er hielt die Hände an den Kopf, damit er sofort zugreifen konnte. Dann kamen die Aasgeier wieder und stritten sich um die Leichen. Da kam die Tochter des Königsgeiers. Was tat nun die Tochter des Königsgeiers? Sie setzte sich Maitchaule auf die Brust. Als sie ihm in den Leib hacken wollte, ergriff er sie. Die Aasgeier flogen weg. Er sagte zur Tochter des Königsgeiers: »Verwandle dich in eine Frau! Ich bin so allein hier und habe niemand, der mir hilft.« Er nahm sie mit nach dem verlassenen Haus. Dort hielt er sie wie einen zahmen Vogel. Er sagte zu ihr: »Ich gehe jetzt fischen. Wenn ich zurückkehre, will ich dich in eine

Frau verwandelt wiederfinden!« Die Leute, die geflohen waren, hatten eine Pflanzung, Bananen usw.

Er ging fischen und verschloß das Haus und ließ die Tochter des Königsgeiers zurück. Da verwandelte sie sich in eine Frau. Es war viel Mais im Haus. Sie entkörnte den Mais, zerstieß ihn im Mörser, setzte einen Topf an das Feuer und tat alle Arbeit einer Frau. Sie machte Kaschiri und tat es in eine Kürbisflasche. Dann verwandelte sie sich wieder in einen Aasgeier, denn sie schämte sich noch vor dem Mann. Da kam Maitchaule zurück mit Fischen und Wildbret, einem Hirsch. Er kam in das Haus und hatte großen Durst. Er fand das Haus offen, aber der Aasgeier war drinnen. Er legte den Hirsch und die Fische nieder. Dann ging er aus dem Haus und fand Spuren von Menschen. Es waren die Spuren der Frau, die Brennholz geholt hatte. Er ging den Spuren nach und fand, daß jemand im Wald Brennholz gebrochen hatte. Da wurde er mißtrauisch. Dann ging er den Spuren nach, die zurückführten, und kam so nach dem Hause zurück. Er fand auch Spuren, die zum Hafen gingen, wo das Mädchen Wasser geholt hatte. Er ging ihnen nach und kam zum Hafen. Alle Spuren, die er fand, führten zum Hause zurück. Er kam zum Haus und fand die Kürbisflasche mit Kaschiri. Er fand eine Kalabasse und trank Kaschiri. Dann legte er sich nieder und dachte nach. Er dachte über die Menschenspuren nach. Vielleicht seien es Leute, die ihn angreifen wollten. Er fand auch Wasser im Haus und Brennholz. Es fehlte nichts. Dann zerlegte er den Hirsch, machte einen Bratrost, röstete den Hirsch und gab der Tochter des Aasgeiers davon zu essen. Diese aß davon. Er briet auch alle Fische und schlief dann in dieser Nacht.

Vor Tagesanbruch verwandelte sich die Tochter des Königsgeiers wieder in einen Menschen und ging weg, Wasser zu holen. Sie brachte Wasser und ließ das Haus offen. Er hatte das Haus wohl verschlossen. Er schlief. Sie machte Feuer an, stellte den Pfeffertopf ans Feuer und tat ein Stück Hirschbraten hinein. Sie kochte es und ließ es am Feuer stehen. Als Maitchaule am Morgen erwachte, war das Essen fertig. Er hatte Maniokfladen. Er blieb mißtrauisch, als er den Topf am Feuer fand, und sagte: »Hier sind Leute!« Das Mädchen hatte sich wieder in einen Aasgeier verwandelt. Sie wollte sich ihm nicht zeigen. Dann ging er weg mit

Bogen und Pfeilen, verschloß das Haus, ging ein Stück weit und kehrte dann zurück. Er wollte sehen, wer dies alles tat. Er verbarg sich in der Nähe des Hauses. Er hatte seine Angelrute absichtlich mitten im Haus liegenlassen. Er blieb versteckt und wartete. Da öffnete das Mädchen das Haus und trat heraus. Es war ein sehr schönes Mädchen mit vielen Perlenschnüren an der Brust, an den Armen und Beinen. Sie hatte eine schöne Perlenschürze an. Das Mädchen ging zum Hafen. Maitchaule ging in das Haus, nahm die Angelrute und verbarg sich hinter dem Eingang. Da kam das Mädchen zum Hause zurück. Sie wußte von nichts und glaubte, der Mann sei weit. Sie kam in das Haus zurück mit Wasser. Sie stellte das Wasser hin und legte sich in die Hängematte. Da kam Maitchaule hinter dem Eingang hervor mit der Angelrute in der Hand. Er sagte: »Jetzt habe ich eine Frau!« Sie war sehr schön und voll Perlen an Armen und Beinen. Sie wickelte sich voll Scham in die Hängematte. Er sagte: »Schäme dich nicht!« und legte sich zu ihr.

Dann sagte er zu ihr: »Habe ich es dir nicht gesagt, du solltest dich in eine Frau verwandeln, um mit mir zu leben? Jetzt habe ich keine Mutter mehr. Ich habe niemand mehr. Ich bin ganz allein. Jetzt gehe nicht weg! Bleibe hier als meine Frau! Wir haben Pflanzungen. Ich habe die Pflanzungen nicht angelegt, aber ich habe sie übernommen. Meine Verwandten sind alle geflohen aus Furcht vor dem Krieg mit den Kuyalakog. Ich bin ganz allein. Jetzt kommen meine Verwandten nicht mehr. Wenn Essen fehlt, gehe ich jagen und fischen. Ich bringe dir Hirsch, Tapir oder Fische. Ich bin da, daß du keinen Hunger leidest. Jetzt bleibe hier im Haus, und mache Maniokfladen für uns zu essen! Ich gehe jagen! Gehe nicht weg!«

Er ging jagen und fischen und ließ sie im Hause zurück. Er tötete einen Hirsch und zwei Schweine und brachte zuerst den Hirsch heim. Sie machte gerade Maniokfladen, als er zurückkehrte. Er ging wieder weg, um die Schweine zu holen. Er brachte das eine heim und ging wieder weg, das andere zu holen. Er brachte auch das andere. Sie hatte Maniokfladen bereitet und war dabei, Kaschirimasse zu machen. Er zerlegte den Hirsch und die beiden Schweine und legte die Stücke auf den Bratrost. Dann sagte er: »Das kannst du essen, wie du willst, roh oder gekocht!« Dann aß er mit ihr, und sie gewöhnte sich schnell an ihn. Sie hatte ihn gern, denn er brachte viel Wildbret heim. Er schlief die Nacht mit ihr.

Danach blieben sie einige Zeit in diesem Haus. Dann sagte sie: »Jetzt will ich meine Familie sehen! Habe Geduld!« Maitchaule wollte sie nicht lassen. Er sagte zu ihr, wenn sie wegginge, würde er einen Strick nehmen und sich erhängen. Da sagte sie: »Nein! Ich gehe nicht weg! Ich gehe rasch, um meine Familie zu besuchen. Bleibe hier, und erwarte mich hier! Gehe nicht weg von hier! Ich kann dich nicht mitnehmen, ohne daß dich mein Vater sieht. Ich gehe, Kumi holen und Kleider, dich zu bekleiden, damit du fliegen kannst, wie wir fliegen. Ich werde meinem Vater sagen, daß ich mit dir verheiratet bin.« – Dann sagte sie: »Weine nicht, wenn du mich vor dem Hause zum Himmel fliegen siehst!«

Er ging mit ihr zum Haus hinaus und sagte zu ihr: »Gehe nicht weg! Bleibe bei mir! Laß deinen Vater!« Sie beruhigte ihn und sagte: »Ich werde dich nicht verlassen. Ich will nur meinem Vater sagen, daß er jetzt einen Schwiegersohn hat.« Maitchaule wollte sie nicht weglassen. Da sagte sie: »Gut! Schneide mir meine Haare ab!« Der Mann schnitt ihr die Haare ab. Dann sagte sie: »Schneide ein Stück Bambus ab, stopfe die Haare hinein, blase Tabakrauch darauf und verstopfe es mit Bienenwachs! Wenn ich morgen nicht zurückkehre, so verstopfe es mit Pech! Dann muß ich dort sterben!« Dann verabschiedete sie sich und sagte: »Wenn ich nicht morgen sehr früh zurückkomme, komme ich nachmittags.« Dann ging sie weg, und er schaute ihr nach. Sie hüpfte mehrmals auf, verwandelte sich in einen Aasgeier und flog in Kreisen hoch und immer höher. Er schaute ihr nach, bis sie ganz klein wurde und verschwand. Da trat er ins Haus zurück, legte sich in die Hängematte und dachte viel nach. Er schlief nicht in dieser Nacht, sondern dachte immer nach.

Es wurde Morgen. Als sie wegging, hatte sie zu ihm gesagt: »Gehe morgen sehr früh vor das Haus, und erwarte mich! Wenn ich nicht zurückkomme, erwarte mich bis zum Abend!« Er machte sich eine Zigarre im Haus. Dann ging er aus dem Haus und setzte sich hin. Als er mit dem Rauchen fertig war, ging er ins Haus und legte sich schlafen. Er träumte. Im Traum sagte sie zu ihm: »Ich bin schon auf dem Heimweg mit zwei Schwägern.« Er erwachte plötzlich, ging vor das Haus und setzte sich nieder. Er war aufgeregt durch den Traum. Er schaute in die Höhe. Da sah er drei Aasgeier, wie er geträumt hatte, zwei weiße und einen schwarzen. Er wurde froh, als er sie erblickte. Sie kamen, in Kreisen fliegend, herab, bis sie ganz nahe über ihm waren. Sie sagte zu ihm: »Hier sind meine Brüder! Schäme dich meiner nicht! Ich schäme mich deiner auch nicht! Ebenso kannst du mit diesen da verkehren.«

Die Schwäger gewannen ihn lieb. Dann sagte sie: »Wir bleiben hier zwei Tage und gehen dann weg zum Himmel.« Da forderten ihn die Schwäger auf, einen Hirsch für sie zum Essen zu töten. Er schoß einen Hirsch und brachte ihn heim. Die Schwäger zerlegten den Hirsch, kochten ihn und aßen ihn. Es blieb ein Rest übrig, den sie auf dem Bratrost rösteten.

So blieben sie zwei Tage im Hause des Schwagers. Dieser zeigte ihnen seine Pflanzung, seinen Mais. Als sie kamen, hatten sie ihm ein Federkleid der Königsgeier mitgebracht. Die Frau befahl, ihren Mann damit zu bekleiden. Er zog das Kleid an und verwandelte sich in einen Aasgeier. Die Frau kaute Kumi und blies ihren Mann damit an. Sie sagte: »Jetzt wollen wir weggehen! Habe keine Furcht! Ich komme hinter dir her.« Die Schwäger flogen schon in Kreisen über ihm und erwarteten ihn. Sie sagte zu ihm: »Jetzt schlage mit den Flügeln! Wenn du mit den Flügeln schlägst, wirst du die Leiter sehen, die dort festgebunden ist.« Als er mit den Flügeln schlug, wurde er leicht. Er sah die Leiter und stieg auf ihr hinter den Schwägern her. Seine Frau flog hinter ihm her, um ihn aufzufangen, wenn er fiel. Er stieg empor, bis er dem Himmel nahe war. Als er dem Himmel nahe war, sah er den Eingang des Königsgeiers. Seine Frau war dicht hinter ihm, um ihn aufzufangen, wenn er fiel. Sie kamen an den Eingang und traten ein. Das Haus des Königsgeiers war nicht weit vom Eingang des Himmels. Die Schwäger und die Frau gingen voraus. Er blieb zurück. Sie sagten: »Wir wollen unsern Vater rufen, damit er dich sieht!«

Sie kamen in das Haus des Königsgeiers, Kasanapodole, des Vaters der Königsgeier, und sagten zu ihm, daß der Mann dort stehe. Der Alte freute sich und ging mit seinen Söhnen hinaus, um den Mann seiner Tochter zu sehen. Er fand Maitchaule und sagte zu ihm: »Wir wollen ins

Haus gehen!« Er nahm ihn mit in sein Haus. Er nahm ihn sehr gut auf. Es waren viele Leute da. – Wenn sie im Himmel ankommen, ziehen die Königsgeier die Kleider aus und sind dann Leute.

Es vergingen einige Tage. Da sagte seine Frau zu ihm: »Wenn du Hunger hast, so gehe in das Haus der Perikitos! Sie haben Maiskaschiri. Du brauchst nicht zu trinken, was wir hier trinken. Gehe in das Haus des Papagei! Dort bekommst du Maiskaschiri. Gehe in das Haus der gelben Perikitos! Sie haben Maiskaschiri.« – Alle Papageien, Perikitos und Araras haben Maiskaschiri. Im Himmel sind sie alle Leute. – Er ging in das Haus der Papageien und trank dort Maiskaschiri und führte ein gutes Leben mit den Papageien, Araras und Perikitos.

Eines Tages sagte der Königsgeier zu seiner Tochter: »Sage deinem Manne, daß er den See Kapöpiakupö in zwei Tagen austrocknet!« Es war ein sehr großer See. Als Maitchaule aus dem Haus der Perikitos zurückkehrte, sagte seine Frau zu ihm: »Mein Vater hat gesagt, du solltest den See Kapöpiakupö in zwei Tagen austrocknen.« Wenn er dies nicht fertigbrächte, wollte der Königsgeier ihn töten und fressen. Maitchaule sagte zu seiner Frau: »Ich weiß nicht, wie ich diesen See austrocknen soll.«

Dann verstopfte er den Zufluß des Sees und fing an, das Wasser auszuschöpfen, so daß es zum Fluß ablief. Da begegnete ihm die Wasserjungfer. Sie sagte zu ihm: »Was machst du da, Schwager?« Er antwortete: »Kasanapodole hat mir befohlen, diesen See auszutrocknen. Er hat mich auf die Probe gestellt. Er will mich fressen.« Da sagte die Wasserjungfer: »Er wird dich nicht fressen! Wir helfen dir! Wir trocknen den See aus!« Dann begegnete ihm der Vogel Uoimeg. Er fragte ihn: »Was machst du da, Schwager?« Da antwortete die Wasserjungfer: »Dieser Mann hier ist beauftragt von Kasanapodole.« Uoimeg fragte: »Wozu?« Die Wasserjungfer antwortete: »Er soll diesen See austrocknen.« Uoimeg sagte: »Gut! Ihr könnt ihn abdämmen! Ihr könnt ihm helfen!« Da sagte die Wasserjungfer: »Wir helfen ihm. Wir schöpfen das Wasser aus.« Sie sagte zu Uoimeg: »Du gehst auf den Weg und benachrichtigst mich, wenn Leute kommen!« Uoimeg antwortete: »Gut! Ich gehe auf den Weg und gebe acht. Wenn Leute kommen, rufe ich: ›Uoimeg – uoimeg!‹ Dann versteckt ihr euch!« Er ging auf den Weg.

Die Wasserjungfern – es waren viele – fingen an, Wasser auszuschöpfen. Sie befahlen Maitchaule, sich niederzusetzen, und sagten zu ihm: »Wenn Uoimeg singt, nimmst du die Kalabasse und schöpfst Wasser aus.« Die Wasserjungfern schöpften nun in aller Eile Wasser aus. Uoimeg lauerte auf dem Weg, ob Leute kämen. Sie schöpften so viel Wasser aus, daß der See schon anfing trocken zu werden. Da sang Uoimeg auf dem Weg. Alle Wasserjungfern versteckten sich, und Maitchaule ergriff die Kalabasse. Da kam seine Frau und sagte: »Mein Vater schickt mich zu fragen, ob du fertig seist.« Er antwortete: »Ich bin noch nicht fertig.« Da sagte sie: »Wenn du bis morgen nicht fertig bist, kommt mein Vater hierher.« Er antwortete: »Ich weiß nicht, ob ich heute fertig werde.« Die Wasserjungfern hatten sich alle versteckt. Die Frau ging weg. Da erschienen die Wasserjungfern wieder, und er setzte sich hin. Die Wasserjungfern begannen wieder Wasser auszuschöpfen. Sie schöpften viel Wasser aus, und der See wurde immer trockner. Es fehlte nur noch ein kleines Stück. Da kam die Frau wieder. Die Wasserjungfern versteckten sich wieder alle, und Maitchaule nahm die Kalabasse in die Hand. Die Frau sagte: »Mein Vater schickt mich zu fragen, ob du fertig seist. Er hat Hunger.« Sie sagte: »Ich will hier warten!« Er aber erwiderte: »Nein! Gehe weg! Ich bleibe allein hier. In kurzem bin ich dort!« Als sie weg war, erschienen die Wasserjungfern wieder. Sie schöpften viel Wasser aus, und der See wurde trocken. Da kamen alle Tiere zum Vorschein, die in dem See waren: viele große Wasserschlangen, Alligatoren, Fische, Schildkröten u. a. Dann sagte die Wasserjungfer: »Fertig, Schwager! Jetzt kannst du es deinem Schwiegervater sagen! Wir gehen weg! Gehe hin, deinen Schwiegervater zu rufen.« Sie gingen weg.

Maitchaule ging weg mit Uoimeg. Er kam in das Haus. Uoimeg blieb draußen nahe beim Haus. Maitchaule sagte zu seinem Schwiegervater: »Der See ist fertig!« Da freute sich der Alte. Maitchaule sagte: »Es sind dort viele Fische, Wasserschlangen, Alligatoren!« Da schickte Kasanapodole einen seiner Söhne aus nachzusehen, ob es nicht vielleicht eine Lüge seines Schwiegersohnes sei. Der Sohn des Königsgeiers ging hin nachzusehen und fand sehr viele Fische, Alligatoren, Schlangen, denn der See war sehr groß. Er kehrte zurück und sagte: »Es war keine Lüge, mein Vater. Der See ist trocken. Es sind dort sehr viele Fische, Wasserschlangen, Alligatoren, Schildkröten und andere Tiere.« Da sagte der Alte: »Morgen wollen wir alle anderen Leute einladen, um die Fische zu greifen!«

Am anderen Morgen kamen viele Leute, um die Fische zu fangen. Sie gingen hin. Der Alte blieb zu Hause und sagte zu ihnen: »Verliert nichts! Fangt alles, was im See ist!« Die Leute fingen viele Tiere und brachten Tragkörbe voll nach Hause. Der Alte freute sich über die vielen Fische. Er befahl, Blätter abzuschneiden. Die Leute brachten Blätter und breiteten sie auf dem Boden aus. Dann befahl der Alte, alle Fische aufzuschneiden und auf die Blätter zu legen. Sie zerschnitten alle Tiere und legten sie auf die Blätter. Dann befahl er, sie mit Blättern zuzudecken. Sie aßen viele davon. –

Was tat dann Kasanapodole? Er befahl seinem Schwiegersohn, auf einem Felsen ein Haus zu bauen. Wenn er es nicht fertigbrächte, wollte er ihn töten und fressen. Er befahl dies alles in der Absicht, ihn zu töten. Maitchaule ging weg. Kasanapodole hatte ihm ein Grabscheit mitgegeben. Maitchaule kam zum Felsen und stieß mit dem Grabscheit dagegen, konnte aber kein Loch machen. Da begegnete ihm der Regenwurm. Er fragte ihn: »Was machst du da, Schwager?« Maitchaule antwortete: »Kasanapodole hat mich beauftragt, hier auf dem Felsen für ihn ein Haus zu bauen.« Der Regenwurm sagte: »Gut! Ich will hier in den Felsen eindringen! Wenn ich eingedrungen bin, setze sofort die Hauspfosten in das Loch!« Sogleich drangen viele Regenwürmer hier und dort in den Felsen ein. Die Hauspfosten lagen fertig da. Der Alte hatte sie schlagen lassen. Maitchaule setzte alle Hauspfosten ein, fügte die Querbalken an und setzte das Dachgerüst darauf.

Als er das Dachgerüst fertig hatte, begegnete ihm der Webervogel. Dieser fragte ihn: »Was machst du da, Schwager?« Er antwortete: »Kasanapodole hat mir befohlen, hier auf diesem Felsen ein Haus für ihn zu bauen. Ich bin dabei, es hier zu bauen.« Da sagte der Webervogel: »Gut, Schwager! Ich will dir helfen! Setze dich hierher! Schaue mir nicht nach! Ich klettere in die Höhe.« Der Webervogel kletterte in die Höhe. Maitchaule blieb unten sitzen und blickte ihm nicht nach. Der Webervogel deckte das Haus in einem Augenblick. Dann stieg er herab. Er sagte zu Maitchaule: »Fertig! Jetzt kannst du hinsehen!« Maitchaule schaute aufwärts. Das ganze Haus war gedeckt. Alles war verschlossen. Der Webervogel schickte ihn aus dem Haus und sagte zu ihm: »Setze dich hierher, und blicke nicht nach dem Haus!« Maitchaule ging hinaus und setzte sich hin mit abgewendetem Gesicht. Der Webervogel deckte nun alle Wände und machte einen Zugang vorn und hinten. Dann befahl er ihm sich umzuwenden und sagte: »Fertig! Das Haus ist fertig, Schwager!« Maitchaule sah das ganze Haus gedeckt, mit Wänden und Zugängen. Dann sagte der Webervogel: »Jetzt kannst du zu deinem Schwiegervater gehen und ihm sagen, daß das Haus fertig ist. Ich gehe weg! Erzähle nicht, daß ich das Haus gebaut habe!« Der Webervogel ging weg. Der Regenwurm ging auch weg. Maitchaule ging zum Hause seines Schwiegervaters und sagte ihm, das Haus sei fertig. Der Alte freute sich und ging hin, das Haus zu sehen. Er fand das Haus schön und kehrte nach Hause zurück.

Dann sagte er zu seinem Schwiegersohn: »Jetzt mache mir eine Bank aus Stein mit zwei Köpfen wie mein Kopf!« Maitchaule dachte nach. Dann ging er weg. Der Alte wollte die Bank für sein neues Haus haben. Nahe dem Haus war ein runder Fels. Maitchaule schlug darauf. Es flog auch ein Stück davon ab, aber es reichte zu nichts. Da begegneten ihm die weißen Termiten. Sie fragten ihn: »Was machst du da, Schwager?« Er antwortete: »Ich bin dabei, hier eine Bank zu machen für Kasanapodole. Er befahl, zwei Köpfe daran zu machen wie sein Kopf.« Da befahlen ihm die Termiten, seine Hängematte im Hause anzubinden, und sagten zu ihm: »Schaue nicht auf uns! Wir wollen dir alle helfen! Wir wollen eine Bank machen, aber eine Bank, die geht, wie die Leute!« Maitchaule ging ins Haus, band seine Hängematte an und legte sich hinein. Die Termiten blieben draußen und machten die Bank. Es war morgens, als er ihnen begegnet war. Sie machten die Bank in einem Augenblick. Bis zum Mittag waren sie damit fertig. Dann riefen sie: »Fertig, Schwager! Die Bank ist fertig!« Da ging er hinaus, und die Termiten sagten zu ihm: »Erschrick nicht, Schwager. Wir wollen die Bank in das Haus gehen lassen!« Dann sagten sie zur Bank: »Gehe ins Haus!« Die Bank hatte zwei Köpfe wie Kasanapodole. Die Bank ging dahin, wie eine Schildkröte geht. Maitchaule erschrak. Die Termiten sagten zu ihm: »Erschrick nicht! Sie frißt niemand!« Die Bank ging ins Haus.

Dann sagten sie zu Maitchaule: »Fürchte dich nicht! Wenn du zur Bank sagst: ›Gehe dahin! Wechsele deinen Platz, meine Bank!‹, dann geht sie. Wenn du zu ihr sagst: ›Bleibe stehen, meine Bank!‹, dann bleibt sie stehen.« Dann befahlen sie ihm, der Bank zu sagen, sie solle gehen. Da befahl er der Bank zu gehen: »Ich will, daß du hinausgehst, meine Bank! Bleibe gegenüber dem Eingang stehen!« Die Bank ging hinaus und blieb gegenüber dem Eingang des Hauses stehen. Dann sagten die Termiten: »Jetzt kannst du zu deinem Schwiegervater sagen, die Bank sei fertig. Erzähle ihm aber nichts von uns! Wir gehen weg!« Die Termiten gingen weg. Er ging zum Hause seines Schwiegervaters. Kasanapodole gab ihm Kaschiri zu trinken. Es waren alle die verfaulten Tiere aus dem See, Fische, Alligatoren, Schlangen, die voll Würmer waren. Das ist das Payua für die Königsgeier. Er trank nichts davon, sondern gab alles seiner Frau. Diese trank das Payua. Er trank Maiskaschiri im Hause der Perikitos, Papageien und Araras. Er trank auch Maniokkaschiri im Hause der Enten. Diese hatten Maniokpflanzungen. Maitchaule verbarg heimlich ein Maiskorn in seinem Mund und nahm es mit, als er wieder hinunter auf die Erde ging. In jener Zeit hatten die Leute auf Erden noch keinen Mais.

An diesem Tag, als er seinem Schwiegervater gemeldet hatte, die Bank sei fertig, sagte er zu ihm: »Erschrick nicht vor der Bank!« Kasanapodole sagte zu Maitchaule: »Komm mit mir!« Er lud auch seine Söhne ein, mitzugehen und die Bank zu sehen. Sie gingen zu dem neuen Haus. – Als die Bank fertig war, hatte Maitchaule die Wespen darangesetzt und zu ihnen gesagt: »Wenn Kasanapodole sich auf die Bank setzt, stecht ihn!« – Maitchaule forderte nun seinen Schwiegervater auf, sich auf die Bank zu setzen, und sagte zu ihm: »Erschrick nicht!« Dann sagte er zur Bank: »Gehe ins Haus!« Als sich Kasanapodole auf die Bank setzte, wurde er von den Wespen zerstochen, und die Bank lief mit ihm weg. Da erschrak der Alte so, daß er aufsprang und weglief, ganz zerstochen von den Wespen. Er stieß mit dem Kopf wider einen Baum und fiel zu Boden. Auch seine Söhne liefen alle weg. Der Alte wälzte sich, ganz wirr im Kopf, auf dem Boden umher und konnte nicht gehen. Da befahl Maitchaule der Bank, sie solle nahe zu dem Alten hingehen. Als die Bank ankam, stieß sie der Alte zurück. Aber die Bank kam immer wieder hinter ihm her. Maitchaule befahl der Bank, immer hinter dem Alten herzulaufen. Er sagte zu ihr: »Wenn der Alte nach seinem Haus geht, kommst du hinter ihm her und bleibst am Eingang stehen!« Der Alte lief wie verrückt nach seinem Haus; die Bank immer hinter ihm her. Der Alte lief in sein Haus und verschloß die Tür hinter sich. Die Bank blieb am Eingang stehen.

Dann dachte Maitchaule nach, wie er wieder auf die Erde hinunterkommen könnte. Da begegnete ihm der Vogel Murumuruta, die Nachtigall. Sie fragte ihn: »Was machst du da, Schwager?« Maitchaule antwortete: »Ich denke nach, wie ich nach unten zurückkehren kann.« Da sagte Murumuruta: »Warte, ich hole Kumi!« Sie ging weg, um Kumi zu holen. Maitchaule blieb zurück. In kurzem kam Murumuruta wieder mit Kumi. Sie sagte zu Maitchaule: »Bücke dich! Ich will dich mit Kumi anblasen!« Sie kaute Kumi und blies ihn damit an. Maitchaule wurde sehr leicht. Dann befahl ihm Murumuruta, ihr Kleid anzuziehen. Maitchaule zog das Kleid an. Dann sagte der Vogel: »Jetzt schlage mit den Flügeln!« Da flog Maitchaule. Sie flogen weg. Sie kamen zum Eingang des Himmels. Da sagte der Vogel: »Jetzt bücke dich!« Maitchaule bückte sich und flog durch den Eingang des Himmels. Sie flogen weg, abwärts. Murumuruta wußte, wo Maitchaules Verwandte waren. Sie führte Maitchaule zum Hause seiner Verwandten. Nahe dem Haus war ein Bach, wo der Hafen war. Der Vogel ließ ihn am Hafen und sagte zu ihm: »Jetzt gehe hin nach dem Hause deiner Verwandten! Ich gehe weg!« Murumuruta ging weg.

Maitchaule kam in das Haus seiner Verwandten. Sie erkannten ihn und fragten ihn: »Wo kommst du her? Wo bist du gewesen?« Er antwortete: »Ich war im Himmel im Hause des Königsgeiers.« Er erzählte, er habe eine Tochter des Königsgeiers gefangen und sei von ihr zum Himmel getragen worden. Kasanapodole habe ihn fressen wollen. Deshalb sei er weggegangen. Mururumuta habe ihn hergebracht.

Er blieb hier bei seinen Verwandten. Sie hatten eine neue Pflanzung. Da pflanzte er das Maiskorn an, das er· mitgebracht hatte. Daraus entstand Mais mit zwei Kolben. Da wollten die Verwandten den Mais essen. Er aber sagte: »Nein! Laßt ihn als Samen, um viel zu pflanzen!« Der Mais wurde trocken. Dann schlugen sie eine andere Rodung und brannten sie. Dort pflanzten sie Mais. Die anderen Verwandten erfuhren es, daß er Mais hatte. Sie kamen und erbaten von ihm Mais. Er gab ihnen aber nicht gleich einen Kolben, sondern nur ein Korn. Er verkaufte es ihnen für eine Hängematte. Er sagte zu ihnen: »Ich habe nur ein Korn vom Himmel gebracht und es dort bezahlt. Hier unten hättet ihr niemals Mais gefunden. Ich habe ihn vom Himmel holen müssen.« Dann verbreitete sich der Mais. Die Leute pflanzten viel Mais, und alles blieb uns. Es ist der Mais, den wir heute haben.

Maitchaule setzte auch die Wespen neben die Webervögel. Seit dieser Zeit sind die Webervögel immer vereinigt mit den Wespen. Die Webervögel machen Nester bei dem Haus der Wespen. Sie sind Freunde bis auf den heutigen Tag. – Das ist das Ende der Geschichte.

31. Das Mädchen im Mond

Erstes Märchen

Es war einmal ein Mädchen, dessen Mutter hieß Egigu, und der Vater hieß Gadia. Es hatte noch zwei Schwestern, die wurden wie sie selber nach der Mutter Egigu genannt.

Eines Tages spielten alle drei um einen großen hohen Baum, als die Älteste zum ersten Male unwohl wurde. Sie stieg auf den Baum hinauf und sang: »Egigu! Egigu, oho!

O nein, ich bin unwohl!

Geht zum Vater Gadia,

Schmuck soll er euch geben, oho!

Und Muschelketten und den Gürtel, oho!«

Als der Vater die Kunde erfuhr, ließ er ihr sagen, sie solle ins Frauenhaus gehen; er wolle ihr dann schönes Essen und herrlichen Zierat senden. Und die Älteste tat, was der Vater befohlen hatte.

Am andern Tag geschah dasselbe mit der zweiten Tochter; auch sie stieg auf den Baum und sang das gleiche Lied, das die ältere Schwester gesungen hatte. Sie erhielt ebenfalls ein schönes Haus und viele Geschenke.

Am dritten Tag wurde die Jüngste unwohl. Sie stieg auf den Baum und sang das nämliche Lied. Doch da antwortete die Mutter: »Dir wird der Vater kein Haus schenken, wir mögen dich nicht leiden. Geh nur, wohin du willst, in den Busch oder an die See.« Das Mädchen ging traurig fort; es ging an den Strand und fand dort eine keimende Nuß. Sie pflanzte den Keimling tiefer in den Boden ein, begoß ihn und sprach: »Wachse, Bäumlein, wachse! Du sollst nicht im Sonnenbrand oder im Sturmwind vergehen. Wachse, wachse ein wenig!« Da wuchs der Keimling rasch zum Baum heran, und der Baum wuchs höher und höher, bis er schließlich an den Himmel stieß.

Als das Mädchen dies sah, kletterte es in den Baum hinein und stieg höher und immer höher, bis es endlich in den Himmel kam. Dort schlenderte es umher und gelangte zu einer alten Frau, welche Enibarara hieß. Die Alte war blind, sie war gerade damit beschäftigt, im Kochhaus Palmwein zu Sirup einzukochen. Egigu war sehr durstig. Sie nahm eine Schale Palmwein fort, trank sie aus und setzte sie wieder an den Platz zurück. Dreißig Schalen waren es. Zunächst merkte die alte Frau nicht, daß die Schalen fortgenommen wurden, als aber das Mädchen die letzte Schale austrinken wollte und schon zugriff, da wurde es von der Alten ertappt. Sie faßte es bei der Hand und hielt es fest.

»Oh«, rief Egigu, »laß mich in Frieden, ich will brav sein, will dir helfen und dir dienen.« Doch die Alte antwortete: »O nein, ich lasse dich nicht gehen, du hast mir meinen Wein ausgetrunken, und dafür mußt du jetzt sterben.«

»Ach nein, laß mich los, ich will dir auch deine Augen wieder gesund machen!«

»Nun, wenn du das kannst und tust, will ich zufrieden sein und dich freigeben.«

Da sprach Egigu: »Puh, puh! Deine Augen, Enibarara! Puh, puh!« Und allerlei flog aus den Augen der Alten heraus: Ameisen, Fliegen, Würmer und alles mögliche Getier. Die Augen wurden klar, und die alte Frau konnte wieder sehen. Sie freute sich und wartete nun auf die Rückkehr ihrer drei Söhne. Und weil sie fürchtete, daß sie dem Mädchen ein Leid antun würden, denn sie waren Menschenfresser, versteckte sie Egigu unter einer großen Muschelschale.

Bald danach kamen die Söhne nach Haus. Zuerst erschien Ekuan, die Sonne. Er schnupperte umher und sagte: »Mutter, es riecht so, als ob hier noch jemand ist.« Die Alte antwortete nicht, sie öffnete auch nicht die Augen, denn ihr Sohn sollte nicht merken, daß sie wieder sehen konnte. Ekuan ging fort, und es erschien der zweite Sohn, Tebau, der Donner. Er schnupperte wie sein Bruder umher und sagte: »Mutter, es riecht hier nach Menschen.« Enibarara antwortete wieder nicht, sie öffnete auch die Augen nicht, sie wollte nicht hören. Tebau ging weiter, und nun kam der dritte Sohn, der milde, freundliche Maramen, der Mond. »Oh, Mutter«, rief er, »es riecht so, als ob hier noch jemand ist.« Da öffnete die Alte die Augen und sagte: »Komm, schau her, sieh mir in die Augen.« Maramen ging zur Mutter, blickte ihr in die Augen, wunderte sich und sprach: »Oh, wer hat das gemacht? Seit wann kannst du wieder sehen?«

Da erzählte Enibarara ihrem Sohn die Geschichte. Maramen freute sich sehr und fragte, wo das Mädchen sei. Die Alte antwortete: »Dort unter der Tridacna-Schale sitzt das Mädchen Egigu; die tat es, und nun sollst du sie zur Frau haben!« Jetzt war Maramens Freude noch größer. Er machte Egigu zu seiner Frau. Und heute noch kann jeder das Mädchen im Mond sehen.

ZWEITES MÄRCHEN

Vor langen Zeiten, als die Welt anders war, als sie jetzt ist, und die Geister noch in Verkehr mit Menschen traten, da war auf der lieblichen Insel Nauru ein junges Mädchen namens Ejiawanoko, die mit ihrer Großmutter unter einem sehr hohen Baum lebte. Dieser Baum hieß Inkumateri, und seine höchsten Zweige berührten den Himmel. Seine Zweige waren herrlich grün und so dicht, daß die Sonnenstrahlen sie niemals durchdringen konnten und sie auch gegen den Regen ein gutes Dach bildeten.

Als die Großmutter ihre Enkelin heranwachsen sah, dachte sie daran, daß es Zeit sei, einen Mann für sie zu suchen, aber sie wußte nicht recht, wie sie es machen sollte.

Sie sagte sich, daß die Schönheit ihrer Enkelin sie berechtigte, einen Gott zu ehelichen. Da sie es nicht mehr hinausschieben wollte, nach einem Mann Umschau zu halten, rief sie die Enkelin herbei und sprach zu ihr: »Ejiawanoko, du mußt nun daran denken, dich zu verheiraten, und da sind viele Männer, die um deinetwillen durch Feuer und Wasser gehen würden, aber ich habe schon für dich gewählt und will dir jetzt meine Anweisungen geben. Morgen früh, bevor die Sonne aufgeht, mußt du dich vom Lager erheben und dich für deine Reise vorbereiten. Salbe deinen Körper mit wohlriechendem Öl und bekränze deinen Kopf und Oberkörper mit schönen Blumen. Darauf ersteige den Baum, unter welchem wir unser Heim haben. Du weißt, daß Stufen am Stamm bis zur Höhe reichen, obwohl noch niemand gewagt hat, ihn zu ersteigen, denn es würde sicheren Tod dem bringen, der dies unternehmen würde. Du aber kannst ohne Furcht gehen, denn die Zauberformel, welche ich über dich sprechen werde, wird dich vor Unheil bewahren, und alles wird gutgehen.«

Da antwortete Ejiawanoko: »Ich will hingehen, wohin du es wünschst, denn ich weiß, daß alles, was du für mich tust, zu meinem Besten ist.«

Nachdem die Großmutter ihre Zauberformel über sie gesprochen hatte, legten sich beide auf ihren Matten zur Ruhe. Zur bestimmten Zeit fand sich Ejiawanoko am Fuße des großen Baumes ein, mit schönen Blumen geschmückt und mit wohlriechendem Öl eingerieben. Dann rief sie ihre Großmutter, die sie umarmte und sagte: »Mein Liebling, kommst du zurück, so ist es mir lieb, wenn nicht, so weiß ich, daß du dich in guter Hut befindest.«

Nun erstieg das Mädchen den Baum, und getragen von der Zauberformel legte sie den Weg über die Zweige schnell und gefahrlos zurück. Als sie am Gipfel angekommen war, sah sie ein kleines Haus vor sich, neben dem ein altes, blindes Mütterlein saß, das Palmwein zu Sirup einkochte auf heißen Steinen in Kokosschalen. Es rührte eifrig, damit der Sirup nicht anbrenne. Das Mütterlein sang bei der Arbeit und zählte ihre Schälchen. Jedesmal, wenn sie mit Zählen fertig war, nahm Ejiawanoko, die sich leise genähert hatte, eine Schale fort. Als es immer weniger Schalen wurden, rief die Alte: »Was ist das, es werden immer weniger Schalen!« Schließlich dachte das Mütterlein, die Schalen können nicht fortlaufen, jemand muß sie genommen haben, und bei der nächsten Gelegenheit griff es zu und erfaßte auch wirklich den Arm von Ejiawanoko, welche gerade im Begriff war, eine neue Schale fortzunehmen.

Die Alte rief: »Endlich habe ich dich, wer bist du, die du einer armen, blinden Frau den Sirup stiehlst? Aber du wirst teuer dafür bezahlen, denn meine beiden Söhne Iguan (Sonne) und Merrimen (Mond) werden dich töten, wenn sie hören, daß du ihre Mutter mißhandelt hast!«

»Oh, hab Erbarmen, ich tat es nur aus Scherz«, sagte das geängstigte Mädchen, »bitte, vergib mir, ich will niemals wieder etwas Derartiges tun, bitte, laß meinen Arm los.«

Doch das Mütterlein hielt noch immer den Arm des Mädchens umklammert. »Mein Name ist Eniburara, ich bin die Mutter von Iguan und Merrimen und koche Sirup für sie, wie ich es jeden Morgen tue, aber die Götter helfen dir, nun habe ich nichts für sie«, sagte das Mütterchen, »denn du hast die Schalen gestohlen!«

»O liebe gute Eniburara, laß mich diesmal los, ich will alles für dich tun, ich will deine Dienerin sein und dir stets gehorchen.«

Die Alte antwortete: »Ich brauche keine Diener, das Wenige, was ich tue, tue ich aus Liebe zu meinen Kindern, ich selbst brauche weder Nahrung, Getränke noch Schlaf.«

»Oh, laß mich gehen, vergib mir, liebe Eniburara, und dann sage ich dir ein Geheimnis, das meine Großmutter mir mitgeteilt hat!«

»Gut, törichtes Kind, sage, was es ist.«

»Ich kann deine Blindheit heilen!«

»Nein, nein! Das kannst du nicht, jeder hat es versucht, und niemandem ist es gelungen.«

Da ließ Eniburara den Arm des Mädchens los, worauf Ejiawanoko das Gesicht der Alten in ihre beiden Hände nahm und, nachdem sie einige Worte gemurmelt hatte, in ihre Augen spuckte. Da krochen Eidechsen und Käfer aus den Augen der Alten, und nach wenigen Augenblicken konnte sie sehen.

Vor Freude klatschte sie in die Hände und rief: »Welch schöne Welt! Ich dachte stets, sie sei dunkel und häßlich, aber nun werde ich die Gesichter meiner lieben Söhne sehen können. Aber ich muß jetzt an dich denken, denn wenn ich dich nicht verberge, so werden Iguan und Merrimen dich sicherlich töten, denn sie töten jeden, den sie treffen.« Darauf steckte sie Ejiawanoko unter einen großen leeren Öltrog und sagte ihr, sie solle ganz still sein, denn Sonne und Mond würden gleich kommen. Kurz darauf erschien Iguan in seinem Glanz und blendete seiner Mutter Augen so sehr, daß sie genötigt war, ihr Angesicht zu wenden. Als Iguan dies sah, fragte er die Mutter: »Warum drehst du dein Gesicht? Du tatest dies nie zuvor!«

»Weil ich dich jetzt sehen kann, mein lieber Sohn, was ich früher nie konnte.«

»Wieso, Mutter, wer vollbrachte dies Wunder?«

Als er dies fragte, kam sein Bruder Merrimen, und seine Mutter dachte, als sie ihn erblickte, wie sanft und milde er ausschaute im Vergleich mit Iguan, dem niemand ins Angesicht sehen konnte.

Merrimen ging auf seine Mutter zu und sagte: »Wie kommt es, daß du uns anblickst, als ob du uns sehen könntest?«

»Ja, mein Sohn, ich kann sehen und dich anschauen, aber Iguan mit seinem Glanz tut meinen Augen weh.«

»Aber, Mutter, was ist das für ein Duft? Es riecht nach menschlichen Wesen!«

»Es ist so, meine Kinder, ein Menschenkind, ein junges, liebliches Mädchen ist in der Nähe, und sie ist es, die mich von meiner Blindheit geheilt hat. Das Mädchen ist so hold und schön, und ich denke, einer von euch soll es heiraten.«

»Ja, Mutter«, antworteten beide, »laß das Mädchen kommen und wählen zwischen uns; wir wollen nicht eifersüchtig aufeinander sein.«

Darauf ging Eniburara zum Öltrog, und als sie ihn hob, kam Ejiawanoko hervor. Eniburara nahm das Mädchen an der Hand und führte es zu ihren Söhnen und sagte: »Nun, Kind, triff deine Wahl, welchen von beiden willst du zum Manne haben?«

Ejiawanoko überlegte einige Augenblicke, sah Sonne und Mond an und sagte dann: »Ich kann Iguan nicht heiraten, er ist zu heiß, und ich kann ihn nicht ansehen, aber Merrimen sieht so ruhig und gut aus, ich will mit ihm gehen.«

Als das Mädchen so gesprochen hatte, kam Merrimen auf sie zu, legte seine Arme um sie und begann mit ihr durch die Luft zu segeln, und bis auf den heutigen Tag kann man Ejiawanoko sehen, wie sie mit Merrimen durch den Himmel reist.

Dies ist die Geschichte des Gesichtes im Monde.

32. Der Jägerbursch aus dem tiefen Wald

Tief im Wald an der fernen Nordgrenze lebte ein hübscher junger Bursch, von kräftiger, gerader Gestalt, der der Jagd als Lebensunterhalt nachging. Der junge Bursch hatte eine alte verfallene Holzhütte zu eigen, und wenn man außer den paar kleinen Dingen, die er zum Zubereiten von Essen und Trinken brauchte, noch etwas anderes erwähnt, so war dies ein einziger Rock, ein Bogen und ein Köcher.

So trug er seinen einzigen Rock ständig, im Winter wie im Sommer, des Tags und des Nachts, ging mit seinem Bogen und Köcher zur Jagd und lebte zufrieden. Zur Mittagszeit an einem wolkenlosen klaren Tag sammelten sich auf dem lichtblauen Himmel schwarze Wolken. Es erhob sich ein Wind. Als dann noch der Himmel grollte und es zu regnen begann, sagte der junge Bursch, der zur Jagd gegangen war:

> »Dieser böse gesinnte Himmel
> Läßt heulenden Wind kommen,
> Läßt schwarzen Regen fallen –
> Will mich in meiner Arbeit aufhalten!«

und nachdem er das gesagt hatte, ging er in den tiefen Wald zurück.

Wie er in seine Holzhütte eintrat, war da, obwohl er sich nicht ängstigte oder scheute, etwas ganz Sonderbares. Er gewahrte in der äußersten Ecke des halbdunklen Hauses, dessen Fenster mit Läden verschlossen waren, einen Schatten gräulich schimmern. Wie er genau hinsah, um sich zu überzeugen, lag da ein Tier. Und als er noch näher heranging, war es ein zitternder Hirsch. Der Hirsch sprang hoch, als der junge Bursch seine Ärmel aufrollte und dann vortrat, um ihn zu packen.

»Schonst du mein Leben, du junger Bursch?« flehte er.

Deshalb trat dieser zunächst etwas zurück und blieb verwundert stehen. Als aber der Hirsch weiterhin nichts mehr sagte, kamen dem

jungen Burschen wieder Zweifel. »Wenn du mir nichts weiter erzählst«, sagte er, »zerschneide ich dir den roten Lebensstrom und töte dich!«

Da er so bedroht worden war, sagte der Hirsch: »Ich bin eine himmlische Fee. Am Neunten des neunten Monats bin ich vom Himmel der Halbgötter hierher herabgestiegen. Weil ich, da ich in deinem klaren und reinen Wasser den Leib gewaschen hatte, indessen ich mich nach Frieden und Freude, Ruhe und Gewalt, dem Schönen und Guten der Menschenwelt sehnte, nicht zu der Frist zurückkehren konnte, wie sie der Befehl des Göttervaters festgesetzt hatte, sagte dieser, daß ich seinen Befehl mißachtet hätte. Khormusta rief Soldaten zu den Waffen und ließ sie auf die Erde heruntersteigen, auf daß sie mich mit Gewalt zwingen und ergreifen! Als gerade der Sturm sich erhob und der Himmel grollte, war dies der Grund, mich zu verjagen und zu fangen. Während ich mich nun verstecke, verwandelte ich mich in meiner Ratlosigkeit in einen Hirsch. Ich verbarg mich in deinem Haus und ließ sie vorbeigehen. Nun bist du mein Lebensretter, denn außer dir ist hier kein anderer Mensch. Du wirst mich retten, denn du bist aus eigenem heraus erschrocken. Ich werde dir diese Hilfe vergelten, wenn ich am Leben bleibe!« So sprach sie und vergoß viele Tränen.

»Obschon du eine erhabene Fee der Halbgötter bist, hat es dir in deiner Heimat nicht gefallen. Da ist es sonderbar, daß du an meinen Lebensumständen Gefallen findest, nachdem du in meine, des Jägers Wohnung gekommen. Wenn du wirklich eine Fee bist, dann zeige dich in deiner schönen Gestalt!«

Als der Jägerbursch das gefordert hatte, sagte der Hirsch nur: »Zwar sagt man, daß das Land der Götter voller Freude sei, aber solche Freiheit wie hier gibt es nicht!«

Es verging nur ein Augenblick und sie hatte sich in ein wunderschönes Mädchen verwandelt, das ein klares, helles Gesicht, klare, helle Augen, rosarote Wangen, feine, dünne Augenbrauen, seidiges, schwarzes Haar und einen feinen, schönen Leib hatte. So zeigte sie sich in ihrer wahren Gestalt.

Der junge Bursche staunte und fürchtete sich abwechselnd. Obgleich ihn die Reden und was er gesehen Anteil nehmen ließen, so zweifelte er noch, ob die Verwandlung, die er gesehen, nicht doch nur eine Erscheinung, ein Teufel oder eine andere solche Sache sei. So biß er die Zähne aufeinander, nahm sich ein Herz und vertrieb sie aus seinem Hause. Als sie draußen war, sagte sie: »Am Ende wirst du mich sicher suchen. Obgleich ich nur kurz da war, werde ich dich nicht vergessen. Ich bin nur eine ganz kleine der Halbgötterfeen. Wenn es für dich notwendig ist, mich zu suchen, pflanze am Fuße des hohen Föhrenbaumes, der auf der Südseite deines Hauses steht, einen Kürbis. Wenn du diesen jeden Tag dreimal begießt, wird er Winter und Sommer hindurch wachsen und am Ende zum Himmel reichen. Dann sollst du diesen Kürbis besteigen und zum Himmel gehen. Wenn wir auch mit Schwierigkeiten einander begegneten, ist es doch notwendig, mit nur diesem einzigen Wunsch sich zu trennen!«

Sie zog ihren Fingerring ab und gab ihn ihm als ein Geschenk. Aus ihren Augen stürzten die Tränen, als sie sich von dem jungen Jägerburschen trennte. Nachdem die Krieger des Khormusta gekommen waren und sie ergriffen hatten, stiegen sie, auf den Wolken reitend, zur Mitte des Firmaments hinauf. In dem jungen Burschen, der dagestanden und dieses Geschehen gesehen hatte, erweckte dies viele hoffnungsvolle und sehnsüchtige Gedanken. Er winkte und rief hinter ihr her, aber da es nun einmal zu spät war, sah er sie in der Weite des Himmels verschwinden, während er ihr voller Bedauern nachstarrte.

Von da an machte der junge Bursch sich jedesmal, wenn er an die Sache dachte, Vorwürfe. Sein Herz wurde traurig. Das andere Mal wieder dachte er sich verschiedene Traumbilder aus, wie der Kürbis wachsen und in den Himmel reichen, wie er den hohen Kürbis erklettern und in den Himmel gelangen würde.

So verfiel sein Sinn in immer tiefere Traurigkeit. Schließlich wurden sein Verlangen und die Sehnsucht, mit der himmlischen Fee zusammenzutreffen, noch mächtiger, daß er einen Entschluß faßte. Er pflanzte am Fuße der hohen Föhre in der südlichen Ebene einen Kürbis, und als er diesen jeden Tag dreimal goß und pflegte, wand dieser sich um die hohe Föhre und wuchs. Und wie jener Kürbis hochsproßte, reichte er bald in den Himmel.

Da nun hing der junge Bursche Bogen und Köcher um und steckte den Fingerring an, den ihm die himmlische Fee als Schicksalszeichen geschenkt hatte. Indessen er nun die Zweige der Kürbisstaude hochkletterte, da stiegen, als er sich dem Khormusta Tngri näherte, unter ihm weiße Wolkenballen auf. Sie verhinderten, daß er die gerunzelte Erde sah. Vor sich blickte er auf eine andere Welt, die ein ganz fremdes Ansehen hatte.

Rechts und links und zweimal herum bemerkte er acht Ecken. Während er nun all das Neue wahrnahm und weiterging, traf er mit einem Male auf die bewaffneten Krieger des Khormusta Tngri. Nachdem sie scharfe Worte gewechselt hatten, ergriffen sie ihn und brachten ihn nach dem Palast der Halbgötter. Der Bursche, der den Brauch im Lande der Himmlischen nicht kannte, wußte, wenn er es so sagte, würde es schon irgendwie recht sein, und so sagte er: »Ich gehe, die himmlische Fee zu suchen!« Kaum hatte er diese Worte vernommen, wurde der Götterkönig zornig. »Du ordinärer Bursche, geboren von einer armen Familie in einem fremden Lande, bittest um meine, des Königs Tochter. Für diesen Unsinn, den du redest, werde ich dich der härtesten Prüfung unterwerfen«, sagte er und sperrte ihn in das allerschlechteste Loch.

Als es nächster Tag geworden war, öffnete sich die verschlossene Tür, und es trat, mit den Ärmeln vornehm wedelnd, eine Dienerin des Götterkönigs ein.

»In nördlicher Richtung lebt auf dem Herzfelsen der Vogelkönig Garudi. Geh und bring sein gehütetes Ei. Der Götterkönig und die Mutter der Fee, beide wollen dieses Ei als Suppe schlürfen. Ich teile dir diesen Befehl des Götterkönigs mit! Sei nicht ungehorsam!« sagte sie.

Als er so beauftragt worden war, nahm der junge Jägerbursche seine ganze Schlauheit zusammen: »Auf welche Weise bekämpft so ein wildes Vogeltier den lebenden Menschen? Den Befehl des Götterkönigs will ich ausführen, jedoch fehlen mir verschiedene notwendige Dinge. Gebt mir, so wie ich es erbitte, einen großen Sommerhut und einen alles bedeckenden Umhang. Ich brauche sie auf dem Wege!«

Wie er dies gesagt hatte, stimmte der Götterkönig dem zu: »Wenn du wirklich für mich diese Tat ausführst, will ich dir die benötigten Dinge geben!«, und er hat ihm diese daraufhin gegeben. Nachdem der Jägerbursche den Rand des Sommerhutes am Kragen des weiten Umhangs festgebunden hatte, legte er dies über seinem Kleide an, dann hängte er Bogen und Köcher um, und während er den Weg in die Ferne einschlug, sah er in nordöstlicher Richtung den Herzfelsen.

Als er, um das Ei des Vogelkönigs Garudi zu holen, auf den Gipfel des Felsen hochstieg, kam ein Vogel so riesig wie ein Adler angeflogen, schlug seine Fänge in den mit einem Hute bedeckten Umhang, und während er froh, daß er so etwas wie Fleisch eines Tieres gefunden hatte, weit davonflog, sammelte der junge Bursche in diesem Zeitabstand das Ei auf. Als er, zurückkehrte und dieses dem Götterkönig überreichte, sperrte ihn dieser jetzt in einem bösen Loch ein.

Ein Tag und eine Nacht verstrichen. Als es der nächste Morgen war, trat eine Dienerin des Götterkönigs, anmutig und mit den Ärmeln wedelnd, ein. »Geh in nordwestlicher Richtung, und sammle aus dem finsteren Walde dort trockenes Brennholz, und bring es!« sagte sie. »Der Götterkönig und die Feenmutter, beide wollen mit diesem Holz heizen! Ich teile dir diesen Befehl des Götterkönigs mit; es gibt es nicht, daß du ungehorsam bist!« Als er so beauftragt worden war, stand der junge Jägerbursche ohne Regung da und dachte: »Das ist doch ein unangenehmes Bettlervolk, daß sie mich sogar das Brennholz einsammeln lassen!«

Um das gefundene Brennholz zu bündeln, erbat der junge Bursche des Volkes Strick und erhielt ihn, dann hing er Bogen und Köcher um, fragte nach der Lage des Gebietes und machte sich auf den Weg.

Während er diesen verfolgte, kam er zu einem finsteren Wald, der sich im Nordwesten befand. Indes er nun das trockene Brennholz suchte und die kahlen Wurzeln aufsammelte, drang nahe vor ihm aus dem Inneren des Waldes ein Geräusch heraus. Als er sich, unangenehm davon berührt, umwandte und nachschaute, war da eine große Riesenschlange, das Maul schrecklich aufgerissen. Und weil sie furchtbar rasch heranglitt, warf er sein Brennholz weg und lief, so rasch er konnte. Er erreichte die Rückseite des dichten Waldes, ergriff Bogen und Köcher und spannte seinen Bogen mit aller Kraft. Als er schoß und ›krach‹ das Fell traf und die Riesenschlange dort sich wand und um sich schlug, band er die Wurzeln und Hölzer wieder auf und tötete sie mit dem Seil ganz. Dann schleppte der junge Jägerbursche die Riesenschlange hinter sich her und trug sein Brennholz auf der Schulter. Nachdem er aus dem gefährlichen Gebiet zurückgekehrt und in das Land des Götterkönigs gekommen war, zeigte er diese seine Dinge und gab sie ihm.

Er wurde gefangengenommen, und während er nur einen Augenblick im Hause saß, kam, die Ärmel elegant wedelnd, eine Dienerin des Götterkönigs herein und sagte: »Es ist notwendig, daß du diese Nacht in einem Zelt an der linken Seite der Palasthalle schläfst. Ich habe dir diesen Befehl des Götterkönigs mitgeteilt. Und nun will ich dir eine andere Sache besonders ausrichten«, so sagte sie. Und ihre Stimme senkend, sagte sie: »Herr, jenes Zelt, in dem Ihr die Nacht verbringen sollt, ist ein Ort, der von der Feuer- und Wassermühle geplagt ist. Wenn sich das Rad der Feuermühle dreht, flammt in tiefer Nachtzeit die Feuerhitze, und alles, was sich in dem Haus befindet, verbrennt bis zum Ende. Wenn sich das Rad der Wassermühle dreht, breitet sich inmitten der Nachtzeit die Kälte mit aller Gewalt aus, und alles, was sich in dem Haus befindet, findet ein Ende durch Erfrieren. Zu der Zeit, da Ihr dort eintretet, müßt Ihr deshalb, wenn das Rad der Feuermühle sich dreht, das Rad der Wassermühle zum Drehen bringen. Und es ist deshalb zum Schlafen notwendig, daß Ihr, wenn das Rad der Wassermühle sich dreht, das Rad der

Feuermühle zum Drehen bringt. Wenn Ihr sie so zum Drehen bringt, so ist für Euren erhabenen Leib keine Gefahr. Diese Nachricht der jüngstgeborenen Fee, besonders für Euch bestimmt, habe ich Euch überbracht!«, so sagte sie.

So ging er denn in Befolgung des Befehls des Götterkönigs in jenes Zelt, um dort zu übernachten. Wie er genau so, wie es die jüngstgeborene Fee aufgetragen hatte, handelte und schlief, gab es da überhaupt keine Gefahr und Bedrohung. Er verbrachte eine friedliche und ruhige Nacht.

Morgens, als die ersten Sonnenstrahlen schienen, wachte die Feenmutter aus dem Schlafe auf.

»Räumt den Leichnam dieses jungen Jägerburschen weg!« trug sie ihren Dienerinnen auf. Sie hatte kaum den Auftrag erteilt, als viele Dienerinnen auch schon eintraten und nachschauten. Da war der Jägerjunge völlig unverändert im tiefen Schlafe. Als sie zum Götterkönig und zur Feenmutter zurückkehrten und darüber berichteten, fürchteten und erschreckten sich diese sehr. Am Ende, sie hatten alle ihre Weisheit erschöpft, ließen sie den Jägerburschen zu sich rufen. Aufgefordert, mit ihnen zu sprechen, sagte er: »Eure vielen Proben habe ich bestanden! Jetzt nehme ich Eure jüngstgeborene Tochter!« Als er den beiden, dem Göttervater und der Feenmutter, eines Mannes härteste Forderung gestellt hatte, versuchten diese ihn einzuschüchtern. »Du bist aus der Menschenwelt, und weil du daher ein steinernes Herz hast«, sagten sie, »ist es notwendig, ehe wir dir unsere Tochter geben, das Herz herauszureißen, an dessen Stelle ein anderes zu setzen und Stolz und Willen zu besänftigen!«

Daraufhin sagte der junge Jägerbursche ganz ruhig und unbewegt: »Habt Ihr Gefallen an Euren Wünschen, soll das wahre Herz sanft gemacht werden!«, und er zeigte aber schon gar kein Zeichen von Furcht, als er aus der Palasthalle hinausging. Wie er nun diese seine eigene Sache der Dienerin erzählt hat, sagte diese: »Gräme dich nur ja nicht. Bleib bloß ruhig und friedlich. Umfasse deinen Brustkorb mit beiden Armen, und wenn du, nachdem du zum Götterkönig gegangen bist, sagst: ›Mein warmes Herz hat deine Dienerin mir genommen. Meine ganze Brust ist jetzt so friedlich geworden!‹, dann weiß ich für dich eine List. Ich werde dir genau aufzählen, wie du zu handeln hast!«

Weil sie ihn so unterwiesen, kehrte der junge Bursche auf die Weise, wie es die Dienerin angegeben hatte, zurück und machte dem Götterkönig diese Mitteilung.

Zur gleichen Zeit nahm die Dienerin einen eingewickelten Gegenstand und trat über die Türschwelle. Wie nun der Götterkönig »Hast du das Herz des Jägers genommen?« fragte und sie anfuhr: »Wenn du es genommen hast, gib es her!«, zeigte sie ihm den eingewickelten Klumpen. Und auf eine die Gedanken beeinflussende Weise sagte sie: »Ist das nicht ein großer Stein? Soll ich ihn für Euch, Herr, nicht auswickeln? Zur Zeit, da ich ihn herausnahm, konnte ich ihn gar nicht anschauen. Aber für Euch Furchtlosen tu ich es gerne!«, so sagte sie.

Und wie sie sich so aufführte, sagte sie: »Ich habe gesagt, daß ich das fürchterliche Steinherz genommen. Aber es ist ein furchtbares, grausiges Ding, nicht anzuschauen. Ich ging vorsichtig und aus Angst vor Euch, Herr, damit nach einem abgelegenen Platz. Kann man gegen Khormusta Täuschung im Schilde führen? Es ist verboten, dem Götterkönig auch nur zu mißtrauen!«

Nachdem ihn die Magd so überzeugt hatte, wußte der Götterkönig keinen Ausweg, und er setzte fest, daß er die erhabene Fee hergeben werde.

»Wenn du die jüngstgeborene Fee aus der Mitte all ihrer älteren Schwestern selbst herausfindest, werde ich sie dir geben. Wenn du es aber nicht kannst, ist dein Werk nicht zu bewältigen!« sagte er.

Während der Jägerbursche überlegte: »Sie hat mir ihren Ring gegeben, damit er ein Schicksals- und Verlöbniszeichen sei. Der Fingerring sollte, im Gegensatz zu den anderen Feen, passend sein, das ist dann die Richtige. Mit diesem Beweis will ich sie suchen und aus der Mitte der älteren Schwestern finden!« und anderes bedachte, ging die Nacht ganz rasch vorüber. Als es anderntags Morgen wurde, versammelten sich im Palast des Götterkönigs die erhabenen Feen. Als dann die Zeit gekommen war, den Jägerburschen zu rufen und mit ihm zusammenzutreffen, saßen die älteren und jüngeren Schwestern zu zehnt in einer Reihe nebeneinander, und an Schönheit und Gesicht bis zu Wort und Sprache gab es da keine Möglichkeit, sie zu unterscheiden und sie zu erkennen. Auch er war irregeführt, wie er aber den Fingerring aufs beste messend prüfte, paßte der Ring nur einer einzigen Fee. »Diese Fee ist meine Gefährtin. Verehrte, laß uns zu mir nach Hause zurückkehren!« Es war die jüngstgeborene Fee. Nun herrschte eitel Freude. Der junge Jägerbursch ließ seine Fee ihm folgen. Sie stiegen aus dem Land der Halbgötter herunter, und nachdem sie in seine Heimat gekommen waren, lebten sie in Freiheit. Sie wohnten dafür lange Zeit glücklich, erfreuten sich unvergleichbaren, verschiedenen Besitzes und blieben ewiglich fünfundzwanzig Jahre alt.

33. Sankt Petrus und seine Schwestern

St. Petrus hatte zwei Schwestern, davon war die eine groß, die andere klein. Die Kleine ging ins Kloster und wurde eine Nonne; darüber freute sich Petrus und wollte die große Schwester auch dazu überreden, daß sie Klosterfrau werde. Aber diese wollte davon nichts hören und sagte: »Ich will lieber heiraten!«

St. Petrus ging nun in die Welt, folgte unserem Herrn und erlitt zuletzt den heiligen Märtyrertod. Darauf wurde er, wie allbekannt, von unserem Herrgott als Pförtner am Himmelstor bestellt.

Eines Tages sprach unser Herrgott zu ihm: »Petrus, mache heute das Himmelstor so weit auf, wie du kannst, und stell auch alle Paramente und alle himmlischen Zierrate hinaus; denn heute wird eine gar verdienstliche Seele ankommen.«

St. Petrus tat es voll Freude und dachte sich: »Gewiß ist meine kleine Schwester gestorben und zieht heute in den Himmel ein.« Als nun das Tor weit offen war und aller himmlischer Zierrat davorhing, kam die Seele seiner – großen Schwester, die war auf Erden gestorben und hatte gar viele Kinder hinterlassen, welche ihr alle heiße Tränen der Liebe und des Schmerzes nachweinten. Sie zog in den Himmel ein und erhielt von unserm Herrgott einen gar hohen und vornehmen Platz, damit sie dort ewiglich die himmlischen Freuden genieße. St. Petrus sah es staunend und dachte sich: »Das hätt' ich nicht gemeint. Was werd' ich wohl etwa erst dann tun müssen, wenn einmal die Seele meiner kleinen Schwester kommt?«

Es dauerte gar keine lange Zeit, da sagte unser Herrgott wieder zu ihm: »Petrus, mache heute das Himmelstor nur ein wenig auf – aber nur ein klein wenig, hörst du?«

St. Petrus tat so und dachte sich: »Ei, wer mag nur heute kommen?« Es kam aber die Seele seiner kleinen Schwester, und sie mußte sich so mühsam durch das Himmelstor hindurchzwängen und hineindrängen, daß sie sich recht weh dabei tat. Auch erhielt sie einen viel niedrigeren Platz im Himmel zugewiesen als die große Schwester.

Da staunte St. Petrus anfangs sehr, dann aber sagte er: »Es ist anders gekommen, als ich es mir gedacht hatte. Aber nun sehe ich wohl, es hat ein jeder Stand seine Verdienste, und jeder Mensch kann, wenn er nur recht will, in den Himmel kommen.«

34. Der Mönch und das Vöglein

Es war in einem Kloster ein junger Mönch, des Namens Urbanus, gar fromm und fleißig, dem war der Schlüssel zur Bücherei des Klosters anvertraut, und er hütete sorglich diesen Schatz, schrieb selbst manches schöne Buch und studierte viel in den andern Büchern und in der Heiligen Schrift. Da fand er auch einen Spruch des Apostels Petrus, der lautet: »Vor Gott sind tausend Jahre wie ein Tag und wie eine Nachtwache.« Das dünkte dem jungen Mönch schier unmöglich, mocht und konnte es nicht glauben und quälte sich darob mit schweren Zweifeln.

Da geschah es eines Morgens, daß der Mönch herunterging aus dem dumpfen Bücherzimmer in den hellen schönen Klostergarten, da saß ein kleines buntes Waldvöglein im Garten, das suchte Körnlein, flog auf einen Ast und sang schön wie eine Nachtigall. Es war auch dieses Vöglein gar nicht scheu, sondern ließ den Mönch nahe an sich herankommen, und er hätte es gern gehascht, doch entfloh es, von einem Ast zum andern, und der Mönch folgte ihm eine gute Weile nach, dann sang es wieder mit lauter und heller Stimme, aber es ließ sich nicht fangen, obschon der junge Mönch das Vöglein aus dem Klostergarten heraus in den Wald noch eine gute Weile verfolgte. Endlich ließ er ab und

kehrte zurück nach dem Kloster, aber ein anderes dünkte ihm alles, was
er sah. Alles war weiter, größer und schöner geworden, die Gebäude,
der Garten, und statt des niedern alten Klosterkirchleins stand jetzt ein
stolzes Münster da, mit drei Türmen. Das dünkte dem Mönch sehr seltsam, ja zauberhaft. Und als er an das Klostertor kam und mit Zagen die

Schelle zog, da trat ihm ein gänzlich unbekannter Pförtner entgegen, der wich bestürzt zurück vor ihm. Nun wandelte der Mönch über den Klosterkirchhof, auf dem waren so viele, viele Denksteine, die er gesehen zu haben sich nicht erinnern konnte. Und als er nun zu den Brüdern trat, wichen sie alle vor ihm aus, ganz entsetzt. Nur der Abt, aber nicht sein Abt, sondern ein andrer, junger, hielt ihm stand, streckte ihm aber auch gleich ein Kruzifix entgegen und rief: »Im Namen des Gekreuzigten, Gespenst, wer bist du? Und was suchst du, der den Höhlen der Toten entflohen, bei uns, den Lebenden?«

Da schauerte der Mönch zusammen und wankte, wie ein Greis wankt, und senkte den Blick zur Erden. Siehe, da hatte er einen langen silberweißen Bart bis über den Gürtel hinab, an dem noch der Schlüsselbund hing zu den vergitterten Bücherschreinen. Den Mönchen dünkte der Mann ein wunderbarer Fremdling, und sie leiteten ihn mit scheuer Ehrfurcht zum Sessel des Abtes. Dort gab er einem jungen Mönch die Schlüssel zu dem Büchersaal, der schloß auf und brachte ein Chronikbuch getragen, darin stand zu lesen, daß vor dreihundert Jahren der Mönch Urban spurlos verschwunden, niemand wisse, ob entflohen oder verunglückt. »O Waldvögelein, war das dein Lied?« fragte der Fremdling mit einem Seufzer. »Kaum drei Minuten lang folgte ich dir und horchte deinem Gesang, und drei Jahrhunderte vergingen seitdem! Du hast mir das Lied von der Ewigkeit gesungen, die ich nicht fassen konnte! Nun fasse ich sie und bete Gott an im Staube, selbst ein Staub!« Sprach's und neigte sein Haupt, und sein Leib zerfiel in ein Häuflein Asche.

35. Der Bettler und das Paradies

Ich will euch eine Geschichte erzählen. Als noch unser Herrgott, Preis sei ihm, auf Erden wandelte, kam er einmal als Bettler in ein Dorf auf einem zweirädrigen Karren mit einem elenden Gaul und ging bettelnd von Schwelle zu Schwelle, von Haus zu Haus. Als er so das ganze Dorf abgemacht hatte, bat er bei einem reichen Mann um Nachtlager. Aber da war kein Platz für sein Pferd, die Ställe des reichen Mannes waren übervoll von Vieh. Der Bettler geht zu einem andern; ebenso. Schon wird es ganz finster, und der Bettler hat noch keine Unterkunft für sich, seinen Gaul und seinen Karren gefunden, steht auf der Straße und sieht sich um; dabei weht ein kalter Wind, die Luft sieht nach Schnee aus, und schon geht das Schneegestöber los. Da kommt ein armer Mann vom Felde nach Hause, sieht den Bettler auf der Straße stehen und fragt ihn: »Freundchen, was stehst du in dem schlechten Wetter so spät draußen, und gehst nicht ein Unterkommen suchen?«

»Ich habe danach gesucht«, antwortete der Bettler, »kann aber keins finden, wo ich mein Pferd unterbringen könnte; alle Ställe im Dorfe sind voll Vieh.« Darauf sagte der Mann: »Komm nur mit mir in mein Haus, Freund. Ich habe nicht viel Vieh, habe zwar auch keinen großen Stall, aber wir werden uns behelfen, wie es Gott gegeben hat.«

Darauf nahm der arme Mann den Bettler mit in sein Haus, zog seinen eigenen Wagen halb aus dem Wagenschuppen ins Freie, um den Karren des Bettlers unterzubringen, stellte dessen Pferd zu seinem Esel in den Stall und stopfte die Krippen voll Grummet, damit Pferd und Esel zusammen schmausen könnten. Den Bettler nahm er zu sich in die warme Stube und bewirtete ihn mit allem, was er hatte, so gut er konnte. Dazu breitete er ihm eine Strohschütte am Ofen aus und verschaffte ihm so ein weiches Lager. Vor der Mahlzeit und nachher und vor dem Schlafengehen betete der Arme mit Frau und Kindern mit lauter Stimme zu Gott, und der Bettler stimmte mit ein. So beherbergte und bewirtete der Arme den Bettler freundschaftlich.

Am andern Morgen sagte der Bettler zu dem Armen: »Höre, Bruder, komm auch einmal zu mir in mein Haus, daß ich dir die Liebe vergelten und dich bewirten kann, wie du mich freundschaftlich bewirtet und beherbergt hast.«

»Wie soll ich dein Haus finden«, fragte der arme Mann den Bettler.

»Das wirst du leicht finden, geh nur den Fahrweg, wo mein Karren gegangen ist, das Geleise ist daran zu erkennen, daß es breiter ist als jede andre Wagenspur und niemals zuwächst.«

»Schön, Bruder, ich danke dir, ich komme, wenn ich Zeit habe, ich oder eins von den Meinigen. Ich habe noch zwei Stiefbrüder von Mutterseite im Dorfe, die sind reicher als ich.«

»Komme, wer da will, es soll mir lieb sein«, sagte der Bettler und ging fort.

Als er fort war, ging der arme Mann in den Stall, um ihn zu kehren. Drinnen sieht er etwas in der Streu glänzen, bückt sich danach und hebt vier goldne Hufeisen auf. Die müssen von dem Pferde des Bettlers sein. Er versinkt in Gedanken: »Lieber Gott, was ist das für ein Bettler, beschlägt sein Pferd mit Gold! Das ist eine Versuchung. Ich will die Hufeisen verwahren, daß ich sie dem Bettler zurückgeben kann, wenn er wieder hierherkommt oder ich zu ihm gehe.« Darauf geht er unter den Wagenschuppen, da liegen auf der Erde zwei silberne Schrauben. »Sieh da«, denkt er, »die müssen von des Bettlers Karren sein. Wie konnten ihm die nur herausfallen; da kann ihm unterwegs ein Unfall passieren, ein Rad kann ihm ablaufen, und die Achse kann brechen.« Und wieder versank er in Gedanken: »Mein Gott, ein sonderbarer Bettler, der an seinem Karren silberne Schrauben hat. Es ist vielleicht ein verkleideter großer Herr, vielleicht ein Prinz oder gar ein König.« Auch die Schrauben legte der arme Mann zu den Hufeisen. Als er nun unter dem Schuppen näher nachsieht, wo die Räder des Karrens eingeschnitten haben, da glänzt die Wagenspur wie versilbert, und so erscheint sie auch weiter durch den Hof und im Felde. »Mein Gott, ein sonderbarer Bettler«, muß er wieder bei sich denken.

Als er dann mit seinen Stiefbrüdern zusammenkam, erzählte er ihnen von dem Bettler, seinem Pferde, seinem Karren, von den goldnen Hufeisen und von den silbernen Schrauben. Die Brüder gingen auch hin und besahen die Wagenspur, die von dem Karren des Bettlers geblieben war. Nach einiger Zeit machte sich der ältere Bruder auf den Weg, spannte zwei prächtige Pferde vor, sagte aber keinem, wohin er reist, nur seinem armen Stiefbruder sagte er, er wolle der silbernen Wagenspur nachfahren, »ich gehe, wohin mich die Spur leitet.« Der Arme antwortete: »Glück auf, Bruder, ich möchte auch gehen, aber ich kann das Haus nicht verlassen, ich habe kleine Kinder, für die muß ich Brot schaffen.«

Der Stiefbruder fuhr nun im Geleise des Bettlers einige Tage durch Wald und Feld, über Berg und Tal, immer auf dem silbernen Geleise. Er war gerade aus einem Walde auf ein weites ebenes Gefilde gekommen, da sieht er von ferne einen Flußlauf sich durch die Ebene schlängeln, darüber eine Brücke, er darauf zu, und da sieht er, über den Fluß ist eine Brücke aus Holz gebaut, künstlich und schön, wie man sie nur träumen mag. Der Reisende bleibt stehen und betrachtet die Brücke, eine solche hat er noch nie gesehen. Dann geht er hinüber und kommt auf ein freies Feld, umgeben von Wald. Dort, nahe an der Straße mit dem versilberten Geleise, befindet sich ein Schweinekoben, an einer Seite mit einem Maistrog, an der andern mit einem Wassertrog. Bei dem Koben sind zwei häßliche Säue. Die haben sich über das Futter entzweit und hauen aufeinander ein; eine rupft die andre mit den Zähnen an den Borsten, sie reißen sich das Fleisch vom Leibe, daß das Blut davon fließt. Der Reisende bleibt ein wenig stehen und betrachtet die Säue; Schrecken faßt ihn, während er dem Greuel zusieht; er gibt seinem Pferde einen Peitschenhieb und fährt weiter. So war er eine kurze Strecke gefahren, da kommt er wieder an eine Brücke über einen Bach. Die ist ganz von Stein, schön wie im Traum geschaut, als wäre sie nicht zusammengebaut, sondern aus einem einzigen Stein gehauen. Der Reisende fährt hinüber und kommt auf eine Wiese; nahe an seiner Straße liegt ein kleiner Heuschober; um den herum laufen zwei Ochsen und stoßen sich mit ihren starken Hörnern; sie haben sich schon ganz blutig gestoßen und fahren noch immer aufeinander los; es ist schrecklich zu sehen, wie sie sich stechen und stoßen, und schrecklich zu hören, wie sie brüllen und brummen; das Blut rinnt auf allen Seiten vom einen wie vom andern. Der Reisende sieht lange zu und wundert sich, daß niemand da ist, der die Säue und die Ochsen auseinanderbringen könnte. Sie werden tot hinfallen, so wütend, wie sie aufeinander losgehen. Darauf fährt er eine Zeitlang weiter, und wieder kommt eine Brücke über einen Bach, ein wenig größer als der vorige. Die Brücke ist von Eisen, wunderbar wie geträumt. Auch die Brückenbohlen sind eisern, dick, breit und lang. Der Reisende wundert sich über die Brücke, so eine hat er noch nie gesehen. Sie donnert unter seinem Wagen, als er hinüberfährt.

Auf dem Felde drüben nahe an seiner Straße liegt ein grünes Gebüsch auf einem Hügel. Um das herum jagen sich zwei Böcke und stoßen sich mit den Köpfen, daß die Hörner krachen, man möchte glauben, sie müßten abfallen. Sie sind schon beide mit Blut übergossen, und es ist schrecklich zu sehen, wie sie sich stoßen. Der Reisende blieb einige Zeit dabei stehen, ging dann weiter und fuhr eine Zeitlang vorwärts. Da kommt wieder ein Bach, darüber eine Brücke, die leuchtet und flimmert schon von ferne. Als er dahin kommt, muß er vor Verwunderung die Augen aufreißen, die Brücke ist von Kupfer, auch die Brückenbohlen sind kupfern; ein Werk, wie im Traum geschaut. Über die Brücke kommt der Reisende in ein breites und langes Tal, von Hügeln umgeben. Neben seiner Straße ist ein Gabelholz in die Erde getrieben, darin sind Nägel eingeschlagen; an einem hängt ein Kalbsviertel, an dem zweiten ein Lammviertel, am dritten ein Schweineviertel. Bei dem Gabelholz sind zwei große Hündinnen, eine schwarz, die andre gefleckt, wie zwei große Windhunde anzusehen. Die kämpfen um das Fleisch, reißen einander das Fleisch vom Leibe und beißen sich fürchterlich; das Blut rinnt ihnen aus dem Gebiß, schrecklich anzusehen.

Der Reisende sah etwas zu und zog dann weiter. So fährt und fährt er, immer im Trabe, dahin; da kommt er wieder an einen Bach; von weitem bemerkt er die Brücke; sie glänzt, man kann nicht darauf hinsehen. Als er herankommt, sieht er, die Brücke ist von Silber, schön wie im Traum gesehen. Da hält er seine Pferde an und steigt ab, um die silberne Brücke zu betrachten: alles ist von Silber, wie gegossen, die Brückenbohlen, die Pfeiler und das Geländer. Er betrachtet alles, faßt es an, streicht mit der Hand über Geländer und Bohlen, wackelt und zieht daran. Die Bohlen sind lang, breit und dick. Er zieht hierhin und dahin und zieht eine Bohle heraus, sie ist schwer, er kann sie kaum heben. Der Reisende überlegt hin und her und sieht sich nach allen Seiten um, sieht aber nirgends einen und denkt bei sich: »Ich will zwei drei Bohlen aus der Brücke hübsch herausziehen, sie auf den Wagen laden, mit Heu und Pferdedecken zudecken, und dann rasch zurück nach Hause. Es wird für meine Lebenszeit reichen.« Was er beschlossen hatte, führte er aus und sprengte dann nach Hause zurück. Als er so einige Tage in aller Eile gereist war, nur daß er bisweilen die Pferde fütterte, kam er an und versteckte die silbernen Brückenbohlen im Stall. Er war in der Nacht angekommen; als er am andern Morgen in den Stall ging, um nach seinen silbernen Brückenbohlen zu sehen, hatten sie sich in hölzerne verwandelt, das Holz morsch und halb verfault. Da nahm er sie und spaltete sie zu Brennholz.

Schon lange hatte auch der zweite Stiefbruder des armen Mannes den Wunsch gehabt nachzuspüren, wie weit das silberne Geleise von dem Karren des Bettlers führt. So spannte er gute Pferde an und fuhr ab. Seinem Stiefbruder, dem Armen, hatte er gesagt: »Ich gehe und will der Spur des silbernen Geleises folgen, wie weit und wohin sie führt.« Wie der erste Bruder kam er auf dem silbernen Geleise über die hölzerne Brücke, dann über die eiserne, die kupferne und die silberne. Alles sah er, was sein Bruder gesehen hatte, wie die Säue bei dem vollen Koben aufeinander hauen, wie die Ochsen sich bei dem Heuhaufen stoßen, wie die Böcke sich um das Gebüsch herum jagen und stoßen, wie die Hündinnen sich um die Fleischstücke beißen. Als er über die silberne Brücke hinüber war, befand er sich auf einer großen Ebene. Da weiß er nicht, wohin er zuerst schauen soll: an einer Stelle neben dem Wege mit dem silbernen Geleise steht ein Mensch und schlägt mit den Armen um sich; eine Schar Raben stürzt auf ihn los und will ihm die Augen auspicken; schon haben sie ihn im Gesicht verwundet und wollen ihm an die Augen; er kann sich nicht wehren. Etwas weiter sitzt auf einem Hügel ein alter Mann; Kopf und Barthaar weiß wie Schnee. An ihn drängt sich ein Joch Ochsen, die rupfen sein Haar wie Heu aus einem Schober; soviel sie abrupfen, soviel wächst gleich wieder nach. Der Mann jammert und klagt und bittet Gott um den Tod; wo ihn die Ochsen rupfen, rinnt ihm das Blut aus Kopf und Bart. Etwas weiter von da steht ein Apfelbaum voll Früchte; die Zweige biegen sich von der Last zu Boden; unter dem Baum ein Mensch, der will Äpfel pflücken; er ist hungrig und möchte essen. Sobald er nun nach einem Apfel langt und ihn pflückt, platzt ihm der Apfel in der Hand und zerstäubt wie ein Bovist. Wieder an einer andern Stelle rennt ein Mensch hinter einem Brunnen her; er möchte trinken, aber der Brunnen samt dem Eimer läuft vor ihm weg. Noch viele andre wunderbare Anstalten sah der Reisende auf diesem Felde; wer könnte erzählen, was es da alles gab.

Der Reisende fuhr nun weiter. Da sieht er plötzlich aus der Ferne etwas glänzen; alles blitzt und funkelt wie die Strahlen der Sonne. Er dahin, und was erblickt er? Eine Brücke über einen Bach, golden, aus reinem Golde, daß einem beim Hinsehen die Augen übergehen. Er hält an und steigt ab, um die goldne Brücke näher zu besehen, geht entlang, faßt Geländer und Bohlen an und zieht an den Bohlen hierhin und dahin.

Eine Bohle nach der andern wackelt er los und zieht drei, vier heraus. Sie sind schwer, er kann kaum eine bewältigen. Jetzt sieht er sich um, ob ihn einer sehen kann, und verstaut die Brückenbohlen in seinem Wagen; bei sich denkt er: »Ich wäre dumm, wenn ich noch weiterginge«, setzt sich auf den Wagen und fährt eilends zurück. Nach einigen Tagen kam er nachts zu Hause an. Die goldenen Brückenbohlen verwahrt er unter Schloß und Riegel im Stall und geht am nächsten Morgen hin, seine Augen an dem Golde zu weiden. Aber wie er dahin kommt, haben sich die goldnen Bohlen in morsche hölzerne Bretter verwandelt. Aus denen spaltete er Feuerholz und verriet keinem, wo er gewesen war und was er gesehen hatte, so schämte er sich wegen der Brückenbohlen.

Seitdem war lange Zeit vergangen. Der arme Mann, der den Bettler mit seinem Pferd und seinem Karren aufgenommen und beherbergt hatte, hatte seine Kinder großgezogen und auf eigene Füße gestellt, seine Frau war ihm gestorben; alt war er auch geworden. So sitzt er einmal da und denkt darüber nach, was er schon hinter sich hat und was er alles erlebt hat. Da fällt ihm auch der Bettler mit seinem Pferd und Karren ein; er sieht nach der silbernen Wagenspur; sie ist noch nicht verwachsen, glänzt noch wie neu, und er beschließt, dem Geleise nachzugehen und den Bettler aufzusuchen, nimmt seinen Wagen, spannt seinen Esel vor, und nun vorwärts. Die goldnen Hufeisen und die silbernen Schrauben nimmt er mit, um sie dem Bettler wiederzugeben, wenn er ihn fände.

Der arme Mann kam nun der Reihe nach über alle die Brücken und sah alles, was seine Brüder gesehen hatten; es war alles noch so wie damals. Er ist ein ehrlicher Mann; um nichts in der Welt würde er seine Hand nach fremdem Gut ausstrecken, sein Sinn steht nicht auf Diebstahl, wie der gierige Sinn seiner Brüder nach den silbernen und goldnen Brückenbohlen. Langsam zog er auf seinem Wagen weiter und kam an eine wunderbare Mauer, eine Ringmauer, die sich weithin erstreckte, so daß man mit dem Auge das Ende nicht ersehen konnte. Die Mauer ist hoch, aus kostbarem Gestein erbaut, man kann nicht darauf hinsehen, so glänzt und funkelt sie. Die Mauer hat ein großes Tor, an dem ist alles von Gold und Edelsteinen, weißen, schwarzen, gelben und grünen, und sonst von allerlei Farben, wie man es im Traum schauen mag.

Der arme Mann reißt die Augen auf, er kann sich nicht satt sehen und nicht genug wundern. Das Tor ist zu. Er steigt vom Wagen, läßt seinen Esel weiden, zieht den Wagen unter die Mauer nahe bei dem Tor und nimmt seinen Ranzen vom Wagen. Darin hat er die goldnen Hufeisen und die silbernen Schrauben. Darauf geht er zu dem Tor, zieht den Riegel, und das Tor geht auf. Da konnte einer hundert Augen haben und könnte nicht alles übersehen, was es da zu sehen gibt: ein großer Garten, man kann ihn nicht überschauen, darin Obstbäume aller Art, einige in der Blüte, andere reif, mit so schönem Obst, daß man sich nicht daran satt sehen konnte, und in zahlloser Menge, dazu lieblich duftende Blumen. Haine gibt es, Wiesen, Hügel und Quellen. Aus den Brunnen fließt das Wasser, klar wie Tränen, durch Röhren aus Edelstein. Auf den Bäumen singen prächtige Vögel, wie sie der arme Mann noch niemals gesehen hatte. Essen und Trinken konnte man beim Anhören ihres Gesanges vergessen. Der arme Mann steht da in allergrößter Verwunderung, weiß nicht, ob er träumt oder wacht, ob er tot oder lebendig ist. Er sieht sich nun nach allen Seiten um, geht langsam durch den Garten weiter und hält sich immer an dem silbernen Geleise. Lange geht er so weiter, durch Obstgärten, Blumengärten, durch Wäldchen und Haine, durch Wiesen und Pflanzungen. Er fühlt nicht Hunger noch Durst noch Müdigkeit; so erfreut ist er über all das Schöne und Liebe, Tränen vergießt er vor Freude. Bald hier, bald da bleibt er stehen, betrachtet bald dies, bald das, horcht, geht weiter – da auf einmal tritt aus den Bäumen und Büschen der Bettler vor ihn, den er einst mit Pferd und Karren bei sich aufgenommen hatte.

»Gelobt sei Jesus Christus, Freund«, rief der arme Mann dem Bettler zu. »In Ewigkeit, Amen!« antwortete der und gab ihm die Hand. »Gott sei Dank, Freund«, sagte nun der arme Mann, »daß ich dich gefunden habe, du wirst mir sagen, was das alles ist, was ich gesehen habe und jetzt hier sehe. Aber zuerst muß ich dir die Hufeisen und Schrauben abliefern, die du verloren hast, als du bei mir übernachtetest.« Damit greift er in seinen Ranzen, holt Hufeisen und Schrauben heraus und übergibt sie dem Bettler; der wirft sie ins Gras und führt den armen Mann weiter durch den Garten. Der bat ihn nun, er möge ihm sagen, was das ist, was er alles unterwegs bis hierher gesehen hatte; und der Bettler erklärte ihm auf dem Spaziergange durch den Garten alles der Reihe nach: »Als du über die hölzerne Brücke auf das offene Feld gekommen warst, sahst du einen Schweinekoben voll Mais und Wasser. Die beiden Säue, die dort aufeinander einhauen, sind zwei Schwägerinnen, die auf Erden in einem wohlversorgten Hause wohnten, aber sie haßten sich, zankten und schlugen sich immer. Als du über die steinerne Brücke gekommen warst, sahst du, wie sich um einen Heuhaufen zwei Ochsen stießen. Es sind zwei Nachbarn, die auf Erden in Streit lebten. Darum leben sie so in dieser Welt hier. Als du über die eiserne Brücke gekommen warst, sahst du, wie sich um einen Heuhaufen zwei Böcke stießen. Es sind zwei Nachbarn. Sie lebten auf Erden in Haß und trachteten einander nach dem Leben. Darum leben sie so auch in dieser Welt hier. Als du über die kupferne Brücke gekommen warst, sahst du im Tal ein Gabelholz mit Fleisch. Um das Fleisch bissen sich zwei Hündinnen; das sind zwei leibliche Schwestern, die entzweiten und stritten und schlugen sich um die Habe der Eltern; daher so auch in dieser Welt hier. Als du über die silberne Brücke gekommen warst, kamst du auf ein großes ebenes Feld und sahst, wie Raben einen Menschen anfallen, ihm ins Gesicht hacken und die Augen auspicken. Das ist ein Sohn, der Vater und Mutter schlecht behandelt hat, er schlug sie und ließ sie Hunger leiden. Da hat er nun seinen Lohn. Der Alte ferner, dem die Ochsen das Haar abrupfen, ist ein Bauer, der beim Pflügen seine Ochsen immer auf fremden Äckern und Wiesen weiden ließ. Der Mann, der durstig dem Brunnen nachläuft, war ein Säufer.

Während der Bettler dem armen Manne so alles erklärte, führte er ihn weiter durch den schönen Garten. »Was ich da alles an schönen Dingen gesehen und gehört habe«, sagte er selbst, »könnte ich nicht erzählen und wenn man mich totschlüge.« Endlich bat er den Bettler: »Ich bitte dich, Freund, ich möchte gehen, nach meinem Esel zu sehen und ihn zu tränken, daß mir mein Fahrer keinen Durst leide; satt gefressen hat er sich schon an dem schönen Gras. Dann will ich dich bitten, daß ich noch ein wenig im Garten bleiben und mich an seiner Schönheit satt sehen darf.« Der Bettler lächelte dem armen Manne freundlich zu und geleitete ihn bis ans Tor. Als er draußen war, wo er Esel und Wagen gelassen hatte, sagte er dem Bettler Lebewohl, der aber gab ihm die Hand und sagte: »Komm wieder, ich erwarte dich zum Abend.« Der Arme sieht sich nun auf dem Felde um, sein Esel ist nirgends; er geht über die Brücke und sucht, geht über die zweite und dritte, immer weiter, der Esel ist nicht da. Schon ist er über die letzte, hölzerne Brücke gekommen, findet aber nicht, was er sucht. Nun macht er sich weiter auf den Weg, immer das silberne Geleise entlang bis zu seinem Dorfe. Als er da ankommt, erkennt er weder Dorf noch irgendeinen Menschen darin, alles hat sich verändert, andre Häuser, andre Leute. Er erkundigt sich nach seinem Häuschen, seinen Kindern und seinen Stiefbrüdern. Keiner kann ihm etwas darüber sagen, alle Leute sehen ihn fremd an und wundern sich über ihn. Was will der arme Mann machen? Er kann nur auf dem silbernen Geleise zu dem Bettler wieder zurückkehren, ihn zu fragen, was das mit ihm ist. Als er wieder in den schönen Garten kam, nahm ihn der Bettler freundlich auf, und er ging niemals wieder von da weg, sondern blieb bei dem Bettler im Paradies.

36. Der heilige Josef und sein Verehrer

Es war einmal ein Mann, der verehrte den heiligen Josef sehr, aber sonst niemanden. Zum heiligen Josef richtete er alle seine Gebete, dem heiligen Josef opferte er viele Kerzen, für den heiligen Josef gab er viele Almosen, kurz und gut: Er kannte nichts anderes als den heiligen Josef. Es kam der Tag, da er sterben sollte, und er wanderte zum Tor des Paradieses und meldete sich beim heiligen Petrus. Der war sehr erstaunt, ihn vor seinem Tor zu sehen, und sagte: »Was willst du denn da? Hast du je zu unserm Herrn gebetet? Nein! Oder zur Madonna? Nein! Oder zu allen Heiligen? Keine Spur! Du hast getan, als ob es die alle nicht gäbe.«

»Ja«, sagte jener Mann, »das sehe ich ja ein. Aber wenn ich nun schon einmal hier oben bin, so laß mich doch bitte wenigstens den heiligen Josef sehen!«

Da ging der heilige Petrus und holte den heiligen Josef. Kaum hatte der den Mann gesehen, der ihn so verehrte, da sagte er: »Da bist du ja, du Braver! Komm nur gleich herein! Ich bin sehr zufrieden, daß du nun auch bei uns bist. Komm nur schnell!«

»Ich kann ja nicht, denn der da will es nicht.«

»Und warum?«

»Weil ich nur zu Euch und zu sonst niemand gebetet und nur Euret-willen gute Werke getan habe.«

»Ach, was macht das schon. Komm nur getrost herein!«

Aber der heilige Petrus wollte nicht, sondern er sagte: »Hat dir unser Herr den Schlüssel zum Himmelreich gegeben oder mir? Und muß ich ihm darüber Rechenschaft ablegen, wer hereinkommt, oder du?« Da entgegnete der heilige Josef: »Freilich kannst du hereinlassen, wen du magst, und draußen lassen, wen du nicht willst. Aber das sage ich dir: Wenn du jenen Mann nicht hereinläßt, nehme ich meine Frau und mein Kind und mache das Paradies anderswo auf!«

Da nun seine Frau die Madonna und sein Kind unser Herr war, wußte der heilige Petrus nicht, was er machen sollte. Er kratzte sich hinterm Ohr, trat von einem Fuß auf den andern und sagte schließlich: »Also gut, man muß das kleinere Übel wählen. Nimm halt deinen Verehrer mit herein.«

Und so kam der Verehrer des heiligen Josef ins Paradies.

37. Meister Pfriem

Meister Pfriem war ein kleiner, hagerer, aber lebhafter Mann, der keinen Augenblick Ruhe hatte. Sein Gesicht, aus dem nur die aufgestülpte Nase vorragte, war pockennarbig und leichenblaß, sein Haar grau und struppig, seine Augen klein, aber sie blitzten unaufhörlich rechts und links hin. Er bemerkte alles, tadelte alles, wußte alles besser und hatte in allem recht. Ging er auf der Straße, so ruderte er heftig mit beiden Armen, und einmal schlug er einem Mädchen, das Wasser trug, den Eimer so hoch in die Luft, daß er selbst davon begossen ward. »Schafskopf«, rief er ihr zu, indem er sich schüttelte, »konntest du nicht sehen, daß ich hinter dir herkam?«

Seines Handwerks war er ein Schuster, und wenn er arbeitete, so fuhr er mit dem Draht so gewaltig aus, daß er jedem, der sich nicht weit genug in der Ferne hielt, die Faust in den Leib stieß. Kein Geselle blieb länger als einen Monat bei ihm, denn er hatte an der besten Arbeit immer etwas auszusetzen. Bald waren die Stiche nicht gleich, bald war ein Schuh länger, bald ein Absatz höher als der andere, bald war das Leder nicht hinlänglich geschlagen. »Warte«, sagte er zu dem Lehrjungen, »ich will dir schon zeigen, wie man die Haut weich schlägt«, holte den Riemen und gab ihm ein paar Hiebe über den Rücken. Faulenzer nannte er sie alle. Er selber brachte aber doch nicht viel vor sich, weil er keine Viertelstunde ruhig sitzen blieb. War seine Frau frühmorgens aufgestanden und hatte Feuer angezündet, so sprang er aus dem Bett und lief mit bloßen Füßen in die Küche. »Wollt Ihr mir das Haus anzünden?« schrie er. »Das ist ja ein Feuer, daß man einen Ochsen dabei braten könnte! Oder kostet das Holz etwa kein Geld?« Standen die Mägde am Waschfaß, lachten und erzählten sich, was sie wußten, so schalt er sie aus: »Da stehen die Gänse und schnattern und vergessen über dem Geschwätz ihre Arbeit. Und wozu die frische Seife? Heillose Verschwendung und obendrein eine schändliche Faulheit: Sie wollen die Hände schonen und das Zeug nicht ordentlich reiben.« Er sprang fort, stieß aber einen Eimer voll Lauge um, so daß die ganze Küche überschwemmt ward.

Richtete man ein neues Haus auf, so lief er ans Fenster und sah zu. »Da vermauern sie wieder den roten Sandstein«, rief er, »der niemals austrocknet; in dem Haus bleibt kein Mensch gesund. Und seht einmal, wie schlecht die Gesellen die Steine aufsetzen. Der Mörtel taugt auch nichts: Kies muß hinein, nicht Sand. Ich erlebe noch, daß den Leuten das Haus über dem Kopf zusammenfällt.« Er setzte sich und tat ein paar Stiche, dann sprang er wieder auf, hakte sein Schurzfell los und rief: »Ich will nur hinaus und den Menschen ins Gewissen reden.« Er geriet aber an die Zimmerleute. »Was ist das?« rief er. »Ihr haut ja nicht nach der Schnur. Meint Ihr, die Balken würden geradstehen? Es weicht einmal alles aus den Fugen.« Er riß einem Zimmermann die Axt aus der Hand und wollte ihm zeigen, wie er hauen müßte, als aber ein mit Lehm beladener Wagen herangefahren kam, warf er die Axt weg und sprang zu dem Bauer, der nebenherging. »Ihr seid nicht recht bei Trost«, rief er, »wer spannt junge Pferde vor einen schwerbeladenen Wagen? Die armen Tiere werden Euch auf dem Platz umfallen.« Der Bauer gab ihm keine Antwort, und Pfriem lief vor Ärger in seine Werkstätte zurück. Als er sich wieder zur Arbeit setzen wollte, reichte ihm der Lehrjunge einen Schuh. »Was ist das wieder?« schrie er ihn an. »Habe ich Euch nicht gesagt, Ihr solltet die Schuhe nicht so weit ausschneiden? Wer wird einen solchen Schuh kaufen, an dem fast nichts ist als die Sohle? Ich verlange, daß meine Befehle unmangelhaft befolgt werden.«

»Meister«, antwortete der Lehrjunge, »Ihr mögt wohl recht haben, daß der Schuh nichts taugt, aber es ist derselbe, den Ihr zugeschnitten und selbst in Arbeit genommen habt. Als Ihr vorhin aufgesprungen seid, habt Ihr ihn vom Tisch herabgeworfen, und ich habe ihn nur aufgehoben. Euch könnte es aber ein Engel vom Himmel nicht recht machen.«

Meister Pfriem träumte in einer Nacht, er wäre gestorben und befände sich auf dem Weg nach dem Himmel. Als er anlangte, klopfte er heftig an die Pforte: »Es wundert mich«, sprach er, »daß sie nicht einen Ring am Tor haben, man klopft sich die Knöchel wund.« Der Apostel Petrus öffnete und wollte sehen, wer so ungestüm Einlaß begehrte. »Ach, Ihr seid's, Meister Pfriem«, sagte er, »ich will Euch wohl einlassen, aber ich warne Euch, daß Ihr von Eurer Gewohnheit ablaßt und nichts tadelt, was Ihr im Himmel seht: Es könnte Euch übel bekommen.«

»Ihr hättet Euch die Ermahnung sparen können«, erwiderte Pfriem, »ich weiß schon, was sich ziemt, und hier ist, Gott sei Dank, alles vollkommen und nichts zu tadeln wie auf Erden.« Er trat also ein und ging in den weiten Räumen des Himmels auf und ab. Er sah sich um, rechts und links, schüttelte aber zuweilen mit dem Kopf oder brummte etwas vor sich hin. Indem erblickte er zwei Engel, die einen Balken wegtrugen. Es war der Balken, den einer im Auge gehabt hatte, während er nach dem Splitter in den Augen anderer suchte. Sie trugen aber den Balken nicht der Länge nach, sondern quer. »Hat man je einen solchen Unverstand gesehen?« dachte Meister Pfriem; doch schwieg er und gab sich zufrieden. »Es ist im Grunde einerlei, wie man den Balken trägt, geradeaus oder quer, wenn man nur damit durchkommt, und wahrhaftig, ich sehe, sie stoßen nirgend an.« Bald hernach erblickte er zwei Engel, welche Wasser aus einem Brunnen in ein Faß schöpften, zugleich be-

merkte er, daß das Faß durchlöchert war und das Wasser von allen Seiten herauslief. Sie tränkten die Erde mit Regen. »Alle Hagel!« platzte er
heraus, besann sich aber glücklicherweise und dachte: »Vielleicht ist's
bloßer Zeitvertreib; macht's einem Spaß, so kann man dergleichen
unnütze Dinge tun, zumal hier im Himmel, wo man, wie ich schon bemerkt habe, doch nur faulenzt.« Er ging weiter und sah einen Wagen,
der in einem tiefen Loch steckengeblieben war. »Kein Wunder«, sprach
er zu dem Mann, der dabeistand, »wer wird so unvernünftig aufladen?
Was habt Ihr da?«

»Fromme Wünsche«, antwortete der Mann, »ich konnte damit nicht
auf den rechten Weg kommen, aber ich habe den Wagen noch glücklich
heraufgeschoben, und hier werden sie mich nicht steckenlassen.« Wirklich kam ein Engel und spannte zwei Pferde vor. »Ganz gut«, meinte
Pfriem, »aber zwei Pferde bringen den Wagen nicht heraus, viere müssen wenigstens davor.« Ein anderer Engel kam und führte noch zwei
Pferde herbei, spannte sie aber nicht vorn, sondern hinten an. Das war
dem Meister Pfriem zuviel. »Tolpatsch«, brach er los, »was machst du
da? Hat man je, solange die Welt steht, auf diese Weise einen Wagen herausgezogen? Da meinen sie aber in ihrem dünkelhaften Übermut, alles
besser zu wissen.« Er wollte weiterreden, aber einer von den Himmels-
bewohnern hatte ihn am Kragen gepackt und schob ihn mit unwider-
stehlicher Gewalt hinaus. Unter der Pforte drehte der Meister noch einmal den Kopf nach dem Wagen und sah, wie er von vier Flügelpferden
in die Höhe gehoben ward.

In diesem Augenblick erwachte Meister Pfriem. »Es geht freilich im
Himmel etwas anders her als auf Erden«, sprach er zu sich selbst, »und
da läßt sich manches entschuldigen, aber wer kann geduldig mit ansehen, daß man die Pferde zugleich hinten und vorn anspannt? Freilich,
sie hatten Flügel, aber wer kann das wissen? Es ist übrigens eine gewaltige Dummheit, Pferden, die vier Beine zum Laufen haben, noch ein
paar Flügel anzuheften. Aber ich muß aufstehen, sonst machen sie mir
im Haus lauter verkehrtes Zeug. Es ist nur ein Glück, daß ich nicht
wirklich gestorben bin.«

38. Armut und Demut führen zum Himmel

Es war einmal ein Königssohn, der ging hinaus in das Feld und war nachdenklich und traurig. Er sah den Himmel an, der war so schön, rein und blau, da seufzte er und sprach: »Wie wohl muß einem erst da oben im Himmel sein!« Da erblickte er einen armen, greisen Mann, der des Weges daherkam, redete ihn an und fragte: »Wie kann ich wohl in den Himmel kommen?« Der Mann antwortete: »Durch Armut und Demut. Leg an meine zerrissenen Kleider, wandere sieben Jahre in der Welt und lerne ihr Elend kennen; nimm kein Geld, sondern, wenn du hungerst, bitt mitleidige Herzen um ein Stückchen Brot, so wirst du dich dem Himmel nähern.«

Da zog der Königssohn seinen prächtigen Rock aus und hing dafür das Bettlergewand um, ging hinaus in die weite Welt, und duldete groß Elend. Er nahm nichts als ein wenig Essen, sprach nichts, sondern betete zu dem Herrn, daß er ihn einmal in seinen Himmel aufnehmen wollte.

Als die sieben Jahre herum waren, da kam er wieder an seines Vaters Schloß, aber niemand erkannte ihn. Er sprach zu den Dienern: »Geht und sagt meinen Eltern, daß ich wiedergekommen bin.« Aber die Diener glaubten es nicht, lachten und ließen ihn stehen. Da sprach er: »Geht und sagt's meinen Brüdern, daß sie herabkommen, ich möchte sie so gerne wiedersehen.« Sie wollten auch nicht, bis endlich einer von ihnen hinging und es den Königskindern sagte, aber diese glaubten es nicht und bekümmerten sich nicht darum. Da schrieb er einen Brief an seine Mutter und beschrieb ihr darin all sein Elend, aber er sagte nicht, daß er ihr Sohn wäre.

Da ließ ihm die Königin aus Mitleid einen Platz unter der Treppe anweisen und ihm täglich durch zwei Diener Essen bringen. Aber der eine war bös und sprach: »Was soll dem Bettler das gute Essen!«, behielt's für sich oder gab's den Hunden und brachte dem Schwachen, Abgezehrten nur Wasser; doch der andere war ehrlich und brachte ihm, was er für ihn bekam. Es war wenig, doch konnte er davon eine Zeitlang leben; dabei war er ganz geduldig, bis er immer schwächer ward. Als aber seine Krankheit zunahm, da begehrte er das heilige Abendmahl zu empfangen. Wie es nun unter der halben Messe ist, fangen von selbst alle

Glocken in der Stadt und in der Gegend an zu läuten. Der Geistliche geht nach [d]er Messe zu dem armen Mann unter der Treppe, so liegt er da tot, in der einen Hand eine Rose, in der andern eine Lilie, und neben ihm ein Papier, darauf steht seine Geschichte aufgeschrieben. Als er begraben war, wuchs auf der einen Seite des Grabes eine Rose, auf der andern eine Lilie heraus.

39. Der büßende Räuber

In einem Hause jenseits des großen Sees bei Neuenburg in der Diözese Lausanne wohnte ein Geistlicher namens Wilhelm, der wegen der Wunder, die Gott um seinetwillen gewirkt haben soll, für heilig gilt. Ein Ritter, der ihn besuchte, fragte ihn, warum er sich so durch Fasten, Tränen und Bußhemden abtöte und abmühe. Der Geistliche antwortete, es drohe ihm am Tage des Gerichts ein Flammenmeer von der Größe des Sees und es bedürfe der ganzen Kraft seiner Buße, um dem höllischen Feuer zu entgehen. Und er erzählte als Beispiel, daß ein Räuber, der seinen Gegnern entfloh, sich in Gestalt des Kreuzes zu Boden warf, als er sah, daß kein Entrinnen mehr möglich sei, und bekannte, er habe den Tod wohl verdient; weil er Gott beleidigt habe. Er weinte darüber, gestand, daß er ein Sünder sei, und bat seine Verfolger, daß sie, um Gott mit ihm zu versöhnen, seine Glieder der Marter preisgäben. Einem Eremiten, der schon viele Jahre in den Bergen büßend verbracht hatte, wurde offenbart, wie Engel die Seele dieses Räubers unter Lobgesängen in den Himmel trugen. Dafür wußte der Eremit Gott keinen Dank, sondern er ärgerte sich und bedachte, daß er, der sich allen Kasteiungen ausgesetzt habe, auf gleichen Lohn für eine Buße Anspruch habe. Als aber seine Tage gezählt waren, überschritt er einen Bach, glitt von der Brücke und verschwand in den Wogen, und Teufel trugen seine Seele zur Hölle.

40. Die himmlische Hochzeit

Es hörte einmal ein armer Bauernjunge in der Kirche, wie der Pfarrer sprach: »Wer da will ins Himmelreich kommen, muß immer geradausgehen.« Da machte er sich auf und ging immerzu, immer gerade, ohne abzuweichen, über Berg und Tal. Endlich führte ihn sein Weg in eine große Stadt und mitten in die Kirche, wo eben Gottesdienst gehalten wurde. Wie er nun all die Herrlichkeit sah, meinte er, nun wäre er im Himmel angelangt, setzte sich hin und war von Herzen froh.

Als der Gottesdienst vorbei war und der Küster ihn hinausgehen hieß, antwortete er: »Nein, ich gehe nicht wieder hinaus, ich bin froh, daß ich endlich im Himmel bin.« Da ging der Küster zum Pfarrer und sagte ihm, es wäre ein Kind in der Kirche, das wollte nicht wieder heraus, weil es glaubte, es wäre im Himmelreich. Der Pfarrer sprach: »Wenn es das glaubt, so wollen wir es darin lassen.« Darauf ging er hin und fragte, ob es auch Lust hätte zu arbeiten. »Ja«, antwortete der Kleine, ans Arbeiten wäre er gewöhnt, aber aus dem Himmel ginge er nicht wieder heraus.

Nun blieb er in der Kirche, und als er sah, wie die Leute zu dem Muttergottesbild mit dem Jesuskind, das aus Holz geschnitten war, kamen, knieten und beteten, dachte er: »Das ist der liebe Gott« und sprach: »Hör einmal, lieber Gott, was bist du mager! Gewiß lassen dich die Leute hungern: ich will dir aber jeden Tag mein halbes Essen bringen.« Von nun an brachte er dem Bilde jeden Tag die Hälfte von seinem Essen, und das Bild fing auch an, die Speise zu genießen. Wie ein paar Wochen herum waren, merkten die Leute, daß das Bild zunahm, dick und stark ward, und wunderten sich sehr. Der Pfarrer konnt es auch nicht begreifen, blieb in der Kirche und ging dem Kleinen nach, da sah er, wie der Knabe sein Brot mit der Muttergottes teilte und diese es auch annahm. Nach einiger Zeit wurde der Knabe krank und kam acht Tage lang nicht aus dem Bett; wie er aber wieder aufstehen konnte, war sein erstes, daß er seine Speise der Muttergottes brachte.

Der Pfarrer ging ihm nach und hörte, wie er sprach: »Lieber Gott, nimm's nicht übel, daß ich dir so lange nichts gebracht habe: ich war aber krank und konnte nicht aufstehen.« Da antwortete ihm das Bild und sprach: »Ich habe deinen guten Willen gesehen, das ist mir genug; nächsten Sonntag sollst du mit mir auf die Hochzeit kommen.« Der Knabe freute sich darüber und sagte es dem Pfarrer, der bat ihn, hinzugehen und das Bild zu fragen, ob er auch dürfte mitkommen. »Nein«, antwortete das Bild, »du allein.« Der Pfarrer wollte ihn erst vorbereiten und ihm das Abendmahl geben, das war der Knabe zufrieden; und nächsten Sonntag, wie das Abendmahl an ihn kam, fiel er um und war tot und war zur ewigen Hochzeit.

41. Der Bauer, Christus, der heilige Petrus und der Erzengel Michael

Es war einmal ein armer Bauer, der war mit einem Mädchen verlobt und wollte heiraten, doch er hatte keinen Gevatter, der ihm bei der Trauung beistehen konnte. Er ging von Hause weg und machte sich auf die Suche nach einem Gevatter, wünschte aber, daß der Beistand ein gerechter Mensch sei. Auf der Suche nach einem Gevatter traf er unterwegs Christus. Der grüßte ihn und sagte: »Gott helfe dir!«

»Gott gebe dir Gutes!« antwortete der Bauer. »Wohin des Weges?« fragte ihn Christus. »Ich bin unterwegs, um einen Gevatter zu suchen«, antwortete darauf der Bauer. »Ich bin verlobt und möchte dieser Tage heiraten, habe aber keinen Beistand für die Trauung; der Gevatter soll ein gerechter Mann sein.«

»Komm«, sagte Christus, »willst du nicht mich als Gevatter nehmen?«

»Wer bist du?« fragte ihn der Bauer. »Ich bin Jesus Christus«, war die Antwort. »Dich will ich nicht«, sagte darauf der Bauer. »Du bist Christus, der Sohn Gottes, der Herr selbst, aber ich will dich nicht, weil du nicht gerecht bist: den einen gibst du unermeßlichen Reichtum, und die anderen läßt du Hungers sterben. Nein, du bist nicht gerecht, und deshalb will ich dich nicht nehmen; ich will einen gerechten Mann.« Er ließ ihn stehen und setzte seinen Weg fort.

Da traf er den heiligen Petrus. Auch der grüßte ihn und fragte ihn, wohin er gehe. Der Bauer erzählte auch ihm genauso, daß er einen Beistand für die Trauung suche; es müsse aber ein Gerechter sein. Und der

heilige Petrus fragte – genau wie vorher Christus –, ob er nicht ihn als
Gevatter nehmen wolle. Als der Bauer aber auch ihn gefragt hatte, wer
er sei, und gehört hatte, daß er der heilige Petrus sei, sagte er auch zu
dem Heiligen: »Auch dich will ich nicht, denn du bist der heilige Petrus:
Du hast die Schlüssel zum Paradies in Verwahrung, aber die einen läßt
du hinein, die anderen nicht; du bist also auch nicht gerecht.«

Danach traf ihn der Erzengel Michael und grüßte ihn: »Gott steh dir
bei, Bruder im Herrn!« sagte er. »Gott gebe dir Gutes!« antwortete der

Bauer. »Wohin des Weges?« fragte der Erzengel. »Ich suche einen Beistand für die Trauung; es muß aber ein gerechter Mann sein«, sagte er.

»Möchtest du nicht mich zum Gevatter nehmen?«

»Wer bist du?« fragte ihn der Arme.

»Ich bin der Erzengel, erkennst du mich nicht?« erwiderte der andere.

»Ach, du bist der Erzengel, der die Seelen nimmt. Dich nehme ich, weil du auf niemanden Rücksicht nimmst: du nimmst jedem die Seele.«

Und so wurde der Erzengel Michael sein Beistand für die Trauung. Und als er ihn traute, sprach er: »Weil du mich mit der Gevatterschaft ehrst, gebe ich dir diesen Krug mit Wasser.« Er reichte ihm einen Krug gefüllt mit Wasser. »Mit ihm wirst du reich werden und nicht mehr arm sein!«

»Wie soll ich mit einem Krug voll Wasser reich werden?« fragte der Arme.

»Nun sieh«, sagte der Engel, »wenn jemand an irgendeiner Krankheit erkranken sollte, besprenge ihn mit diesem Wasser, und er wird genesen. Dann wird der Genesene dir Geld geben. So wirst du jeden, der krank wird, heilen, und man wird dich bezahlen. Du wirst ein Arzt, und so wirst du reich werden.«

Der Bauer vermochte nicht zu verstehen, wie ein Kranker durch bloßes Besprengen mit Wasser gesunden solle, und er fragte den Engel wieder: »Wie soll ein Mensch, an welcher Krankheit er auch leide, durch einmaliges Besprengen mit Wasser gesund werden?«

»Nun sieh«, sagte der Engel, »wenn du einen Kranken mit dem Wasser besprengst, werde ich nicht kommen, um ihm die Seele zu nehmen, und er stirbt nicht. So wird es sein.« Als er dies gesagt hatte, ging der Engel weg. Der Arme heilte nun mit dem Krug voll Wasser Kranke von allerlei Krankheiten und machte sie gesund. Sein Ruhm verbreitete sich überallhin. Und so wurde er binnen kurzem sehr reich.

Nach einiger Zeit fiel ihm ein, er könne den Engel zu Gast laden. Er lud ihn ein, und der Engel kam. Kurze Zeit danach lud der Engel ihn zu Gast, und der reich gewordene Bauer kam zu dem Engel auf Besuch. Der führte ihn zuerst in einen Palast, der aussah wie ein kaiserliches Schloß. Dann nahm er ihn in noch schönere Paläste mit, die ganz mit

Gold und Edelsteinen ausgeschmückt waren. Zuletzt führte er ihn auf einen weiten Platz, wo, soweit das Auge reichte, Kerzen, so hoch wie Espen, brannten. Es sah aus wie ein Hain, Kerze an Kerze: die einen gerade angezündet, andere zur Hälfte niedergebrannt und wieder andere fast am Verlöschen. Der Bauer wunderte sich über die vielen Kerzen und fragte den Engel: »Was soll das bedeuten: Die einen Kerzen fangen erst an zu brennen, die anderen sind halb niedergebrannt, und wieder andere sind fast am Verlöschen?«

Der Engel erwiderte ihm: »Die Kerzen bedeuten das menschliche Leben. Jeder Mensch hat seine Kerze: Die Kerzen, die erst zu brennen angefangen haben, gehören den Menschen, die erst vor kurzem geboren wurden, den Kindern. Jene aber, die weiter heruntergebrannt sind, gehören den Menschen in der Mitte ihres Lebens. Und jene schließlich, die zu verlöschen scheinen, sind von den Menschen, denen der Tod nahe ist. Wenn ich sehe, daß eine Kerze am Verlöschen ist, gehe ich hin und nehme dem Menschen, dessen Kerze abbrannte, die Seele.«

Dem Bauern war vor kurzem ein Kind geboren worden. Er fragte den Engel: »Welches ist meine Kerze?« Der Engel zeigte ihm eine Kerze, die zu zwei Dritteln niedergebrannt war und nur noch eine halbe Elle hoch war. Darauf fragte er ihn: »Und die Kerze meines Kindes, wo ist die?« Der Engel zeigte ihm eine sehr hohe Kerze, hoch wie eine Espe und erst vor kurzem entzündet und angebrannt. Als der Bauer sah, daß seine Kerze am Abbrennen war, die seines Kindes aber so hoch und erst kürzlich angezündet, sprach er zu dem Engel: »Könntest du es nicht so einrichten, daß ich die Kerze meines Kindes bekomme und mein Kind die meine?«

Da verabschiedete sich der Engel und sprach: »Wieso hast du einen gerechten Gevatter gesucht, wenn du selbst nicht gerecht bist? Wie, du möchtest, daß die Kerze deines gestern geborenen Kindes deine wäre, und möchtest dafür deine Kerze deinem Kind geben? Es, das gestern geboren wurde, soll sterben, und du, der du so viele Jahre gelebt hast, solltest noch weiterleben? Von welcher Art ist diese deine Gerechtigkeit?« Und sodann vertrieb ihn der Engel von dort und kam nach einigen Tagen, um ihm die Seele zu nehmen.

42. Die drei Erzengel

Nachdem unser Herrgott beschlossen hatte, Adam und Eva aus dem Paradies zu vertreiben, sandte er zuerst Gabriel, den ungarischen Engel, zu ihnen, seinen Befehl auszuführen. Nun waren aber Adam und Eva von der Frucht des verbotenen Baumes schon überaus klug geworden und auf jede Weise bemüht, sich aus der Klemme zu ziehen. Sie rüsteten daher zu einem großen Schmaus, empfingen den Engel Gabriel auf das herzlichste und suchten ihn mit Schmeicheleien und schönen Worten zu gewinnen, was ihnen dann auch so gut gelang, daß es dem Ärmsten leid tat, die freundlichen Wirte aus ihrem Heim zu vertreiben. Und so ging er nach Hause und bat den Herrgott, jemand anderen mit dieser unangenehmen Sache zu betrauen.

Nun sandte Gott den Florian, den rumänischen Engel, weil er von diesem wußte, daß er viel folgsamer und nicht so großmütig war. Adam und Eva saßen gerade beim Essen, als Florian in Opintschen, den Bundschuhen der Rumänen, mit abgenommenem Hute und einem großmächtigen Stab in der Hand eintrat. Er bot ihnen ganz untertänig einen guten Tag und sagte, warum er gekommen sei.

»Hast du's schriftlich?« ranzte Adam ihn an.

»Nein«, stotterte Florian, erschrak und begab sich zurück in den Himmel.

Jetzt sandte Gott den Michael, den deutschen Engel. Adam und Eva waren nicht wenig bestürzt und bereiteten ein noch viel reicheres Mahl, um ihn weich zu stimmen. Die besten Sachen wurden hervorgeholt, und besonders an Bier und guten Würsten war kein Mangel. Der Engel Michael ließ sich's denn auch schmecken. Aber als er nun so satt war, daß er kaum schnaufen konnte, zog er sein Schwert heraus und sagte: »So! Und nun schert euch hinaus!«

Adam und Eva verlegten sich aufs Bitten und flehten ihn an, doch barmherzig zu sein und zu bedenken, wie gut sie ihn bewirtet hätten, aber der Engel Michael blieb fest, sagte nur: »Es muß sein!« und jagte sie hinaus.

Seit dieser Stunde ist ›Muß‹ ein großer Herr!

43. Ero aus dem Jenseits

Ein Türke und seine Frau arbeiteten auf ihrem Maisfeld. Gegen Mittag ging der Türke fort, um das Pferd zur Tränke zu führen. Die Türkin aber blieb zurück und ruhte sich im Schatten aus. Da tauchte auf einmal Ero dort auf und rief ihr zu: »Grüß Gott, liebe Frau!«

»Gott sei mit dir, Bauer! Wo kommst du denn her?«

»Ich? Aus dem Jenseits, liebe Frau.«

»Was du nicht sagst! Hast du nicht vielleicht meinen Mujo da gesehen, der vor ein paar Monaten gestorben ist?«

»Aber natürlich! Wie sollte ich ihn nicht gesehen haben! Er ist ja dort mein nächster Nachbar.«

»Und? Wie geht es ihm? Nun sag schon! Wie lebt er so?«

»Er ist, Gott sei Dank, gesund. Aber, weiß Gott, es bedrückt ihn doch sehr, daß er so ganz ohne Geld ist. Er hat nicht einmal welches, um sich Tabak zu kaufen, und auch keins, um den Kaffee zu bezahlen, wenn er mal in Gesellschaft ist.«

»Kehrst du wieder ins Jenseits zurück?« fragte die Türkin. »Und könntest du ihm nicht etwas Geld mitnehmen? Ich möchte dir so gerne welches für ihn mitgeben.«

»Aber warum denn nicht? Ich bin ja gerade auf dem Weg dahin.«

Da eilte die Türkin zu der Stelle, wo ihr Mann wegen der Hitze seine Kleider abgelegt hatte, nahm den Geldbeutel und gab Ero das ganze Geld, das darin war, damit er es ihrem Mujo bringe.

Ero schnappte sich das Geld, verstaute es in der Brusttasche und lief davon, immer den Bach entlang. Erst als er nicht mehr zu sehen war, kam der Türke, der das Pferd zur Tränke geführt hatte, zurück, und die Türkin prahlte vor ihm: »Höre mal, lieber Mann! Da kam gerade ein Bauer aus dem Jenseits hier vorbei, der hat von unserem Mujo erzählt, daß er recht bedrückt ist, so ganz ohne Geld, er hat nicht einmal welches, um sich Tabak zu kaufen, und auch keins, damit er den Kaffee bezahlen könnte, wenn er in Gesellschaft ist. Da habe ich ihm das Geld gegeben, das in deinem Beutel war, damit er es für ihn mitnimmt.«

Darauf der Türke: »Wo ist er langgegangen? Schnell, wo ist er langgegangen?«

Und als ihm seine Frau sagte, daß er am Bach entlanggegangen sei, schwang er sich, so schnell er konnte, aufs Pferd, nicht einmal den Sattel hatte er ihm vorher aufgelegt, und jagte davon, den Bach entlang.

Als Ero sich umschaute und sah, daß der Türke hinter ihm her war, ergriff er die Flucht und rannte davon, bis er unterhalb eines Berges zu einer Wassermühle kam. Da lief er hinein und rief dem Müller zu: »Schnell, lauf weg, wenn dir dein Leben lieb ist! Da kommt ein Türke, der will dich umbringen. Komm, gib mir deine Kappe, hier hast du meine, und lauf davon, um die Mühle rum und dann den Berg hinauf!«

Der Müller, der sah, wie der Türke auf dem Pferd herangesprengt kam, erschrak sehr, und da ihm keine Zeit mehr blieb zu fragen, warum und weshalb er ihn denn umbringen wolle, gab er Ero seine Kappe, setzte sich rasch Eros auf und lief, so schnell er konnte, hinter der Mühle den Berg hinauf.

Ero setzte sich die Kappe des Müllers auf, nahm auch noch etwas Mehl und machte sich damit ganz weiß, so daß er wie ein richtiger Müller aussah.

Inzwischen war auch schon der Türke bei der Mühle angekommen. Er sprang vom Pferd und stürzte hinein: »Wo ist der Mann hin, der gerade hier in die Mühle gekommen ist?«

Ero antwortete ihm: »Da ist er, siehst du, wie er den Berg hinaufläuft!«

Darauf der Türke: »Halt mal mein Pferd!«

Ero nahm das Pferd, der Türke aber – den Berg hinauf und hinter dem Müller her, kreuz und quer durch den Buchenwald. Schon hatte er ihn eingeholt, packte ihn am Kragen und rief: »Wo ist das Geld, du Hund, das du meiner Frau abgeknöpft hast, um es unserem Mujo ins Jenseits zu bringen?«

Der Müller bekreuzigte sich und beteuerte: »Gott sei mit dir, Herr! Ich habe weder deine Frau gesehen noch euren Mujo, geschweige denn irgendwelches Geld.«

Und so verging genau eine halbe Stunde, bis sie begriffen hatten, was geschehen war. Da lief der Türke Hals über Kopf zur Mühle zurück. Aber als er dort ankam – Pustekuchen! Längst hatte sich Ero aufs

Pferd geschwungen und war auf und davon. Der Türke aber guckte in die Röhre und mußte zu Fuß zu seiner Frau zurückgehen.

Als die Frau sah, daß er ohne Pferd kam, rief sie ihm entgegen: »He, Mann, was hast du gemacht?«

»Ach, verdammt noch mal!« sagte er, »du hast unserem Mujo Geld geschickt, damit er sich Kaffee und Tabak kaufen kann, und ich habe ihm auch noch das Pferd geschickt, damit er nicht zu Fuß gehen muß.«

44. Der Soldat im Jenseits

In vergangenen Zeiten nämlich dienten die Soldaten fünfundzwanzig Jahre. Es ging einer als Junger fort und kam erst als Alter wieder. Nun, wie man so sagt, in fünfundzwanzig Jahren hat der Soldat mancherlei gelernt und nicht wenig hinter sich gebracht. Und nun kommt also für ihn die Zeit, nach Hause zu gehen. Da sagt der Offizier zum Soldaten: »Du hast dem Zaren treu gedient«, sagte er, »und jetzt ist die Zeit herum, und es ist Befehl, dich nach Hause zu entlassen. Der Kaiser gibt dir einen leeren Brotbeutel und fünfundzwanzig Kopeken Reisegeld.«

Der Soldat denkt bei sich: »Nun, da habe ich also in fünfundzwanzig Jahren fünfundzwanzig Kopeken und einen leeren Brotbeutel verdient. Was werde ich nun unterwegs anfangen? Ich werde um Gotteslohn betteln müssen.« Nun, als der Soldat seine Papiere schon bekommen hatte, die fünfundzwanzig Kopeken und einen alten, uralten Brotbeutel, nur noch zum Wegwerfen, nun, auch das ist ein Verdienst, hing er ihn kurzerhand um, legte zweimal Wäsche in seinen Tornister und machte sich auf den Weg. Er geht einen Tag, geht zwei, geht drei – da ist er mit allem am Ende und hat auch das Geld ausgegeben. Was ist das schon für Geld? Er hat Tabak gekauft, Seife, und damit Schluß. »Was soll ich jetzt anfangen?« denkt er. »Bis nach Hause ist es noch weit.« Früher gab es keine Züge und auch keine Autos – nichts. Nun, er mußte also zu Fuß gehen, zu Fuß aber sind es mindestens an die sechs Monate bis nach Hause. Der Soldat dachte nach und dachte nach und denkt: »Ein lebender Mensch geht nicht unter, ich werde schön langsam gehen.« Hier und da erbettelte er einen Bissen, geht eine Woche, geht eine zweite, gelangt so in ein Dorf und kommt in eine Hütte. Dort sind ein alter Mann und eine alte Frau. Er sagt: »Großväterchen«, sagte er, »laß mich bitte übernachten!«

»Och«, sagt er, »bitte, bitte, mein Bester, übernachte!«

Der Soldat nahm den Brotbeutel und den leeren Tornister ab. – Und nun setzte er sich also hin, um sich mit dem Alten und der Alten zu unterhalten, sie aßen zu Abend, und er legte sich auf den Hängeboden schlafen. Der Alte aber wurde in der Nacht munter, und es kam ihm in den Sinn, einmal nachzusehen, was der Soldat in Brotbeutel und Tornister hat. Er macht den Tornister auf, sieht hinein – leer. »Hm«, denkt er, »was ißt er denn?« Er begann den leeren Brotbeutel zu öffnen. Und kaum hatte er ihn offen, da sprang plötzlich ein Teufelchen heraus.

»Was mußt du mich behelligen, Alter?« sagt es. »Mich«, sagt es, »behelligt mein Herr nicht, wie viele Tage und wie viele Wochen er schon unterwegs ist, und du«, sagt er »hergelaufener Kerl, behelligst mich!«

Nun, unser Alter machte den Brotbeutel wieder zu, legte sich schlafen und spricht ein Gebet. »Nein, so was«, sagt er, »Herrgott, der Soldat hat mit dem Teufel Umgang.«

Nun, am Morgen also wird der Soldat munter, steht auf, wäscht sich, geht, wie er's gewöhnt ist, zum Heiligenbild und betet zu Gott. Der Alte sieht, daß der Soldat nach Christenart sein Morgengebet spricht. Er fragt den Soldaten: »Soldat?«

»Was, Großväterchen?«

»Was hast du in dem Brotbeutel?«

»Nichts«, sagt er, »Großväterchen. Der Brotbeutel ist leer.«

»Ach, du lügst, Soldat, in deinem Brotbeutel ist der Teufel.«

Da erriet der Soldat, was los war.

»Nun«, sagt er, »das hat dir nur geträumt.«

»Ich weiß nicht«, sagt er, »aber ich habe den Teufel genau gesehen.«

Da hatte die Alte Pfannkuchen gebacken und setzte den Soldaten an den Tisch.

Er aß, warf Tornister und Brotbeutel über und machte sich auf den Weg. Nun, er war etwas gegangen, da überraschte ihn die Nacht. Er versuchte nicht erst, ein Dorf zu erreichen, sondern blieb über Nacht im Wald. Als er über Nacht im Wald war, kam ihm in den Sinn, den Brotbeutel zu öffnen und sich zu überzeugen, ob es mit dieser Geschichte seine Richtigkeit hatte oder nicht. Als er den Brotbeutel geöffnet hatte, sprang das Teufelchen heraus und sagt: »Nun höre, Soldat, du bist mein Herr, und ich bin dein Diener. Was möchtest du jetzt haben?«

Der Soldat sagt: »Bring mir irgend etwas zu essen!« Das Teufelchen schoß sogleich wie eine Kugel ins Dorf, beschaffte Brot, beschaffte Fleisch, einen Topf, einen Löffel und alles, was sonst noch dazugehört. Der Soldat machte schnell ein Feuer und beginnt das Fleisch zu kochen. Als das Fleisch gekocht war, sagt er: »Nun, Teufelchen, komm, setz dich und iß!«

Das Teufelchen setzte sich, und die beiden aßen. Der Soldat machte den Brotbeutel zu, und das Teufelchen legte sich hinein. Jetzt, in aller Herrgottsfrühe, macht der Soldat den Brotbeutel auf, und das Teufelchen kam herausgesprungen.

»Was steht zu Diensten, Soldat?«

»Höre, Teufelchen«, sagt er, »ich habe mich müde gelaufen, ich brauche ein Pferd.«

»Schön«, sagt es, »das Pferd wird sofort dasein.«

Er ging zum Pfarrer, stahl ein Pferd mit Sattel und bringt's zum Soldaten: »Steig auf, Soldat!«

Der Soldat stieg auf, umritt auf einem anderen Wege dieses Dorf und reitet gemächlich seine Straße. Ritten sie nun lange oder kurze Zeit, jedenfalls machten sie schließlich halt, und er sagt zum Teufelchen: »Teufelchen, Teufelchen, ich hätte Lust, in jener Welt zu sein und ins Paradies zu kommen.«

Als das Teufelchen diese Worte hörte: »Nun, warum nicht«, sagt es, »wenn du Lust hast, wirst du gleich dort sein. Setz dich auf mich!« sagt es.

Der Soldat setzte sich auf den Teufel, der Teufel stieg zum Himmel empor und sagt: »Dort«, sagt er, »geh zu diesem Tor, dort steht der Erzengel, sag ihm, daß deine Seele ins Paradies will.«

Nun, er kommt also ans Tor, da steht der Erzengel. Der Soldat sagt: »Höre, Erzengel, meine Seele will ins Paradies!«

Das Tor wurde natürlich aufgemacht, und der Soldat betritt das Paradies.

Sieht, dort ist es sehr schön, einfach großartig – Blumen, verschiedene Früchte. Nun, fürs erste gefiel es dem Soldaten. Wie schön ist es doch im Paradies! Als er sich aber zwei, drei Tage dort aufgehalten hatte, war es ihm dort so zuwider, daß er dieses Paradies schon nicht einmal mehr ansehen mochte. Er setzte sich also auf eine Bank und denkt: »Ja, lustig und schön ist's hier, aber eines ist schlecht – keine Wirtshäuser sind hier und kein Tabak.« Er dachte nach und dachte nach und sagt: »Warte!« Nimmt seine Schnüre ab und beginnt den Platz zu vermessen. Da kommt der Engel zu ihm: »Was willst du machen, Soldat?« sagt er.

»Ach«, sagt er, »in eurem Reich ist es zwar sehr schön und lustig, aber«, sagt er, »ich möchte noch etwas Lustigkeit hinzufügen: An dieser Stelle will ich Tabak säen, und an dieser Stelle ein Wirtshaus bauen.«

»Oh, Soldat, wenn das der Herrgott hört, jagt er dich aus dem Paradies.«

Nun, der Soldat ließ sich natürlich nicht beirren und begann Bäume zu fällen; er versteht zu bauen.

Der Erzengel hatte ihn eingelassen und muß dem Herrgott darüber Meldung machen. Er geht also und sagt: »Herr«, sagt er, »ich habe einen Soldaten ins Paradies aufgenommen, und dem«, sagt er, »hat es wahrscheinlich nicht gefallen in unserem Paradies, er hat angefangen, ein Wirtshaus zu bauen, und hat Tabak gesät.«

Gott wurde natürlich böse. »Hinaus mit ihm aus dem Paradies«, sagt er, »und das Tor verschließen!« Der Soldat ging auf der Stelle aus dem Paradies. Jetzt, da er das Paradies verlassen hat und sich – ich weiß nicht wo – befindet, denkt er: Warum ist's mir im Paradies nicht gut genug gewesen, wohin soll ich jetzt gehen!? Da ist schon das Teufelchen mit seinem Tornister zur Stelle, setzt ihn wieder auf und sagt: »Nun, Soldat, so in Gedanken?«

Jetzt, nachdem das Teufelchen ihm den Tornister wieder aufgesetzt hat, sagt es zu ihm: »Willst du vielleicht in die Hölle, Soldat?«

Der Soldat erschrak zwar vor der Hölle, aber immerhin ist es doch interessant, sich auch die Hölle mal anzusehen. »Ich will«, sagt er. »Nun, dann komm mit!«

Nun, als sie am Höllentor waren, stürzte das Teufelchen zum Satan: »Herr«, sagt er, »Satan, ich habe einen Soldaten in die Hölle gebracht!«

»Nun«, sagt der, »bring ihn mir mal her!«

Nun, der Soldat wurde gebracht. Satan besah ihn sich von allen Seiten.

»Na schön, führ ihn hinein!«

Das Teufelchen führt ihn in die Hölle. Der Soldat geht und sieht: Manche sind an der Zunge aufgehangen, andere kochen in einem Kessel. Dem Soldaten wurde ängstlich zumute: »Och«, denkt er, »wenn ich nur nicht auf einem heißen Brattiegel tanzen muß.«

Nun, schön. Er sagt zu dem Teufelchen: »Nun, hör mal, Teufelchen, ruf sofort alle Teufel zusammen!«

Alle Teufel sind jetzt versammelt. Der Soldat sagt also zu den Teufeln: »Nun«, sagt er, »seid ihr meine Untergebenen, und ich bin euer Vorgesetzter.«

Er stellte alle Teufel in Reih und Glied auf und sagt: »Ich werde euch jetzt Kommandos geben, und ihr führt sie aus.«

Die Teufel waren hiermit einverstanden. Da kommandierte er: »Rechts um!«

Sie drehen sich nicht nach rechts um. Der Soldat ergriff einen Knüppel und begann, sie mit diesem Knüppel zu bearbeiten.

»Was fällt euch ein«, sagt er, »das Wort des Kommandeurs nicht zu beachten und dem Kommando nicht zu gehorchen!«

Die Teufel heulten auf. Das Teufelchen kam zu ihm gesprungen: »Höre«, sagt es, »Soldat, hör auf, sie zu schlagen, sie werden sich nicht nach rechts drehen, sie können es gar nicht; gib ihnen das Kommando ›Links um!‹.«

Er gab ihnen das Kommando »Links um!« Sie drehten sich, er kommandierte: »Im Gleichschritt, marsch!« und begann sie zu jagen. Jagte und jagte sie also; sie waren schon so matt, daß sie den Soldaten zu betteln begannen: »Soldat, entlaß uns, wir sind sehr müde!«

»Nun, schön«, sagt er, »geht und ruht euch bis morgen früh aus!«

Jetzt brachte der Soldat noch einige Tage in dieser Hölle zu, sah sich alles an und überlegte, wie er die Menschen von solcher Qual befreien könnte. Da begann er, die Teufel jeden Tag zu jagen. Und dann sagt er zu ihnen: »Nun, wie steht's, gefällt euch das?«

»Ach, Soldat, wir haben das alles über.«

»Dann will ich euch mal was sagen.«

»Sprich!«

»Und ihr werdet's ausführen?«

»Ja, nur jag uns nicht mehr!«

»Geht also zum Satan, und sagt, der Soldat bittet den Satan, alle Sünder aus der Hölle freizulassen. Dann werde ich euch nicht mehr jagen. Wenn er aber«, sagt er, »das nicht ausführt, dann«, sagt er, »werde ich eure Gegend, die ganze Hölle, auf der Stelle weihen«, sagt er, »und hier eine Kirche bauen.«

Sprach's und schickte die Teufel fort.

Die Teufel rennen, einer schneller als der andere, zum Satan. Kommen hin und sagen: »Oj, Satan, Satan«, sagen sie, »was für ein Soldat ist zu uns geraten, niemandem«, sagen sie, »gönnt er Ruhe. Wir sind gekommen«, sagen sie, »dich zu bitten, alle Sünder aus der Hölle freizulassen.«

Der Satan sagt: »Das«, sagt er, »kann ich nicht machen, wer bleibt denn dann noch bei uns?«

Da sagen die Teufel zu ihm: »Dann will er«, sagen sie, »unsere Hölle weihen und eine Kirche bauen.«

Der Satan, versteht sich, erschrak.

»Schön«, sagt er, »mag er alle seine Leute mitnehmen und von hier fortführen.«

Als der Soldat also diese Anweisung erhalten hatte, machte er das Höllentor auf und beginnt zu rufen: »Das ganze sündige Volk, raustreten aus der Hölle!«

Nun, das gab ein Gedränge, einer stößt den anderen, und sie freuten sich, daß man sie aus der Hölle entließ. Alle bis auf den letzten Mann gingen aus der Hölle. Die Hölle war leer geworden. Nun, jetzt hatte der Soldat die Hölle verlassen und hatte das Paradies verlassen. Was sollte er jetzt tun? Er setzte sich hin und überlegte: »Wie kann ich auf die Erde und nach Hause kommen?« Er überlegte und überlegte und ging dann zum Satan.

»Satan«, sagt er, »wie könnte ich wohl auf die Erde kommen – ich möchte«, sagt er, »gern mal nach Hause.«

Der Satan sagt zu ihm: »Du hast mir«, sagt er, »keinen einzigen Menschen in der Hölle gelassen. Gib mir wenigstens ein paar«, sagt er, »dann schicke ich dich auf die Erde.«

Der Soldat überlegte: jeder einzelne tut ihm leid, jeder einzelne ist ihm teuer. Jetzt setzte er sich hin und denkt nach. Da sieht er auf einmal einen Mönch kommen, und hinter ihm kommt ein Pope. »Das freilich«, sagt er, »sind überflüssige Menschen!« Er stellte alle in Reih und Glied auf und schickte sie in die Hölle. Der Satan freute sich auch hierüber, sandte das Teufelchen zu ihm, und das schickte ihn auf die Erde und nach Hause. Der Soldat lebte von nun an herrlich und in Freuden. Die Popen und Mönche nämlich konnte er nicht leiden.

45. Von Söhnen, die den letzten Willen ihres Vaters nach seinem Tode nicht haben erfüllen wollen

Ein angesehener und reicher, dabei sparsamer Mann gab, als er sein Ende herannahen fühlte, feierlich seinen letzten Willen kund, wonach er seine Söhne, deren er mehrere hatte, zu Erben einsetzte, ihnen aber einige Vermächtnisse und fromme Stiftungen auszuzahlen auftrug. Er starb und ward begraben und nach alter Väter Brauch beweint; dann traten die Söhne zusammen, um zu beraten, wie es mit den Stiftungen für sein Seelenheil, die groß und reichlich waren, zu halten sei, weil es sicher war, daß, wenn sie sie hätten errichten und ausbezahlen sollen, fast das ganze Geld der Erbschaft daraufgegangen wäre, so daß ihnen das väterliche Erbe eher Schaden als Gewinn gebracht hätte. Da erhob sich der älteste: »Liebe Brüder, eines müßt ihr bedenken, was, wenn man so sagen darf, wahrer ist als die Wahrheit. Wenn nämlich einmal die Seele unseres Erzeugers im blinden Schlunde der Hölle ist, dann ist es eitel, die Vermächtnisse für seine Ruhe auszubezahlen, weil es aus der Hölle keine Erlösung gibt und keine Pforte aus ihr herausführt. Ist er aber in den seligen Gefilden des Paradieses, wo unwandelbare und ewige Ruhe herrscht, dann bedarf er der Vermächtnisse und Stiftungen nicht. Wenn er endlich an dem mittlern Orte ist, wo der Sünder eine begrenzte Zeit hindurch gestraft wird, dann ist es sicher, daß er, wenn er seine Fehler gebüßt hat, gelöst und gänzlich befreit wird und daß ihm also auch hier die frommen Werke nichts nützen. Deshalb, glaube ich, sollen wir uns um das Seelenheil unsers Vaters weiter nicht mehr kümmern und es der göttlichen Gnade anheimstellen; teilen wir denn sein Erbe in einigem Ratschlusse, und genießen wir, solange wir leben, die Güter, die er, als er lebte, aufgehäuft hat, damit es nicht eintreffe, daß die Toten besser daran seien als die Lebenden.«

Die Novelle zeigt, daß man im Leben, nicht nach dem Tode Wohltaten üben soll, weil den Toten heutigen Tags wenig oder gar keine Treue gehalten wird.

46. Wie Eulenspiegel zu Prag in Böhmen auf der hohen Schule disputierte und wohl bestand

Hierauf zog Eulenspiegel nach Prag in Böhmen. Daselbst gab er sich aus für einen großen Magister oder Meister der Gelehrsamkeit, welcher die schwersten Fragen auflösen könnte, so sonst kein anderer Magister zu beantworten vermöge. Er ließ einen Zettel dieses Inhalts schreiben und schlug ihn an die Kirchentüren und an die Kollegien an. Das ärgerte den Rektor. Die Doctores und Magister waren übel dran, gingen zusammen und beratschlagten sich, wie sie dem Eulenspiegel Fragen aufgeben möchten, die er ihnen nicht lösen könnte. So er denn übel bestände, so könnten sie angemessen an ihn kommen und ihn verschmähen. Solches wurde unter ihnen also verwilligt und zugelassen und beschlossen, daß der Rektor die Fragen tun sollte.

Darauf ließen sie den Eulenspiegel durch ihre Hausmeister bitten, des andern Tages zu erscheinen, um die Fragen, welche sie ihm stellen würden, vor der ganzen Universität zu beantworten, auf daß seine Kunst gerecht erfunden würde, sonst solle er nicht zugelassen werden. Eulenspiegel antwortete: »Sage deinen Herren, ich wolle es tun, und hoffe, noch als ein frommer Mann zu bestehen, wie ich vorlängst getan habe!«

Am andern Tage versammelten sich alle Doctores und Gelehrten. Indem kam Eulenspiegel mit seinem Wirt, etlichen anderen Bürgern und sonst einigen von seinen Gesellen, um eines Überfalls willen, der ihm von den Studenten geschehen möchte. Da er nun in ihre Versammlung kam, hießen sie ihn auf einen Stuhl steigen und auf die Fragen antworten, die ihm vorgelegt würden. Die erste Frage, die der Rektor an ihn tat, war, daß er sagen und mit der Wahrheit bewähren sollte, wieviel Tropfen Wassers im Meer wären? Wenn er die Frage nicht auflösen und beantworten könne, so wollten sie ihn als einen ungelehrten Anfechter der Künste verdammen und bestrafen.

Auf diese Frage antwortete er behend und sprach: »Würdiger Herr Rektor! Heißet die andern Wasser still stehen, die von allen Orten in das Meer laufen, so will ich auch das Meer alsbald ausmessen und Euch mit Wahrheit beweisen, daß meiner Rechnung kein Tropfen zuviel oder wenig ist.«

Wie nun dem Rektor unmöglich fiel, die Wasser aufzuhalten, so mußte er ihn auch des Messens befreien.

Der Rektor stand schamrot da, holte indes eine andere Frage vor und sprach: »Sage mir, wie viele Tage sind vergangen von Adams Zeit bis auf diesen Tag?« Er antwortete kurz: »Nur sieben. Und wenn diese verlaufen sind, so heben sich andere sieben an, und das währt bis zum Ende der Welt.«

Der Rektor tat die dritte Frage und sprach: »Sage mir alsbald: Wo ist die Mitte der Welt?« Eulenspiegel antwortete: »Das ist hier, genau da, wo ich stehe, und wenn Ihr es nicht glauben wollt, so mögt Ihr es ausmessen mit einer Schnur. Wo es nur um einen Strohhalm fehlt, so will ich Unrecht haben.«

Die vierte Frage: »Sage mir, wie weit ist's von der Erde bis zum Himmel?« Eulenspiegel antwortete: »Wenn man auf der Erde redet, kann man's im Himmel noch wohl hören. Steigt Ihr hinauf, so will ich hier laut rufen, daß Ihr's im Himmel hören sollt, und hört Ihr nicht, so will ich auch Unrecht haben.«

Der Rektor wurde dessen müde und tat die fünfte Frage: Wie groß der Himmel wäre? Eulenspiegel antwortete ihm bald: »Er ist tausend Klafter weit und tausend Ellen hoch, das kann mir nicht fehlen. Wollt

Ihr es nicht glauben, so nehmt Sonne und Mond und alles Gestirn und übermesset ihn recht, so findet Ihr, daß ich recht habe.« Weiter konnten sie nichts machen. Eulenspiegel war ihnen allen zu listig, deswegen bedauerten sie, daß sie ihn nicht fangen konnten. Er aber zog seinen langen Rock an, wanderte weiter und kam gen Erfurt.

47. Die beiden Brüder

Es waren einmal zwei Brüder, von denen der eine klug war und der andere unklug, und beide waren Schäfer, welche wechselweise Tag um Tag die Schafe eines reichen Metzgers hüteten. Jedesmal, wenn der eine hütete, blieb der andere zu Hause, besorgte das Essen und trug es hinaus auf die Schafweide, wo dann das Mahl von beiden gemeinschaftlich verzehrt wurde.

Nun traf einmal die Reihe des Hütens den Klugen und die des Kochens den Dummen, und nachdem letzterer das Essen gekocht hatte, trug er es zu seinem Bruder auf die Trift hinaus. Auf dem Wege aber kam er an eine alte wackelige Brücke, die über einen Bach führte und die viele Spalten hatte, unter denen das Wasser hinfloß, und da dachte der Dumme in seinem Sinne: »Das ist ein gefährlicher Steg, da kann zuletzt ein Schaf oder ein Mensch durchfallen; da ist schwer, über hinzukommen, willst doch die Brücke bessern.«

Und da begann der Dumme die Spalten mit den Klößen, die er gekocht hatte, auszustopfen, hart genug waren sie ohnehin, und in die schmalen Ritzen stopfte er Sauerkraut, dann ging er getrosten Mutes über die Brücke, die nun recht fest und haltbar aussah, und als ihn sein Bruder fragte: »Wo hast du denn das Essen?«, so lachte der Dumme und antwortete: »Essen habe ich nicht, aber ich hatte einen klugen Gedanken; ich habe den Brückensteg ausgebessert, daß er wieder hält. Ich habe die Klöße in die Klunsen gestopft und in die Ritzen das Sauerkraut, daß wir und unsere Schafe nicht durchfallen.«

»Ei, was du für ein Pfiffidunkus bist!« spottete der kluge Bruder über den dummen. »Es ist nur gut, daß du morgen hütest und ich koche, sonst gäbe es für uns zwei Fasttage hintereinander. Aber das sage ich dir:

Wenn du morgen hütest, so sei so gut und habe nicht wieder kluge Gedanken nach deiner Art. Du hast dich um nichts zu bekümmern, als daß die Schafe hübsch nach der Reihe liegenbleiben. Wenn du so tust, machst du nichts Dummes.«

»Will so tun«, sagte der Dumme.

Am andern Tage, als der Kluge zu Hause blieb und kochte und der Dumme die Schafe auf die Weide trieb, wollten die Schafe sich nicht nach der Reihe hinlegen, und da hatte der Dumme mit ihnen recht seine Not und Plage, bis er rackrig wurde und schrie: »Wartet, ich will euch, wenn ihr nicht wollt, wie ich will!« Und nahm einen Knüttel und schlug sie alle mausetot und legte sie hübsch nebeneinander in Reihen. Wie nun der Bruder mit dem Kessel voll Essen kam, wunderte er sich, daß die Schafe so schön lagen, und rief: »Ei, die liegen ja prächtig nach der Reihe!«

»Gelt?« antwortete der Dumme mit großer Selbstzufriedenheit. »Erst wollten sie freilich nicht, hab Mühe genug gehabt, hab sie totgeschlagen, die Nösser, nun muckt keins mehr.«

»Um des Himmels willen!« schrie der kluge Bruder: »Was hast du getan! Jetzt sind wir beide verloren!«

»Ach, geh weg!« antwortete der Dumme mit großer Gemütsruhe. »Verloren? Das wäre! Wer uns findet, wird schon ein ehrlicher Finder sein, wird uns wiederbringen.«

»Dummkopf!« schrie der Bruder erbost. »Der Metzger schlägt uns tot, wie du seine Schafe totgeschlagen hast! Packe auf! Wir müssen auf der Stelle fliehen!« Und da flohen die beiden Brüder und liefen, sosehr sie laufen konnten, und kamen in einen dichten finstern Wald, und als die Nacht kam, stiegen sie auf einen Baum, droben zu schlafen, und nahmen ihren Kessel, darin noch ihr Essen, Brühe und Brocken war, auch mit hinauf, denn der Hunger war ihnen über Schreck und Furcht vergangen, und wollten droben zu Nacht speisen.

Aber da sind zwei Räuber gekommen, die hatten einen Sack voll Nüsse und einen Sack voll Geld, beide Säcke schleppten sie unter den Baum, darauf die beiden Brüder saßen, setzten sich hin und wollten das Geld teilen. Da schwippte der Kessel etwas über, und der eine Räuber sprach zum andern: »Du, es tröpfelt!« Und da fielen aus dem schwippenden schwappenden Kessel auch Graupen und Brocken, und der andere Räuber rief: »Du, es graupelt und hagelt!«

Die Brüder droben aber fürchteten sich und zitterten und vermochten den Kessel, der auf dem runden Aste nicht standhalten wollte, nicht zu erhalten. Und da stürzte der ganze Kessel hinunter. »Herr Gott! Ein Wolkenbruch! Der Himmel fällt ein! Da kommt schon eine Pauke! Das ist eine schöne Musik!« schrien die Räuber und liefen davon und ließen ihren Geldsack und ihren Nußsack im Stiche. Die Brüder aber stiegen vom Baume herab und fanden die Säcke, und da sprach der kluge Bruder zu dem dummen: »Sieh, da sind zwei Säcke, in einem ist hartes Zeug und ist klein, der andere ist groß und sind Nüsse darinnen. Es fragt sich nun, welchen Sack du willst, denn du bist der Ältere und hast die Vorhand.«

»Richtig!« antwortete der Dumme. »Ich habe die Vorhand, mir gebührt der große Sack, der mit den Nüssen. Die Nüsse kann ich essen, das harte Zeug aber kann man nicht essen.«

So nahm jeder seinen Sack, und so wanderten sie miteinander. Der Dumme aß aus dem seinen fort und fort Nüsse und gab auch seinem Bruder ein paar, so daß er immer leichter zu tragen hatte, bis der Sack ganz leer war, den andern aber dünkte sein Geldsack immer schwerer zu werden, so daß er zuletzt nicht vermochte, ihn weiter zu tragen.

»Du kannst jetzt meinen Sack auch eine Strecke tragen!« sagte der Kluge zu dem Dummen. »Er wird mir gar zu schwer.«

»Nä! So haben wir nicht gewettet!« antwortete der Dumme. »Du hast ja meinen Sack auch nicht getragen. Ich habe dir noch dazu Nüsse gegeben, du aber hast mir nichts gegeben. Willst du's leicht haben, so teilen wir, du die Hälfte von dem harten Zeug, ich die Hälfte, das ist brüderlich, da trägt keiner zu schwer.«

Erst wollte der Kluge davon nichts hören, er probierte, ob er nicht dennoch den Geldsack allein fortbringen könnte, war dies aber nicht imstande. Und so teilten sie denn und kauften sich Schafe für das Geld und hüteten sie und fingen ihr Wesen wieder von vorn an.

48. Die drei Proben

Ein Ritter, welcher ein kühner Jäger war, hatte seinem Jägerburschen die strenge Weisung erteilt, den Hunden ihr Futter nie in der Pfanne, sondern in ihrer Schüssel vorzusetzen. Einmal aber kam der Ritter gerade dazu, wie die Hunde aus der Pfanne fraßen. Voll Zorn über diesen Ungehorsam entließ der gestrenge Schloßherr den Burschen sofort aus dem Dienst; erst wenn er ein Handwerk gelernt habe, könne er wiederkommen. Nach kurzer Zeit meldete sich der Jägerbursche wieder beim Ritter.

»Was hast du gelernt?« fragte ihn dieser.

»Stehlen, Herr Ritter!« war die Antwort.

»Wollen sehen«, sagte der Ritter, »ich fordere von dir drei Proben, ob du dein Handwerk auch wirklich verstehst. Die erste lautet: Du mußt diese Nacht mein Leibroß aus dem Stall führen, ohne daß es jemand bemerkt, und am Morgen muß es vor dem Schloßtor stehen. Als zweite Probe mußt du mir vom Dorf herauf den Pfarrer und den Mesner, jeden in einem Sack, aufs Schloß bringen. Die dritte Probe ist, daß du mir den Ehering meiner Gemahlin überreichst. Führst du diese Proben zu meiner Zufriedenheit aus, dann alle Anerkennung, da kannst du meine Tochter zur Frau haben.«

Der Jägerbursche, voll Freude, daß er nun Aussicht hatte, das schöne Ritterfräulein zur Frau zu bekommen, ging und machte sich sogleich an die Ausführung der drei Proben. Er verkleidete sich als Bettler und stieg bei Einbruch der Nacht zum Schloß hinauf, wo er um ein Heulager im Pferdestall bat, welches ihm auch, da man ihn nicht erkannte, gewährt wurde. Als er den Pferdestall betrat, sah er, daß auf des Ritters Leibroß ein Reiter saß.

»Was sitzt Ihr denn da im Stall auf einem Pferd oben?« redete er diesen an.

Der Reiter antwortete, das sei des Ritters Leibroß, und damit es nicht heute nacht unbemerkt aus dem Stall geführt werde, müsse er bis zum Morgen darauf sitzen. In der Nacht zog der vermeintliche Bettler aus der Tasche seines zerlumpten Rockes eine Schnapsflasche hervor, welche aber einen starken Schlaftrunk enthielt, tat, als ob er daraus trinke, und bot sie dann dem Reiter an. Dieser nahm erfreut die Flasche und tat einen guten Zug aus ihr. Alsbald machte sich die Wirkung des Trankes bemerkbar, und der Mann versank in einen tiefen Schlaf.

Nun befestigte der Bettler den Sattel, auf dem der Reiter saß, mit Stricken an der Stalldecke, so daß er ihm das Pferd unter demselben wegnehmen konnte und der Reiter in der Luft schwebte. Dann führte er das Roß aus dem Stall und band es vor dem Schloßtor an, wo es in der Früh der erstaunte Ritter vorfand.

Nun ging's an die zweite Probe. Der Jägerbursche begab sich zu einem Teich und fing eine Anzahl Frösche. Als es dunkelte, ging er mit zwei Säcken und den Fröschen auf den Friedhof, klebte jedem ein Wachskerzlein auf den Rücken, zündete es an und ließ einen nach dem andern laufen. Jetzt weckte der Bursche den Pfarrer und den Mesner, sie sollten doch schleunigst auf den Friedhof kommen, da würden sie etwas sehen.

Die beiden gingen sogleich mit ihm und waren sprachlos vor Erstaunen, als sie die Lichtlein auf den Gräbern herumhüpfen sahen. Diese Lichtlein, sagte der Jägerbursche zum Pfarrer, seien arme Seelen, die er als frommer Priester erlöst habe, und er selbst sei ein Abgesandter Gottes, welcher den Auftrag habe, ihn und den Mesner in den Himmel zu holen, sie brauchten nur in die mitgebrachten Säcke zu schlüpfen. Die beiden befolgten die Weisung, und der Bursche nahm den Sack, in welchem sich der Pfarrer befand, auf den Rücken, während er den Sack mit dem Mesner nachzog.

Bald wurde ihm aber der Pfarrer zu schwer, und er mußte auch ihn im Sack nachziehen. Jetzt jammerte der Pfarrer über den rauhen, steinigen Weg, worauf der Bursche sagte, er habe ja selbst oft gepredigt, daß der Weg in den Himmel rauh sei. Endlich kam der Jägerbursche mit den beiden auf dem Schlosse an und meldete dem Ritter, daß er nun auch die zweite Probe ausgeführt habe.

Darauf entfernte sich der Bursche wieder und rüstete sich zur dritten und letzten Probe. Er verfertigte heimlich einen Strohmann, und in der Nacht schlich er mit demselben zum Schloß hinauf. Dort lehnte er eine Leiter unter einem Fenster des Schlafgemachs des Ritters und seiner Gemahlin an die Mauer und stellte den Strohmann hinauf, so daß dessen Kopf von innen sichtbar war. Alsbald wurde der Ritter des Kopfes vor dem Fenster gewahr und glaubte, es sei der Jägerbursche, welcher von dort ins Zimmer gelangen wolle, um seiner Frau den Ehering wegzunehmen. Sofort stürmte der Ritter hinaus, um dem Burschen das Handwerk zu legen und ihm einen Denkzettel zu verpassen. Kaum jedoch hatte der Ritter das Schlafgemach verlassen, trat der Bursche, welcher sich in der Nähe versteckt hatte, in dasselbe ein und sagte zur Schloßfrau, indem er die Stimme des Ritters annahm, sie solle ihm den Ehering geben. Da die Burgherrin in der Dunkelheit glaubte, ihr Gemahl spreche zu ihr und verlange den Ring, streifte sie ihn vom Finger und reichte ihn dem vermeintlichen Eheherrn, worauf sich dieser mit seiner Beute schleunigst davonmachte.

Am Morgen brachte der Jägerbursche dem Ritter auch den Ring seiner Gemahlin und hatte somit die drei Proben glänzend bestanden. Bald auch wurde die Hochzeit des Ritterfräuleins mit dem Jägerburschen mit großem Prunk gefeiert.

49. Der Meisterdieb

Eines Tages saß vor einem ärmlichen Hause ein alter Mann mit seiner Frau und wollte von der Arbeit ein wenig ausruhen. Da kam auf einmal ein prächtiger mit vier Rappen bespannter Wagen herbeigefahren, aus dem ein reichgekleideter Herr stieg. Der Bauer stand auf, trat zu dem Herrn und fragte, was sein Verlangen wäre und worin er ihm dienen könnte. Der Fremde reichte dem Alten die Hand und sagte: »Ich wünsche nichts, als einmal ein ländliches Gericht zu genießen. Bereitet mir Kartoffel, wie Ihr sie zu essen pflegt, dann will ich mich zu Euerm Tisch setzen und sie mit Freude verzehren.« Der Bauer lächelte und sagte: »Ihr seid ein Graf oder Fürst oder gar ein Herzog, vornehme Herrn haben manchmal solch ein Gelüsten; Euer Wunsch soll aber erfüllt werden.« Die Frau ging in die Küche, und sie fing an, Kartoffel zu waschen und zu reiben, und wollte Klöße daraus bereiten, wie sie die Bauern essen. Während sie bei der Arbeit stand, sagte der Bauer zu dem Fremden: »Kommt einstweilen mit mir in meinen Hausgarten, wo ich noch etwas

zu schaffen habe.« In dem Garten hatte er Löcher gegraben und wollte jetzt Bäume einsetzen. »Habt Ihr keine Kinder«, fragte der Fremde, »die Euch bei der Arbeit behilflich sein könnten?«

»Nein«, antwortete der Bauer; »ich habe freilich einen Sohn gehabt«, setzte er hinzu, »aber der ist schon seit langer Zeit in die weite Welt gegangen. Es war ein ungeratener Junge, klug und verschlagen, aber er wollte nichts lernen und machte lauter böse Streiche; zuletzt lief er mir fort, und seitdem habe ich nichts von ihm gehört.« Der Alte nahm ein Bäumchen, setzte es in ein Loch und stieß einen Pfahl daneben; und als er Erde hineingeschaufelt und sie festgestampft hatte, band er den Stamm unten, oben und in der Mitte mit einem Strohseil fest an den Pfahl. »Aber sagt mir«, sprach der Herr, »warum bindet Ihr den krummen, knorrichten Baum, der dort in der Ecke fast bis auf den Boden gebückt liegt, nicht auch an einen Pfahl wie diesen, damit er strack wächst?« Der Alte lächelte und sagte: »Herr, Ihr redet, wie Ihr's versteht: man sieht wohl, daß Ihr Euch mit der Gärtnerei nicht abgegeben habt. Der Baum dort ist alt und verknorzt, den kann niemand mehr geradmachen: Bäume muß man ziehen, solange sie jung sind.«

»Es ist wie bei Euerm Sohn«, sagte der Fremde, »hättet Ihr den gezogen, wie er noch jung war, so wäre er nicht fortgelaufen; jetzt wird er auch hart und knorzig geworden sein.«

»Freilich«, antwortete der Alte, »es ist schon lange, seit er fortgegangen ist; er wird sich verändert haben.«

»Würdet Ihr ihn noch erkennen, wenn er vor Euch träte?« fragte der Fremde. »Am Gesicht schwerlich«, antwortete der Bauer, »aber er hat ein

Zeichen an sich, ein Muttermal auf der Schulter, das wie eine Bohne aussieht.« Als er das gesagt hatte, zog der Fremde den Rock aus, entblößte seine Schulter und zeigte dem Bauer die Bohne. »Herr Gott«, rief der Alte, »du bist wahrhaftig mein Sohn«, und die Liebe zu seinem Kind regte sich in seinem Herzen. »Aber«, setzte er hinzu, »wie kannst du mein Sohn sein, du bist ein großer Herr geworden und lebst in Reichtum und Überfluß? Auf welchem Weg bist du dazu gelangt?«

»Ach, Vater«, erwiderte der Sohn, »der junge Baum war an keinen Pfahl gebunden und ist krumm gewachsen: jetzt ist er zu alt; er wird nicht wieder gerad. Wie ich das alles erworben habe? Ich bin ein Dieb geworden. Aber erschreckt euch nicht, ich bin ein Meisterdieb. Für mich gibt es weder Schloß noch Riegel: wonach mich gelüstet, das ist mein. Glaubt nicht, daß ich stehle wie ein gemeiner Dieb, ich nehme nur vom Überfluß der Reichen. Arme Leute sind sicher: ich gebe ihnen lieber, als daß ich ihnen etwas nehme. So auch, was ich ohne Mühe, List und Gewandtheit haben kann, das rühre ich nicht an.«

»Ach, mein Sohn«, sagte der Vater, »es gefällt mir doch nicht, ein Dieb bleibt ein Dieb; ich sage dir, es nimmt kein gutes Ende.« Er führte ihn zu der Mutter, und als sie hörte, daß es ihr Sohn war, weinte sie vor Freude, als er ihr aber sagte, daß er ein Meisterdieb geworden wäre, so flossen ihr zwei Ströme über das Gesicht. Endlich sagte sie: »Wenn er auch ein Dieb geworden ist, so ist er doch mein Sohn, und meine Augen haben ihn noch einmal gesehen.« Sie setzten sich an den Tisch, und er aß mit seinen Eltern wieder einmal die schlechte Kost, die er lange nicht gegessen hatte. Der Vater sprach: »Wenn unser Herr, der Graf drüben im Schlosse, erfährt, wer du bist und was du treibst, so nimmt er dich nicht auf die Arme und wiegt dich darin, wie er tat, als er dich am Tauf-stein hielt, sondern er läßt dich am Galgenstrick schaukeln.«

»Seid ohne Sorge, mein Vater, er wird mir nichts tun, denn ich ver-stehe mein Handwerk. Ich will heute noch selbst zu ihm gehen.« Als die Abendzeit sich näherte, setzte sich der Meisterdieb in seinen Wagen und fuhr nach dem Schloß. Der Graf empfing ihn mit Artigkeit, weil er ihn für einen vornehmen Mann hielt. Als aber der Fremde sich zu erkennen gab, so erbleichte er und schwieg eine Zeitlang ganz still. Endlich sprach er: »Du bist mein Pate, deshalb will ich Gnade für Recht ergehen lassen und nachsichtig mit dir verfahren. Weil du dich rühmst, ein Meisterdieb zu sein, so will ich deine Kunst auf die Probe stellen, wenn du aber nicht bestehst, so mußt du mit des Seilers Tochter Hochzeit halten, und das Gekrächze der Raben soll deine Musik dabei sein.«

»Herr Graf«, antwortete der Meister, »denkt Euch drei Stücke aus, so schwer Ihr wollt, und wenn ich Eure Aufgabe nicht löse, so tut mit mir, wie Euch gefällt.« Der Graf sann einige Augenblicke nach, dann sprach er: »Wohlan, zum ersten sollst du mir mein Leibpferd aus dem Stalle stehlen, zum andern sollst du mir und meiner Gemahlin, wenn wir ein-geschlafen sind, das Bettuch unter dem Leib wegnehmen, ohne daß wir's merken, und dazu meiner Gemahlin den Trauring vom Finger; zum dritten und letzten sollst du mir den Pfarrer und Küster aus der Kirche wegstehlen. Merke dir alles wohl, denn es geht dir an den Hals.«

Der Meister begab sich in die zunächstliegende Stadt. Dort kaufte er einer alten Bauerfrau die Kleider ab und zog sie an. Dann färbte er sich das Gesicht braun und malte sich noch Runzeln hinein, so daß ihn kein

Mensch wiedererkannt hätte. Endlich füllte er ein Fäßchen mit altem Ungarwein, in welchen ein starker Schlaftrunk gemischt war. Das Fäßchen legte er auf eine Kötze, die er auf den Rücken nahm, und ging mit bedächtigen, schwankenden Schritten zu dem Schloß des Grafen. Es war schon dunkel, als er anlangte; er setzte sich in dem Hof auf einen Stein, fing an zu husten wie eine alte, brustkranke Frau und rieb die Hände, als wenn er fröre.

Vor der Türe des Pferdestalls lagen Soldaten um ein Feuer; einer von ihnen bemerkte die Frau und rief ihr zu: »Komm näher, altes Mütterchen, und wärme dich bei uns. Du hast doch kein Nachtlager und nimmst es an, wo du es findest.« Die Alte trippelte herbei, bat, ihr die Kötze vom Rücken zu heben, und setzte sich zu ihnen ans Feuer. »Was hast du da in deinem Fäßchen, du alte Schachtel?« fragte einer. »Einen guten Schluck Wein«, antwortete sie, »ich ernähre mich mit dem Handel, für Geld und gute Worte gebe ich euch gerne ein Glas.«

»Nur her damit«, sagte der Soldat, und als er ein Glas gekostet hatte, rief er: »Wenn der Wein gut ist, so trink ich lieber ein Glas mehr«, ließ sich nochmals einschenken, und die andern folgten seinem Beispiel. »Heda, Kameraden«, rief einer denen zu, die in dem Stall saßen, »hier ist ein Mütterchen, das hat Wein, der so alt ist wie sie selber, nehmt auch einen Schluck, der wärmt euch den Magen noch besser als unser Feuer.« Die Alte trug ihr Fäßchen in den Stall. Einer hatte sich auf das gesattelte Leibpferd gesetzt, ein anderer hielt den Zaum in der Hand, ein dritter hatte den Schwanz gepackt. Sie schenkte ein, soviel verlangt ward, bis die Quelle versiegte.

Nicht lange, so fiel dem einen der Zaum aus der Hand, er sank nieder und fing an zu schnarchen, der andere ließ den Schwanz los, legte sich nieder und schnarchte noch lauter. Der, welcher im Sattel saß, blieb zwar sitzen, bog sich aber mit dem Kopf fast bis auf den Hals des Pferdes, schlief und blies mit dem Mund wie ein Schmiedebalg. Die Soldaten draußen waren schon längst eingeschlafen, lagen auf der Erde und regten sich nicht, als wären sie von Stein. Als der Meisterdieb sah, daß es ihm geglückt war, gab er dem einen statt des Zaums ein Seil in die Hand und dem andern, der den Schwanz gehalten hatte, einen Strohwisch; aber was sollte er mit dem, der auf dem Rücken des Pferdes saß, anfan-

gen? Herunterwerfen wollte er ihn nicht, er hätte erwachen und ein Geschrei erheben können. Er wußte aber guten Rat, er schnallte die Sattel-
gurte auf, knüpfte ein paar Seile, die in Ringen an der Wand hingen, an
den Sattel fest und zog den schlafenden Reiter mit dem Sattel in die
Höhe, dann schlug er die Seile um den Pfosten und machte sie fest. Das
Pferd hatte er bald von der Kette losgebunden, aber wenn er über das
steinerne Pflaster des Hofs geritten wäre, so hätte man den Lärm im
Schloß gehört. Er umwickelte ihm also zuvor die Hufen mit alten Lap-
pen, führte es dann vorsichtig hinaus, schwang sich auf und jagte davon.

Als der Tag angebrochen war, sprengte der Meister auf dem gestoh-
lenen Pferd zu dem Schloß. Der Graf war eben aufgestanden und blickte
aus dem Fenster. »Guten Morgen, Herr Graf«, rief er ihm zu, »hier ist
das Pferd, das ich glücklich aus dem Stall geholt habe. Schaut nur, wie
schön Eure Soldaten da liegen und schlafen, und wenn Ihr in den Stall

gehen wollt, so werdet Ihr sehen, wie bequem sich's Eure Wächter gemacht haben.« Der Graf mußte lachen, dann sprach er: »Einmal ist
dir's gelungen, aber das zweite Mal wird's nicht so glücklich ablaufen.
Und ich warne dich, wenn du mir als Dieb begegnest, so behandle ich
dich auch wie einen Dieb.« Als die Gräfin abends zu Bette gegangen
war, schloß sie die Hand mit dem Trauring fest zu, und der Graf sagte:
»Alle Türen sind verschlossen und verriegelt, ich bleibe wach und will
den Dieb erwarten; steigt er aber zum Fenster ein, so schieße ich ihn
nieder.«

Der Meisterdieb aber ging in der Dunkelheit hinaus zu dem Galgen,
schnitt einen armen Sünder, der da hing, von dem Strick ab und trug ihn
auf dem Rücken nach dem Schloß. Dort stellte er eine Leiter an das
Schlafgemach, setzte den Toten auf seine Schultern und fing an hinauf-
zusteigen. Als er so hoch gekommen war, daß der Kopf des Toten in
dem Fenster erschien, drückte der Graf, der in seinem Bett lauerte, eine
Pistole auf ihn los; alsbald ließ der Meister den armen Sünder herabfallen, sprang selbst die Leiter herab, und versteckte sich in eine Ecke. Die

Nacht war von dem Mond so weit erhellt, daß der Meister deutlich sehen konnte, wie der Graf aus dem Fenster auf die Leiter stieg, herabkam und den Toten in den Garten trug. Dort fing er an, ein Loch zu graben, in das er ihn legen wollte. »Jetzt«, dachte der Dieb, »ist der günstige Augenblick gekommen«, schlich behende aus seinem Winkel und stieg die Leiter hinauf, geradezu ins Schlafgemach der Gräfin. »Liebe Frau«, fing er mit der Stimme des Grafen an, »der Dieb ist tot, aber er ist doch mein Pate und mehr ein Schelm als ein Bösewicht gewesen: Ich will ihn der öffentlichen Schande nicht preisgeben; auch mit den armen Eltern habe ich Mitleid. Ich will ihn, bevor der Tag anbricht, selbst im Garten begraben, damit die Sache nicht ruchbar wird. Gib mir auch das Bettuch, so will ich die Leiche einhüllen und ihn wie einen Hund verscharren.«

Die Gräfin gab ihm das Tuch. »Weißt du was«, sagte der Dieb weiter, »ich habe eine Anwandlung von Großmut, gib mir noch den Ring; der Unglückliche hat sein Leben gewagt, so mag er ihn ins Grab mitnehmen.« Sie wollte dem Grafen nicht entgegen sein, und obgleich sie es ungern tat, so zog sie doch den Ring vom Finger und reichte ihn hin. Der Dieb machte sich mit beiden Stücken fort und kam glücklich nach Haus, bevor der Graf im Garten mit seiner Totengräberarbeit fertig war.

Was zog der Graf für ein langes Gesicht, als am andern Morgen der Meister kam und ihm das Bettuch und den Ring brachte. »Kannst du hexen?« sagte er zu ihm. »Wer hat dich aus dem Grab geholt, in das ich selbst dich gelegt habe, und hat dich wieder lebendig gemacht?«

»Mich habt Ihr nicht begraben«, sagte der Dieb, »sondern den armen Sünder am Galgen«, und erzählte ausführlich, wie es zugegangen war; und der Graf mußte ihm zugestehen, daß er ein gescheiter und listiger Dieb wäre. »Aber noch bist du nicht zu Ende«, setzte er hinzu, »du hast noch die dritte Aufgabe zu lösen, und wenn dir das nicht gelingt, so hilft dir alles nichts.« Der Meister lächelte und gab keine Antwort.

Als die Nacht eingebrochen war, kam er mit einem langen Sack auf dem Rücken, einem Bündel unter dem Arm und einer Laterne in der Hand zu der Dorfkirche gegangen. In dem Sack hatte er Krebse, in dem Bündel aber kurze Wachslichter. Er setzte sich auf den Gottesacker, holte einen Krebs heraus und klebte ihm ein Wachslichtchen auf den

Rücken; dann zündete er das Lichtchen an, setzte den Krebs auf den Boden und ließ ihn kriechen. Er holte einen zweiten aus dem Sack, machte es mit diesem ebenso und fuhr fort, bis auch der letzte aus dem Sacke war. Hierauf zog er ein langes schwarzes Gewand an, das wie eine Mönchskutte aussah, und klebte sich einen grauen Bart an das Kinn. Als er endlich ganz unkenntlich war, nahm er den Sack, in dem die Krebse gewesen waren, ging in die Kirche und stieg auf die Kanzel. Die Turmuhr schlug eben zwölf; als der letzte Schlag verklungen war, rief er mit lauter gellender Stimme: »Hört an, ihr sündigen Menschen, das Ende aller Dinge ist gekommen, der Jüngste Tag ist nahe: Hört an, hört an. Wer mit mir in den Himmel will, der krieche in den Sack. Ich bin Petrus, der die Himmelstüre öffnet und schließt. Seht ihr, draußen auf dem Gottesacker wandeln die Gestorbenen und sammeln ihre Gebeine zusammen. Kommt, kommt und kriecht in den Sack, die Welt geht unter.«

Das Geschrei erschallte durch das ganze Dorf. Der Pfarrer und der Küster, die zunächst an der Kirche wohnten, hatten es zuerst vernommen, und als sie die Lichter erblickten, die auf dem Gottesacker umherwandelten, merkten sie, daß etwas Ungewöhnliches vorging, und traten in die Kirche ein. Sie hörten der Predigt eine Weile zu, da stieß der Küster den Pfarrer an und sprach: »Es wäre nicht übel, wenn wir die Gelegenheit benutzten und zusammen vor dem Einbruch des Jüngsten Tags auf eine leichte Art in den Himmel kämen.«

»Freilich«, erwiderte der Pfarrer, »das sind auch meine Gedanken gewesen; habt Ihr Lust, so wollen wir uns auf den Weg machen.«

»Ja«, antwortete der Küster, »aber Ihr, Herr Pfarrer, habt den Vortritt, ich folge nach.« Der Pfarrer schritt also vor und stieg auf die Kanzel, wo der Meister den Sack öffnete. Der Pfarrer kroch zuerst hinein, dann der Küster. Gleich band der Meister den Sack fest zu, packte ihn am Bausch und schleifte ihn die Kanzeltreppe hinab; sooft die Köpfe der beiden Toren auf die Stufen aufschlugen, rief er: »Jetzt geht's schon über die Berge.« Dann zog er sie auf gleiche Weise durch das Dorf, und wenn sie durch Pfützen kamen, rief er: »Jetzt geht's schon durch die nassen Wolken«, und als er sie endlich die Schloßtreppe hinaufzog, so rief er: »Jetzt sind wir auf der Himmelstreppe und werden bald im Vorhof sein.« Als er oben angelangt war, schob er den Sack in den Taubenschlag, und als

die Tauben flatterten, sagte er: »Hört ihr, wie die Engel sich freuen und mit den Fittichen schlagen.« Dann schob er den Riegel vor und ging fort.

Am andern Morgen begab er sich zu dem Grafen und sagte ihm, daß er auch die dritte Aufgabe gelöst und den Pfarrer und Küster aus der Kirche weggeführt hätte. »Wo hast du sie gelassen?« fragte der Herr. »Sie liegen in einem Sack oben auf dem Taubenschlag und bilden sich ein, sie wären im Himmel.« Der Graf stieg selbst hinauf und überzeugte sich, daß er die Wahrheit gesagt hatte. Als er den Pfarrer und Küster aus dem Gefängnis befreit hatte, sprach er: »Du bist ein Erzdieb und hast deine Sache gewonnen. Für diesmal kommst du mit heiler Haut davon, aber mache, daß du aus meinem Land fortkommst, denn wenn du dich wieder darin betreten läßt, so kannst du auf deine Erhöhung am Galgen rechnen.« Der Erzdieb nahm Abschied von seinen Eltern, ging wieder in die weite Welt, und niemand hat wieder etwas von ihm gehört.

50. Das Land, wo man nie stirbt

Eines Tages sagte ein junger Mann: »Mir gefällt die Geschichte nicht, daß wir alle sterben müssen. Ich will hingehen und das Land suchen, wo man niemals stirbt.« Und er ging hin und verabschiedete sich von Vater und Mutter und von allen Verwandten, und dann machte er sich auf die Wanderschaft. Überall fragte er nach dem Lande, wo man niemals stirbt, aber sooft er auch fragen mochte, keiner konnte ihm die richtige Antwort geben. So wanderte er landauf, landab und fand doch keinen, der es wußte. Eines Tages begegnete er einem alten Mann, der hatte einen langen, langen Bart und schob auf einem Schubkarren Steine vor sich her. Er fragte den Alten: »He, könnt Ihr mir nicht den Weg in das Land zeigen, wo man niemals stirbt?«

»Willst du nicht sterben? So komm mit mir! Solange ich nicht jenes Gebirge Stein um Stein abgetragen habe, wirst du nicht sterben!«

»Und wie viele Jahre werdet Ihr brauchen, um das Gebirge abzutragen?«

»Hunderttausend Jahre oder etwas mehr.«

»Und dann muß ich sterben?«

»Natürlich.«

»Nein, dann ist das nicht der richtige Ort für mich, denn ich suche das Land, wo man nie, niemals stirbt.«

Er grüßte den Alten und machte sich wieder auf den Weg. Er wanderte und wanderte, und endlich kam er in einen großen, großen Wald. Der Wald war so groß, daß er niemals ein Ende zu nehmen schien. Da traf er einen alten Mann, der hatte einen noch längeren Bart als jener Alte mit dem Schubkarren. Der Alte aber schnitt mit einem Messerchen Zweige von einem Baum. Der Jüngling fragte ihn: »He, Alterchen, könnt Ihr mir den Weg sagen zu dem Lande, wo man niemals stirbt?«

»Bleib bei mir!« sagte der Alte. »Ehe ich nicht mit meinem Messerchen alle Zweige dieses Waldes abgeschnitten habe, wirst du nicht sterben.«

»Und wie lange wirst du dazu brauchen?«

»Mindestens zweihunderttausend Jahre, vielleicht aber auch mehr.«

»Und dann muß ich sterben?«

»Ja, sicher. Ist es dir denn nicht genug?«

»Nein, wenn das alles ist. Ich suche das Land, wo man niemals stirbt.«

Er grüßte den Alten und wanderte weiter. Nach vielen Monden kam er schließlich ans Ufer eines Meeres. Da traf er einen Alten, der hatte einen langen, langen Bart, der ihm bis zu den Knien reichte. Der Alte aber hütete eine Ente, die auf dem Wasser schwamm.

»He, Alterchen«, fragte der Jüngling, »könnt Ihr mir vielleicht den Weg sagen zu dem Lande, wo man niemals stirbt?«

»Wenn du Angst vor dem Tode hast, dann bleibe bei mir! Solange diese Ente nicht das Meer ausgetrunken hat, wirst du nicht sterben.«

»Und wieviel Zeit braucht sie dazu?«

»Über den Daumen gepeilt: fünfhunderttausend Jahre.«

»Und dann muß ich sterben?«

»Ja, was willst du machen! Wieviel Jahre willst du dich denn auf dieser Erde herumtreiben?«

»Dann ist auch das nicht der rechte Fleck für mich, denn ich suche das Land, wo man niemals stirbt.«

Und er grüßte den Alten höflich und lenkte seine Schritte weiter. Er ging und ging, und eines Abends kam er zu einem herrlichen Palast. Er klopfte an, da öffnete ihm ein alter Mann, der hatte einen langen, langen Bart, ja der Bart war so lang, daß er ihm bis auf die Fußspitzen hinabreichte. Der Alte aber fragte: »Was willst du, Jüngling?«

»Ich suche das Land, wo man niemals stirbt.«

»Bravo! Ich kann dich gut verstehen. Du hast Glück gehabt und den rechten Ort gefunden. Solange du hier bei mir bleibst, wirst du niemals sterben.«

»Endlich! Das war aber ein gutes Stück Weg! Das ist also endlich der Fleck, den ich so lange gesucht habe! Aber Ihr, seid Ihr selbst zufrieden, hier zu sein?«

»Aber ja, vor allem dann, wenn du mir Gesellschaft leistest.«

So ließ sich der Jüngling in dem Palast nieder, leistete dem Alten Gesellschaft und führte das Leben eines großen Herrn. Es vergingen die Jahre im Fluge, ohne daß man es merkte. Jahre, Jahre, Jahre.

Eines Tages sagte der Jüngling zum Alten: »Hier bei Euch lebt es sich wirklich sehr gut, aber ich habe Sehnsucht, einmal zu den Meinen zu gehen und zu schauen, wie es meiner ganzen Verwandtschaft geht.«

»Was für eine Verwandtschaft willst du denn besuchen? Die sind doch alle schon eine ganz schöne Zeit tot!«

»Gut. Dann möchte ich wenigstens meine Heimat sehen. Wer weiß, wem ich begegnen werde. Wenn schon nicht meinen Verwandten, dann deren Söhnen oder Enkeln.«

»Na, wenn du dir den Gedanken in den Kopf gesetzt hast, will ich dich nicht davon abbringen, sondern dir sagen, wie du es machen mußt. Geh in den Stall, nimm meinen Schimmel, der hat die Gabe, so schnell wie der Wind zu laufen. Aber vergiß nicht: Du darfst niemals absteigen! Auf gar keinen Fall! Wenn du den Sattel verläßt, mußt du sofort sterben!«

»Seid nur ruhig! Ich werde schon nicht absteigen, denn ich habe nicht den geringsten Wunsch nach dem Tode.«

Er ging also in den Stall hinunter, sah dort den Schimmel stehen, den zog er heraus, sattelte ihn und ritt wie der Wind davon. Er durchritt alle Landschaften, die er einst durchwandert hatte. Da kam er zuerst zu dem Ort, wo der Alte die Ente gehütet hatte, die auf dem Meere schwamm. Doch, wo erst ein weites Meer gewesen war, fand er jetzt eine große Ebene. Und am Rande lag ein kleines Häuflein Knochen, die waren das Gerippe des Alten.

»Da schau her«, sprach der Jüngling bei sich, »ich habe doch gut getan, weitergewandert zu sein. Sonst wäre ich jetzt auch schon längst tot.«

Er ritt seine Straße fort. Dort, wo einst der große, große Wald gewesen war, erstreckte sich nun eine Wüste, und es war auch nicht ein Baum zu sehen.

»Auch bei diesem wäre ich schon ein gutes Stück Zeit tot!« sagte der Jüngling.

Dann ritt er weiter und kam dorthin, wo einst sich das Gebirge erhoben hatte. Das hatte der Alte ganz abgetragen, es war nicht mehr die kleinste Erhebung zu erkennen, der Ort war flach wie ein Tisch.

»Auch hier wäre ich schon längst gestorben«, sagte der Jüngling und lenkte sein Pferd weiter.

Er ritt und ritt bis zu seiner Heimat. Aber da hatte sich alles verändert, so daß er nichts mehr erkannte. Er suchte vergeblich nach den Seinen. Niemand mehr kannte auch nur den Namen. Da wurde ihm weh ums Herz.

»Höchste Zeit, daß ich umkehre«, sprach er bei sich. Er wandte das Pferd und ritt zurück zum Palaste des Alten. Aber er war noch nicht weit gekommen, da begegnete er einem Fuhrmann, der hatte seinen Wagen voller alter Schuhe geladen. Der Fuhrmann hielt den Jüngling an und sagte: »Ach, Herr, könnt Ihr mir nicht einen Augenblick helfen! Mir ist das Rad aus der Achse gegangen.«

»Tut mir leid«, sagte der Jüngling, »ich habe große Eile und kann nicht absteigen.«

»Ach«, sagte der Fuhrmann, »seid doch so gütig, und habt Mitleid mit mir. Ihr seht, daß ich ganz allein bin und daß es schon Abend wird. Wenn Ihr mir nicht helft, komme ich nimmer heim.«

Da erfaßte den Jüngling Mitleid mit dem Fuhrmann, und er schwang sich aus dem Sattel. Aber kaum hatte er mit einem Fuß den Boden berührt, als ihn der Fuhrmann mit einem Arm umschlang und sagte: »Ah, endlich habe ich dich erwischt! Weißt du denn nicht, wer ich bin? Ich bin der Tod! Siehst du alle diese vielen Schuhe auf dem Karren? Die habe ich alle durchlaufen, um dich zu fassen. Jetzt bist du mir endlich in die Falle gegangen. – Früher oder später müßt ihr ja alle in meinen Armen enden. Da gibt es keinen Ausweg.«

Und da hatte auch für den armen Jüngling die Todesstunde geschlagen.

51. Bauer und Bäurin

Es war einmal eine Bäurin, die war sehr reich, aber auch sehr dumm, so dumm wie die Nacht. Einmal hatte man nun ein Schwein abgeschlachtet, und der Bauer, der mit seinem Weib viel Kreuz und Leiden hatte, sollte gerade auf das Feld gehen. Die Bäurin fragte ihn da, was sie mit dem toten Schwein machen sollte. Der Bauer antwortete, sie solle mit einem Stück den Kappes spicken und das übrige solle sie für den Fürpaß aufbehalten. Der Bauer ging, unwillig darüber, daß eine Hauswirtin sich nicht einmal bei einem geschlachteten Schwein zu helfen wisse, auf das Feld und machte dort noch ein Gesicht wie sieben Tage Regenwetter. Die Bäurin nahm sich die Worte ihres Mannes zu Herzen, nahm das halbe Schwein, trug es auf den Kappesacker hinaus, zerhackte es zu kleinen Streiflein und spickte damit alle Krautköpfe, die mit den Speck-schnittchen geziert gar sonderlich aussahen. Als sie mit dieser Arbeit fertig war, ging sie nach Hause und dachte immer an den Fürpaß und wo er etwa stecken möchte. Sie weilte schon lange in der getäfelten Stube und wunderte sich darüber, daß der Fürpaß nicht komme, um sein Teil zu holen, als ein armes, altes Männchen mit einem Bettelranzen kam und um ein Almosen bat.

»Bist du etwa der Fürpaß?« fragte hastig die Bäurin.

»Warum denn?« fragte wieder das durch die Frage überraschte alte Männlein.

»Ja, weißt wohl, mein Mann hat mir aufgetragen, dem Fürpaß das halbe Schwein, das wir heute morgen geschlachtet haben, zu behalten, und da warte ich schon lange auf den Fürpaß, und er will nie kommen, und der Bauer ist heute schon zuvor herb.«

»Ja, ja«, erwiderte der Bettler, »freilich bin ich der Fürpaß, und das ist brav, daß ich nicht zu früh komme.«

Die Bäurin war darüber froh, eilte in die Küche, holte das halbe Schwein und lud es dem Bettler auf den Rücken.

»Hast wohl schwer zu tragen«, dachte sie und bemitleidete das bela-stete Männlein. Dem schien es aber zu gefallen, und er machte sich auf die Füße und lief davon, daß der Boden unter ihm dampfte.

Es dauerte nicht lange, und der Bauer kam nach Hause. Er fragte die Bäurin, ob sie das Schwein besorgt hätte. »O ja, der Kappes ist schon gespickt, gehe nur auf das Feld hinaus zu schauen, und der Fürpaß ist auch dagewesen.«

Der Bauer wollte seinen Ohren nicht trauen und ging auf das Feld hinaus. Dort fand er die grünen Kappesköpfe samt und sonders mit Speck geschmückt. Da wurde er gar zornig, lief nach Hause und wollte sein dummes Weib, das die Sachen so zugrunde gerichtet hatte, fortja-gen.

Allein mit einem dummen Weibe wird man nicht so bald fertig; sie bat um Verzeihung, weinte und versprach so lange Besserung, bis der Bauer ihr nachgab, und so war alles wieder gut.

Nach einigen Tagen hatte der Bauer seine Hosen zerrissen, und da sagte er zur Bäurin, sie möchte ihm doch die Hosen flicken, aber ordentlich und recht. Der Bauer ging indessen seiner Arbeit nach. Die dumme Bäurin aber stand vor den zerrissenen Hosen, wie der Ochs vor dem Berg, und wußte nicht, wie sie das Ding anstellen sollte. Endlich fiel ihr ein Rat ein. Sie ging in die Schlafkammer, holte dort aus der Truhe die Festtagshosen, zerschnitt sie und flickte damit die Werktagshosen. Als der Bauer nach einigen Tagen die Festtagshosen anziehen wollte, fand er sie nicht, und als er fragte, hörte er vom Geschehenen.

Da war wieder das Feuer im Hause, und Bauer und Bäurin waren sich so freundlich wie Hund und Katze.

Nach und nach kam aber wieder alles ins Geleise, und Bauer und Bäurin sprachen wieder miteinander, ohne nebenaus zu sehen. Da meinte einmal der Bauer, daß sein Bett nicht viel tauge. Andere Leute hätten so nette und reinliche Betten, daß es eine Lust wäre, nur das seine wäre wie ein dumpfes Nest. Er bat die Bäurin, sie möchte doch einmal das Bett reinigen und auslüften.

Der Bauer ging nun in die Stadt, die Bäurin nahm aber die Betten, trug sie auf das Dach, zerschnitt sie dort und schüttete die Federn auf ein Leintuch heraus. Es stand aber nicht lange an, da kam der Wind daher, blies recht lustig in die luftigen Federn, so daß diese Flügel bekamen und dahin und dorthin flogen, und die Nachbarn meinten, es schneie bei heiterm Himmel. Als nun der Bauer müde und matt abends nach Hause kam und sich ins Bett legen wollte, fand er die leere Bettstätte und kein Federchen darin. Die Bäurin erzählte nun, wie es zugegangen sei, und da wurde der Bauer so zornig und wild, daß er die Bäurin umbringen wollte. Sie bat aber und bat so lange, bis er ihr das Leben schenkte, aber bei ihr bleiben wollte er um keinen Preis mehr. Er packte sich nun ein Bündel zusammen und wollte so weit gehen, bis er jemand finden würde, der noch dümmer als sein Weib wäre. Würde er keinen Dümmern finden, wollte er wieder nach Hause kehren und sein Weib ohne Schonung umbringen.

Er ging nun weiter und weiter über Berg und Tal und kam endlich in eine große, große Stadt. Wie er nun so durch die schönen, weiten Gassen wanderte und, den Mund weit offen, die prächtigen Häuser anschaute, rief eine Frau aus einem Fenster herab: »Hansl! was schaust du denn so in die Höh?«

»Was schau ich?« antwortete er. »Vom Himmel bin ich herabgefallen, und jetzt muß ich das Loch suchen, damit ich wieder hinaufkomme.« Die Frau war voll Freude über diese Antwort und fragte gleich, wie es ihrem seligen Herrn im Himmel droben gehe.

»Schon gut«, erwiderte Hansl, »aber kein Geld und kein Gewand hat er, und da leidet er halt an Kälte und Langweile.«

»Ach, wenn es nur das ist«, rief die Frau, »so will ich ihm schon helfen. Gewand und Geld will ich dir mitgeben, daß er droben nicht leiden muß.«

Der Bauer mußte nun in das Haus hinaufgehen, und dann gab sie ihm so viel Geld und Gewand, daß er es fast nicht tragen konnte, und Hansl war froh und ging geschwind weiter.

Als Hansl weg war und die Frau sich über das Wohlsein ihres ersten Herrn im Himmel droben freute, kam ihr zweiter Herr, und dem erzählte sie, daß es ihrem Herrn gutgehe und daß sie ihm, da sich gerade gute Gelegenheit geboten habe, Geld und Gewand geschickt habe. Als ihr Herr das hörte, wurde er zornig wie ein Göckelhahn, schmähte seine Frau aus, ließ sich das Pferd satteln und ritt spornstreichs dem Hansl nach. Sobald aber dieser gewahr wurde, daß ein Reiter nachgesprengt komme, legte er sein Bündel ab, versteckte es im Gesträuch und legte sich, wie schläfrig, in das Gras. Der Herr kam indessen herangeritten und fragte den Hans, ob er nicht einen Mann mit einem Bündel gesehen hätte. »Jawohl«, erwiderte er, »gerade ging einer mit einem Bündel vorbei; man kann ihn leicht einholen, wenn man ihm schnell nachgeht! Aber«, setzte er klug hinzu, »wenn der Mann das Getrabe des Pferdes hört, versteckt er sich vielleicht.«

Dem Herrn ging dieser Gedanke ein, er stieg vom Pferd, ließ dasselbe beim Hansl zurück und eilte zu Fuß weiter. Kaum war der Herr weg, dachte sich der Hansl: »Nun habe ich auch noch ein Pferd«, schwang sich flink auf dasselbe hinauf und sprengte damit fort.

Er war eine Weile geritten, da kam er zu einem einsamen Haus, neben dem eine Scheune stand. Er stieg nun ab, denn es war Abend, und er suchte ein Nachtlager und ging in das Haus hinein, da fand er zwei greisgraue Jungfrauen, und die bemühten sich, mit zwei Heugabeln frische Nüsse auf die Bühne zu schöpfen. Wie Hansl dieses sah, fing er laut an zu lachen, denn er sah, daß noch dümmere Leute als sein dummes Weib auf Gottes Erdboden lebten, bestieg wieder sein Pferd und ritt und ritt, bis er wieder zu seinem Weib nach Hause kam. Diese hatte aber eine Freude, als ihr Mann wiederkam, daß man es gar nicht sagen kann, und versprach ihm recht gescheit zu tun. Beide lebten nun mitsammen glücklich und froh, und der Bauer freute sich immer, sooft er daran dachte, daß es noch dümmere Leute als sein Weib auf der Erde gebe.

52. Bauernschläue

Zwei Bürger und ein Bauer unternahmen einst eine Wallfahrt nach Mekka, und sie hatten sich vorgenommen, ihr Essen und Trinken miteinander zu teilen, bis sie nach Mekka gekommen waren. Aber dann gingen ihre Vorräte aus, sie hatten lediglich noch ein bißchen Mehl für ein einziges kleines Brot.

Als sie das sahen, sagten die Bürger untereinander: »Wenig Brot haben wir, und unser Gesell ist gar gefräßig. Darum müssen wir beraten, wie wir ihn um seinen Teil an dem Brot bringen und, was für uns alle wäre, allein aufessen können.«

Und sie hatten eine Idee. Sie wollten das Brot kneten und backen und während des Backens sich hinlegen und schlafen, und wer dabei den besten Traum haben würde, der sollte das Brot allein essen dürfen, und diesen Vorschlag machten sie nicht ohne Hintergedanken, weil sie den Bauern für zu dumm zu derartigen Ränken hielten. Und sie kneteten das Brot und legten es ins Feuer, und dann streckten sie sich aus, um zu schlafen. Der Bauer aber, der ihre Hinterhältigkeit ahnte, nahm, während die beiden schliefen, das noch halbtrockene Brot aus dem Feuer, aß es auf und legte sich wieder zum Schlafen nieder.

Der eine der beiden Bürger tat so, als führe er vor Schrecken aus dem Schlaf, und rief seinen Gesellen an, und der sagte: »Was ist mit dir?«, und er antwortete: »Einen wundersamen Traum habe ich gehabt! Zwei Engel öffneten mir die Pforten des Himmels und nahmen mich und führten mich vor den Herrgott.« Und sein Gesell sagte: »Fürwahr, ein wunderbarer Traum, den du gehabt hast. Ich habe geträumt, mich führten zwei Engel, und sie spalteten die Erde und brachten mich direkt in die Hölle.«

Der Bauer stellte sich, obgleich er alles gehört hatte, weiter schlafend, die Bürger jedoch, die Betrogenen, die betrügen wollten, riefen ihn an und weckten ihn, und er antwortete ihnen, wobei er listigerweise auch so tat, als sei er erschrocken: »Wer ruft mich?«

»Deine Gefährten!«

»Seid ihr denn schon zurück?«

»Wo sollen wir denn gewesen sein, daß wir zurückgekommen sein sollten?«

Darauf der Bauer: »Ich hatte einen sonderbaren Traum. Mir träumte, daß zwei Engel gekommen waren. Und die nahmen den einen von euch und öffneten die Pforten des Himmels und führten ihn vor Gott, und dann nahmen den anderen zwei Engel und führten ihn durch die geöffnete Erde in die Hölle. Und als ich dies sah, da dachte ich, daß ihr nicht mehr wiederkommen würdet, und so bin ich aufgestanden und habe das Brot gegessen.«

53. Der Bauer und die goldene Sonne

Es war einmal ein Bauer, der besaß kein Haus. Er diente um Tagelohn und bedang sich einen halben Hektar Weizen und ein Pferd aus. Doch als der Herbst kam, erfror ihm der Weizen, und die Wölfe fraßen ihm das Pferd auf. Der Bauer verließ seinen Wirt und ging fort, um sich einem andern zu verdingen. Da begegnete ihm auf dem Wege ein Herr, und der fragte ihn: »Wohin gehst du, Bauer?« Der Bauer antwortete ihm: »Ich gehe mich verdingen.«

»Komm zu mir, Feuer unter einen Kessel legen.«

»Was hast du im Kessel?«

»Fettgrieben.«

Das waren aber keine Fettgrieben, sondern die Sünder in der Hölle. Und er mietete ihn und sagte: »Nun mußt du recht hurtig das Holz unter den Kessel legen, damit es ein starkes Feuer gibt.« Der Bauer verdingte sich und warf immer flink die Scheite nach, und sie brannten hell. Da rief ihm vom Himmel ein Engel zu: »Bauer, leg das Holz langsamer nach!« Der Bauer fing an, das Feuer bedachtsamer zu schüren. Der Herr aber bemerkte es und wollte mit ihm abrechnen. Der Engel im Himmel rief dem Bauern zu: »Nimm nichts außer Fettgrieben!« Der Herr wollte in Gold und Silber mit ihm abrechnen, aber der Bauer nahm nichts an und sagte: »Gib mir von den Fettgrieben.« Da gab er ihm davon.

Der Bauer ging an einem Flüßchen entlang, war bald müde geworden, legte sich zur Ruh und schlief fest ein, aber unterdessen zerflossen ihm die Fettgrieben. Der Bauer wachte auf, da waren die Fettgrieben fort. Er ging am Flüßchen weiter. Dort schwamm eine Ente und rief dem Bauern zu: »Großväterchen, nimm mich heraus!« Er tat es, und sie verwandelte sich in eine Jungfrau. »Jetzt werd ich dein Weib sein«, sagte sie. Er nahm sie mit sich und ging in seine Heimat. Zu Hause aber waren alle Leute auf seine Frau versessen und dachten nach, wie sie sie ihm wohl fortnehmen könnten.

»Geh hin und suche zu erfahren, wo die Sonne aufgeht und wo sie untergeht, dann werden wir dir die Frau nicht nehmen«, sprachen sie zu ihm. Sein Weib aber wickelte ein Garn Bindfaden zu einem Knäuel und sagte: »Wohin das Knäuel rollt, dorthin geh auch du; tritt jedoch zuvor dreimal über mich hinüber: dann verwandle ich mich in ein Steinchen.« Er trat dreimal über sie hinüber, und sie ward zu einem Steinchen; er legte es vorn in den Winkel der Stube. Die Frau aber war die Schwester der Sonne.

Das Knäuel rollte davon, und der Bauer ging hinterher. Die Nachbarn aber versammelten sich, und weil er fort war, wollten sie ihm die Frau doch wegnehmen, konnten sie aber nicht finden. Da jagten sie ihm nach und fragten: »Wo hast du sie versteckt?«

»Zu Hause hab ich sie gelassen.« Er kam zu einem Hüttchen und ging hinein. Drinnen saß ein altes Weib. »Woher kommst du, mein Schwiegersöhnchen?«

»Großmütterchen, sie wollten mir die Frau nehmen und sagten: ›Geh hin und suche zu erfahren, wo die Sonne aufgeht und wo sie untergeht, dann nehmen wir dir die Frau nicht fort.‹«

»Kindchen, kriech unter den Badequast, sonst kommt die Sonne angerollt und verbrennt dich.« Er kroch unter den Badequast, und die Alte bedeckte ihn. Die Sonne kam herein. »Was riecht es bei dir, Mütterchen, so nach Menschenfleisch?«

»Kindchen, bei mir riecht nichts nach Menschen, nichts ist von ihnen hier.« Die Sonne ging baden, kam nachher aus der Badstube heraus und setzte sich hin, Tee zu trinken. »Und doch riecht's bei dir, Mütterchen, nach Menschenfleisch!« sagte sie.

»Nun ja, Kindchen! Das Schwiegersöhnchen ist bei mir zu Gast.«

»Wo ist er? Er soll hervorkommen!« Der Bauer trat hervor. »Weswegen bis du hierhergekommen?«

»Sie wollten mir die Frau fortnehmen und sandten mich aus zu erfahren, wo die Sonne aufgeht und wo sie untergeht.«

»Ich werde dich morgen in meinen Wagen setzen, der wird dich fahren, und dann wirst du sehen, wo die Sonne aufgeht und wo sie untergeht.«

Am Morgen stand die Sonne auf und setzte den Bauern in ihren Wagen, und er fuhr davon. Da kam ihm der heilige Georg entgegen und fiel auf die Knie. »Guten Tag, gerechte rote Sonne!« Der Bauer stieg aus dem Wagen und schlug den heiligen Georg, bis er grün und blau wurde. Dann fuhr er weiter bis zum mittäglichen Palast der Sonne. Dort war alles von Gold und Silber; und er zerbrach und zerschlug alles bis aufs letzte. Dann kehrte er heim. Und als er angelangt war, fragte die Sonne: »Weißt du jetzt, wo die Sonne aufgeht und wo sie untergeht?«

»Ja, ich weiß es.«

»Nun, dann will ich jetzt fahren, bleib du aber noch einen Tag als Gast.« Die Sonne ging auf die Reise, und der Bauer blieb noch einen Tag in ihrem Hause.

Der heilige Georg kam der Sonne entgegen, fiel auf die Knie und sagte: »Guten Tag, gerechte rote Sonne! Was für einen gemeinen Kerl hast du gestern in deinen Wagen gesetzt? Er hat mich von oben bis unten verprügelt und zum Krüppel geschlagen.«

»Wart ein wenig, ich fahre heim und verbrenn ihn!« Sie kam in ihren mittäglichen Palast: dort war alles zerbrochen und zerschlagen. »Na, wart mal!« rief sie, »ich will dich zu Asche verbrennen!« Dann kam sie heim und fragte: »Wo ist der Bauer, Mütterchen? Er soll herauskriechen!« Er tat es, und sie fragte ihn: »Wofür hast du den heiligen Georg verprügelt?«

»Weißt du noch, ich hatte mir vom Wirt ein Pferd ausbedungen? Warum hat er es aber den Wölfen zum Fraß gegeben?«

»Warum hast du aber in meinem mittäglichen Palast alles zerschlagen?«

»Weißt du noch, ich hatte mir vom Wirt ein Weizenfeld ausbedungen? Warum hast du es nicht erwärmt, sondern erfrieren lassen?« Da sagte die Sonne: »Es ist wahr.«

»Erzähl mir aber, warum du neun Tage und neun Nächte nicht auf- und nicht untergegangen bist?«

»Deswegen bin ich neun Tage und Nächte nicht auf- und nicht untergegangen, weil Afimja Mariamna umherschwamm. Ihr Schifflein und ihr kleines Ruder sind von Gold: Da hab ich mich in sie vergafft. Ich setzte mich auf ihr Ohr und wollte sie küssen; doch als sie mich mit dem Ruder schlug, flog ich ins Wasser; drei Tage und drei Nächte sank ich bis auf den Grund, drei Tage und drei Nächte lag ich am Ufer.«

Der Bauer und sein Weib lebten danach glücklich und in Freuden und erwarben sich ein Häuschen.

54. Der Baum zum Himmel und zur Hölle

Es waren einmal ein Zigeuner und zwei arme Männer. Zu dritt gingen sie in den Wald und sammelten Holz. Während sie das Holz zusammenklaubten, sprachen sie davon, was sie sich zu Hause wünschten, was jeder gerne hätte, wenn er heimkomme.

»Ich hätte nichts dagegen«, sagte der eine arme Mann, »wenn mich daheim auf dem Tisch ein warmes Rundbrot und eine Schüssel voll Würste erwarteten.«

Dann fragt er den andern: »Und du, was hättest du gerne?«

»Ich möchte eine Schüssel mit Topfenkuchen auf dem Tisch finden.«

»Und du, Zigeuner«, sagt er, »was wünschest du dir?«

»Was? Von mir aus sollen daheim zwölf Kinder sein.«

Sie machten sich mit dem Holz auf den Heimweg. Wie sie ins erste Haus eintreten, sehen sie auf dem Tisch ein warmes Rundbrot und eine Schüssel voll Würste. Da erschrak der Zigeuner – sicher werden bei ihm daheim zwölf Kinder sein!

Sie kommen in das zweite Haus, und da steht wirklich eine Schüssel mit Topfenkuchen auf dem Tisch, genau wie sie es gesagt hatten.

Kommt der Zigeuner nach Hause, da schreien schon die Kinder, es wimmelt von Kindern! Er will seinen Hut in einen Winkel legen, aber ein Kind ist da; will ihn in einen andern Winkel tun, aber auch dort ist ein Kind. Er trägt ihn zum dritten Winkel hin – wieder ein Kind! Insgesamt waren es zwölf Kinder. Hei, da grämte sich der Zigeuner entsetzlich. Er ging hinaus und blickte zum Himmel auf.

»Daß mich doch der siebengehörnte Teufel als Ofenheizer in die Hölle nehme!«

Im selben Augenblick packte ihn ein siebengehörnter Teufel; der kam gerade über die Felder daherspaziert, nahm ihn und trug ihn wie der Wirbelwind hinab in die Hölle.

Die Frau und die Kinder blieben zurück und wußten nicht, wo der Zigeuner hingekommen war.

Mit der Zeit wuchsen die Kinder heran. Da sagt einmal das kleinste der Zigeunerkinder, der Zsiga: »Du, Mutter, haben wir auch mal einen Vater gehabt?«

»Freilich habt ihr einen gehabt, Kinder«, sagt sie, »allein wie ihr zur Welt gekommen seid, ging er hinaus, und seitdem ist er verschwunden, als wenn ihn der Erdboden verschluckt hätte.«

»Mutter«, sagt Zsiga, »ich will gehen und nach meinem Vater suchen. Bis ans Ende der Welt geh' ich ihm nach, ja sogar in den Himmel will ich hinaufgehen und ihn suchen.«

Der Zigeunerjunge schulterte seinen Ranzen und machte sich auf den Weg. Er zog durch siebenmal sieben Länder, durchwanderte die ganze Welt, aber seinen Vater fand er nicht.

Wie er so im Walde herumirrte, erblickte er einen riesigen Baum. Die Wurzeln dieses Baumes reichten bis in die Hölle hinab, seine Spitze aber reichte bis in den Himmel.

Der Zigeunerjunge ließ sich sechs eiserne Bundschuhe machen, die zog er über die Füße. Dann ließ er eine Axt anfertigen, mit der schlug er Löcher zu beiden Seiten in den Baum. Und so kletterte er hinauf. Als er in dem Geäst anlangte, war jedes einzelne Blatt so groß, daß ein ganzes Dorf darauf Platz gehabt hätte. Der Zigeuner suchte überall nach seinem Vater, doch er fand ihn nirgends. So kletterte er weiter aufwärts, stieg immer höher und höher, bis er in den Himmel kam.

Das Tor zum Paradies war verschlossen, der heilige Petrus war der Torschließer. Sagt der heilige Petrus zu dem Zigeuner: »Was willst du hier, du Zigeuner?«

»Ich suche meinen Vater«, sagt er.

»Was, hier im Paradies soll dein Vater sein? Du, da kann er nicht herein, ein Zigeuner kommt nicht ins Paradies!«

Der Zigeunerjunge nahm seine Mütze und schleuderte sie hinein.

»O je!« rief er, »bitte laßt mich ein, ich will bloß meine Mütze holen.« So ließ ihn denn der heilige Petrus ein.

»Na, beeile dich, und komm sofort zurück!«

Drinnen hob der Zigeuner die Mütze auf und warf sie noch weiter hinein, warf sie immer weiter ins Innere des Paradieses. Da sah er auf einmal einen großen Platz. Mitten auf dem Platz stand ein kugelförmiger Armstuhl, und daneben reihten sich zwölf Fußschemel. Der große Armstuhl in der Mitte war Gottes Sitz, die zwölf Schemel waren für die Engel bestimmt.

Ohne viel Federlesen setzte sich der Zigeuner in den Armstuhl. Von da überblickte er die ganze Welt. Es traf sich gerade, daß ein anderer Zigeuner das kleine räudige Ferkel seiner Mutter stahl. Zsiga sprang vom Stuhle auf, ergriff einen Fußschemel und schleuderte ihn hinab. Jedoch die Entfernung war zu groß, und so traf er den Dieb nicht.

Wie er sich nun die weite Welt beschaute, kam der liebe Gott nach Hause, und als Er den Zigeunerjungen gewahrte, sagte Er: »He, du Spitzbub, wie kommst du denn her? Wie hast du gewagt, da hereinzukommen? Wer hat dich denn hereingelassen?«

Und man vertrieb den Zigeuner aus dem Paradies.

»Daß mein Vater nicht im Paradies ist, das weiß ich nun. Auch auf Erden ist er nicht, so muß er sicher in der Hölle sein.«

Darauf kam der Zigeuner vom Baum herab. Unter der Wurzel des Baumes befand sich ein großes Loch, durch dieses Loch stieg er hinunter, stieg in der Finsternis immer tiefer und tiefer, bis er auf einmal unten in der Hölle anlangte. Herrje, gab es da Teufel die Menge! Der Vater des Zigeuners heizte gerade den Ofen ein, er war Ofenheizer bei den Teufeln.

Als der Junge eintraf, war der König der Teufel nicht zu Hause.

Die Teufel fragten ihn: »Was willst du hier, Zigeuner?«

»Damit ihr's nur wißt, ich bin um meinen Vater gekommen!«

»Deinen Vater geben wir aber nicht heraus.«

»Schön, wenn ihr meinen Vater nicht herausgebt, so baue ich hier eine Kirche, und ihr könnt dann weder rein noch raus.«

Und schon fing der Zigeuner an, den Platz schrittweise abzumessen.

»Was machst du da, Zigeuner?«

»Ich messe den Boden ab.«

Da entstand ein großes Geschrei, so erschrocken waren sie, daß sie nun wirklich nicht mehr hinauskönnten. In ihrer Not wußten sich die Teufel keinen Rat. Schließlich gaben sie ihm seinen Vater heraus – soll er ihn haben!

Aber der Zigeuner war ein gescheiter Kopf! Die Tochter des Königs ist ja auch da unten! – den Namen des Königs weiß ich nicht, aber es war dessen Tochter –, die hatten die Teufel genau wie seinen Vater geholt.

»Gebt auch die Königstochter heraus!«

»Nichts da! Die geben wir nicht«, sagten sie.

Sogleich nahm er den Spaten zur Hand und begann zu graben. Schon beklebte er den Fensterrahmen mit Lehmerde. Da erschraken die Teufel und gaben ihm auch die Königstochter heraus.

So brachen sie denn auf: der Zigeuner mit seinem Vater und mit der Königstochter.

Kommt der König der Teufel – Pluto – nach Hause und blickt umher.

»Wo ist der Zigeuner? Wo ist die Königstochter?«

»Ho! Der Zsiga wollte hier einen Palast bauen, damit wir Teufel weder raus- noch reinkönnen.«

»Ach was«, sagte der Teufelskönig, »das kann er ja gar nicht. Geh nur, mein Sohn mit der Schleuder, geh ihnen nach!«

Der Teufel nahm die zentnerschwere Schleuder und trug sie, als wär' sie so leicht wie eine Gerte. Als er den Zigeuner einholte, sagte er: »Gib die Königstochter zurück, weil« – sagt er – »weil wir wetten müssen.«

»Mir ist's recht, wetten wir halt!«

Sagt der Teufel: »Na, was gilt die Wette?«

»Wetten wir: Wer die Schleuder am weitesten hinaufwirft, dem gehört die Königstochter.«

»Gut, Zigeuner! Sonst darfst du nur deinen Vater mitnehmen, die Königstochter aber nicht. Also los, wirf die Schleuder hinauf!«

»Nein«, sagt der Zigeuner, »wirf du zuerst.«

Der Teufel ergriff die Schleuder und warf sie so hoch, daß sie durch die Wolken brach und die Sterne streifte. Als die Schleuder herunterkam, dröhnte der ganze Himmel, barst schier auseinander. Der Zigeunerjunge vermochte die Schleuder nicht einmal von der Stelle zu bewegen. Er kratzte sich am Kopf und starrte zum Himmel hinauf.

Der Teufel machte Augen: »Was ist denn los?«

»Du«, sagt er, »droben im Himmel ist mein Bruder der Schmied. Was denkst du, wenn ich ihm die Schleuder hinaufwerfe, wie gut er sie dort brauchen kann!«

Der Teufel erschrak. »Heiliger Gott, wirf sie nur ja nicht hinauf! Nimm lieber die Königstochter, aber meine Schleuder wirf mir nicht hinauf!«

Der Teufel kehrte um, und sie setzten ihren Weg fort.

Als der Teufel nach Hause kam, fragte ihn Pluto: »Du, was ist passiert?«

»Er wollte meine Schleuder in den Himmel hinaufwerfen, auf keinen Fall geb' ich sie her!«

»Ach was, er wär' ja gar nicht imstande gewesen, sie in den Himmel hinaufzuwerfen, er hat nur ein großes Maul. – Geh jetzt, du mit der Peitsche!«

Einen Zentner wog der Stiel dieser Peitsche, einen halben Zentner die Schnur allein.

Als der Peitschenteufel den Zigeuner einholte, rief er: »Halt, Zigeuner! Gib die Königstochter zurück!«

»Ja, so einfach geht das nicht, erst müssen wir wetten.«

»Gut, wetten wir halt.«

»Wer mit der Peitsche lauter knallt, dem soll das Königsfräulein gehören. Du mußt aber zuerst knallen«, sagte der Zigeunerjunge zu dem Teufel.

Und der Teufel ließ die Peitsche so laut knallen, daß alles weitum, ja die Erde selbst erbebte, so laut war der Knall.

Jetzt nahm der Zigeuner die Faßreifen hervor und fing an, sich damit den Kopf zu bereifen. Der Teufel guckte bloß.

»Was tust du da?«

»Bei mir gibt's einen solchen Knall, daß davon jeder Kopf, der nicht mit Reifen versehen ist, auf der Stelle zerplatzt.«

»Oh!« rief der Teufel, »bitte leg auch meinem Kopf Reifen um!«

Der Zigeuner legte dem Teufel die Reifen um den Kopf, so wie man einem Gaul den Hafersack umlegt, dann hieb er mit aller Kraft auf den Kopf drein.

»O weh!« rief der Teufel, »nimm lieber die Königstochter, nur schlag mir den Kopf nicht entzwei!«

Auch der kehrte um, auch den hatte der Zigeunerjunge hereingelegt.

»Na, jetzt geh du, mein Sohn mit der Eisengabel!«

Damit schickte Pluto den Teufel mit der Eisengabel. Der machte sich mit seiner zweizinkigen Gabel auf den Weg.

»Gib die Königstochter zurück!«

»So einfach geht das nicht«, entgegnete Zsiga, »wir müssen vorher wetten.«

Ein dichter Zaun befand sich zwischen ihnen. Der Zigeuner nahm einen Eisenspieß, indes der Teufel mit der zweizinkigen Gabel in den Zaun hineinstach. Die Gabel drang aber nicht weit durch den Zaun. Der Zigeuner hingegen stach mit dem Spieß hinein. Wie er mit dem Spieß hineinfuhr, geriet er so in Wut, daß er dem Teufel kreuz und quer den Bauch zerstach. Da sagte der Teufel: »Nimm die Königstochter!« und trollte sich.

Nun schickt Pluto einen andern Teufel: »Du, Schneider, jetzt eil du dem Zigeuner nach!«

Im Fluge eilte der Schneiderteufel dem Zigeuner nach. Der Junge befand sich schon nahe der Grenze, als ihn der Schneider ereilte.

»Halt, du Zigeuner, gib die Königstochter her!«

»Ich geb' sie dir, wenn wir wetten. Wer schneller ein Paar Hosen näht, dem soll die Königstochter gehören.«

Sie gingen in ein Haus hinein; aber der Teufel nahm einen gar zu langen Faden und mußte deshalb nach jedem Stich durchs Fenster hinausspringen, so lang war der Faden. Dann sprang er wieder hinein, machte einen Stich, sprang wieder hinaus und wieder hinein. Inzwischen aber hatte der Zigeuner seinen Zwirn eingefädelt, nähte flink und war bald fertig. In der Zeit, da der Teufel seine Nadel einfädelte und ständig durchs Fenster hinaus- und hineinsprang, machte es der Zigeuner viel flinker, und so ging er als Sieger hervor.

Darauf schickte Pluto den Schweinehirtteufel.

»Geh jetzt du, mein Sohn Schweinehirt!«

Der Schweinehirt brach auf. Die andern waren schon an der Grenze unter der Wurzel des Baumes angelangt und befanden sich bereits auf dem Wege von der Unterwelt in die Oberwelt. Sie begaben sich nun auf ein herrschaftliches Gut, und der Zigeunerjunge sagte zu dem Schweinehirtteufel: »Wetten wir: Wer von uns beiden mehr Schweine austreibt, dem soll die Königstochter gehören. Mir fallen die Schweine mit den gekringelten Schwänzen zu, dir die Schweine mit den geraden Schwänzen.«

»Gut so«, sagte der Teufel.

Der Teufel faßte nach einem Schwein, das war zufällig geradschwänzig. Er frohlockte. Nun stupste er die Schweine hin und her, aber er fand im ganzen bloß drei geradschwänzige, und die waren noch räudig dazu. Der Zigeuner hatte unterdessen alle Schweine ausgetrieben, die drei räudigen ließ er dem Teufel.

»Na«, sagt der Teufel, »die Königstochter sei dein!«

Sie kamen nun aus der Unterwelt heraus, und die Königstochter nahm den Zigeuner mit zu ihren Eltern. Ihr Vater war der Mongolenkönig – oder weiß der Teufel, was er gewesen ist!

Na, machten die aber ein Riesenklimbim! – So groß war die Freude, daß die verlorene Königstochter wieder da war. Dem Zigeuner füllten sie den Ranzen mit soviel Geld, daß er's gar nicht zu tragen vermochte. So gab man ihm einen Wagen obendrein, einen Wagen voll Gold, sechs Scheffel Gold waren es!

Von dem Geld ließ er sich einen großen Palast bauen.

Und wenn sie nicht gestorben sind, leben sie noch heute mitsamt den zwölf Zigeunerkindern.

55. Die klugen Leute

Eines Tages holte ein Bauer seinen hagebüchnen Stock aus der Ecke und sprach zu seiner Frau »Trine, ich gehe jetzt über Land und komme erst in drei Tagen wieder zurück. Wenn der Viehhändler in der Zeit bei uns einspricht und will unsere drei Kühe kaufen, so kannst du sie losschlagen, aber nicht anders als für zweihundert Taler, geringer nicht, hörst du.«

»Geh nur in Gottes Namen«, antwortete die Frau, »ich will das schon machen.«

»Ja, du!« sprach der Mann. »Du bist als ein kleines Kind einmal auf den Kopf gefallen, das hängt dir bis auf diese Stunde nach. Aber das sage ich dir, machst du dummes Zeug, so streiche ich dir den Rücken blau an, und das ohne Farbe, bloß mit dem Stock, den ich da in der Hand habe, und der Anstrich soll ein ganzes Jahr halten, darauf kannst du dich verlassen.« Damit ging der Mann seiner Wege.

Am andern Morgen kam der Viehhändler, und die Frau brauchte mit ihm nicht viel Worte zu machen. Als er die Kühe besehen hatte und den Preis vernahm, sagte er: »Das gebe ich gerne, so viel sind sie unter Brüdern wert. Ich will die Tiere gleich mitnehmen.« Er machte sie von der Kette los und trieb sie aus dem Stall. Als er eben zum Hoftor hinauswollte, faßte ihn die Frau am Ärmel und sprach: »Ihr müßt mir erst die zweihundert Taler geben, sonst kann ich Euch nicht gehenlassen.«

»Richtig«, antwortete der Mann, »ich habe nur vergessen, meine Geldkatze umzuschnallen. Aber macht euch keine Sorge, Ihr sollt Sicherheit haben, bis ich zahle. Zwei Kühe nehme ich mit, und die dritte

lasse ich Euch zurück, so habt Ihr ein gutes Pfand.« Der Frau leuchtete
das ein, sie ließ den Mann mit seinen Kühen abziehen und dachte: »Wie
wird sich der Hans freuen, wenn er sieht, daß ich es so klug gemacht
habe.« Der Bauer kam den dritten Tag, wie er gesagt hatte, nach Haus
und fragte gleich, ob die Kühe verkauft wären. »Freilich, lieber Hans«,
antwortete die Frau, »und wie du gesagt hast, für zweihundert Taler. So
viel sind sie kaum wert, aber der Mann nahm sie ohne Widerrede.«

»Wo ist das Geld?« fragte der Bauer.

»Das Geld, das habe ich nicht«, antwortete die Frau, »er hatte gerade seine Geldkatze vergessen, wird's aber bald bringen; er hat mir ein gutes Pfand zurückgelassen.«

»Was für ein Pfand?« fragte der Mann. »Eine von den drei Kühen, die kriegt er nicht eher, als bis er die andern bezahlt hat. Ich habe es klug gemacht, ich habe die kleinste zurückbehalten, die frißt am wenigsten.« Der Mann ward zornig, hob seinen Stock in die Höhe und wollte ihr damit den verheißenen Anstrich geben. Plötzlich ließ er ihn sinken und sagte: »Du bist die dummste Gans, die auf Gottes Erdboden herumwackelt, aber du dauerst mich. Ich will auf die Landstraße gehen und drei Tage lang warten, ob ich jemand finde, der noch einfältiger ist, als du bist. Glückt mir's, so sollst du frei sein, finde ich ihn aber nicht, so sollst du deinen wohlverdienten Lohn ohne Abzug erhalten.«

Er ging hinaus auf die große Straße, setzte sich auf einen Stein und wartete auf die Dinge, die kommen sollten. Da sah er einen Leiterwagen heranfahren, und eine Frau stand mitten darauf, statt auf dem Gebund Stroh zu sitzen, das dabeilag, oder neben den Ochsen zu gehen und sie zu leiten. Der Mann dachte: »Das ist wohl eine, wie du sie suchst«, sprang auf und lief vor dem Wagen hin und her, wie einer, der nicht recht gescheit ist. »Was wollt Ihr, Gevatter«, sagte die Frau zu ihm, »ich kenne Euch nicht, von wo kommt Ihr her?«

»Ich bin von dem Himmel gefallen«, antwortete der Mann, »und weiß nicht, wie ich wieder hinkommen soll; könnt Ihr mich nicht hinauffahren?«

»Nein«, sagte die Frau, »ich weiß den Weg nicht. Aber wenn Ihr aus dem Himmel kommt, so könnt Ihr mir wohl sagen, wie es meinem Mann geht, der schon seit drei Jahren dort ist: Ihr habt ihn gewiß gesehen?«

»Ich habe ihn wohl gesehen, aber es kann nicht allen Menschen gutgehen. Er hütet die Schafe, und das liebe Vieh macht ihm viel zu schaffen, das springt auf die Berge und verirrt sich in der Wildnis, und da muß er hinterherlaufen und es wieder zusammentreiben. Abgerissen ist er auch, und die Kleider werden ihm bald vom Leib fallen. Schneider gibt es dort nicht, der heilige Petrus läßt keinen hinein, wie Ihr aus dem Märchen wißt.«

»Wer hätte sich das gedacht!« rief die Frau. »Wißt Ihr was? Ich will seinen Sonntagsrock holen, der noch daheim im Schrank hängt, den kann er dort mit Ehren tragen. Ihr seid so gut und nehmt ihn mit.«

»Das geht nicht wohl«, antwortete der Bauer, »Kleider darf man nicht in den Himmel bringen, die werden einem vor dem Tor abgenommen.«

»Hört mich an«, sprach die Frau, »ich habe gestern meinen schönen Weizen verkauft und ein hübsches Geld dafür bekommen, das will ich ihm schicken. Wenn Ihr den Beutel in die Tasche steckt, so wird's kein Mensch gewahr.«

»Kann's nicht anders sein«, erwiderte der Bauer, »so will ich Euch wohl den Gefallen tun.«

»Bleibt nur da sitzen«, sagte sie, »ich will heimfahren und den Beutel holen; ich bin bald wieder hier. Ich setze mich nicht auf das Bund Stroh, sondern stehe auf dem Wagen, so hat's das Vieh leichter.« Sie trieb ihre Ochsen an, und der Bauer dachte, »die hat Anlage zur Narrheit, bringt sie das Geld wirklich, so kann meine Frau von Glück sagen, denn sie kriegt keine Schläge.« Es dauerte nicht lange, so kam sie gelaufen, brachte das Geld und steckte es ihm selbst in die Tasche. Eh sie wegging, dankte sie ihm noch tausendmal für seine Gefälligkeit.

Als die Frau wieder heimkam, so fand sie ihren Sohn, der aus dem Feld zurückgekehrt war. Sie erzählte ihm, was sie für unerwartete Dinge erfahren hätte, und setzte dann hinzu: »Ich freue mich recht, daß ich Gelegenheit gefunden habe, meinem armen Mann etwas zu schicken, wer hätte sich vorgestellt, daß er im Himmel an etwas Mangel leiden würde?«

Der Sohn war in der größten Verwunderung. »Mutter«, sagte er, »so einer aus dem Himmel kommt nicht alle Tage, ich will gleich hinaus und sehen, daß ich den Mann noch finde: der muß mir erzählen, wie's dort aussieht und wie's mit der Arbeit geht.« Er sattelte das Pferd und ritt in aller Hast fort. Er fand den Bauer, der unter einem Weidenbaum saß und das Geld, das im Beutel war, zählen wollte. »Habt Ihr nicht den Mann gesehen«, rief ihm der Junge zu, »der aus dem Himmel gekommen ist?«

»Ja«, antwortete der Bauer, »der hat sich wieder auf den Rückweg gemacht und ist den Berg dort hinaufgegangen, von wo er's etwas näher hat. Ihr könnt ihn noch einholen, wenn Ihr scharf reitet.«

»Ach«, sagte der Junge, »ich habe mich den ganzen Tag abgeäschert, und der Ritt hierher hat mich vollends müde gemacht. Ihr kennt den Mann, seid so gut, und setzt Euch auf mein Pferd, und überredet ihn, daß er hierher kommt.«

»Aha«, meinte der Bauer, »das ist auch einer, der keinen Docht in seiner Lampe hat.«

»Warum sollte ich Euch den Gefallen nicht tun?« sprach er, stieg auf und ritt im stärksten Trab fort. Der Junge blieb sitzen, bis die Nacht einbrach, aber der Bauer kam nicht zurück. »Gewiß«, dachte er, »hat der Mann aus dem Himmel große Eile gehabt und nicht umkehren wollen, und der Bauer hat ihm das Pferd mitgegeben, um es meinem Vater zu bringen.«

Er ging heim und erzählte seiner Mutter, was geschehen war: Das Pferd habe er dem Vater geschickt, damit er nicht immer herumzulaufen brauche. »Du hast wohlgetan«, antwortete sie, »du hast noch junge Beine und kannst zu Fuß gehen.«

Als der Bauer nach Haus gekommen war, stellte er das Pferd in den Stall neben die verpfändete Kuh, ging dann zu seiner Frau und sagte, »Trine, das war dein Glück, ich habe zwei gefunden, die noch einfältigere Narren sind als du: Diesmal kommst du ohne Schläge davon, ich will sie für eine andere Gelegenheit aufsparen.« Dann zündete er seine Pfeife an, setzte sich in den Großvaterstuhl und sprach, »das war ein gutes Geschäft, für zwei magere Kühe ein glattes Pferd und dazu einen großen Beutel voll Geld. Wenn die Dummheit immer so viel einbrächte, so wollte ich sie gerne in Ehren halten.« So dachte der Bauer, aber dir sind gewiß die Einfältigen lieber.

56. Ostermärlein von des Teufels Heirat

Wollt ihr wissen, wie es dem armen Teufel ergangen ist, da er die größte Not gelitten, so vernehmt folgende Geschichte. Will nicht disputieren, ob es eine Fabel oder wahrhafte Historie sei, denn kein Briefel kann ich nicht aufweisen, aber wohl das Buch zeigen, in dem ich's gelesen hab.

Der leidige Satan, als er gleichsam täglich eine große Anzahl Männer in die Hölle kommen sah, welche sich über ihre verlassenen bösen Weiber sehr beklagten und zugleich die ganze Ursache ihres Unglücks und ewigen Verderbens ihren verflossenen Ehefrauen zuschrieben, kam der Fürwitz und Lust an, dieses selber zu erfahren, ob es wahr sei, daß die Weiber noch schlimmer als die Männer sein sollten: Resolvierte sich, derentwegen eine menschliche Haut anzunehmen, sich zu verheiraten, um zu sehen, ob er mit seiner Bosheit und Arglistigkeit ein Weib zaumen und bändigen, in Furcht und heilsamer Sorge erhalten konnte. Gesagt, getan.

In einem Hui erschien der schwarze Teufel wie ein schöner junger Kavalier, verfügte sich in einer ansehnlichen Stadt in die Gesellschaft des adligen Frauenzimmers, stellte sich alldorten so kurzweilig, freundlich und herzig, daß er bald mehr Bräute überkommen hätte, als er verlangte, und mehr gefunden, als er gesucht. Doch war endlich aus allen nur eine auserwählt, mit dieser das Versprechen, Heiratsbund und Kontrakt völlig beschlossen. In diesem wollte der arglistige Teufel gleich das erste Mal seiner Braut durch den Sinn fahren und ihr gleichsam fein beizeiten den Wurm schneiden, der sonst die Weiber so böse und den Männern so große Ungelegenheit macht. »Meine liebste Braut«, sagte der Teufel zu der Dame, »Sie begehre anheut, was Ihr Herz verlangt von mir: Wieviel Kleider, was für Farbe, was vor Zeug und Materie, Spitz, Band und Borten, Perlen und Geschmuck, wieviel und wie kostbar, was von Hausrat, was von Silbergeschmeide, was Tag- und Nachtzeug, wo und wie Sie wohnen will, alles und jedes sollte sie nach Verlangen und zu Vergnügen haben; allein das bitte ich mir auch von Ihr aus: Nach diesen begehre Sie von mir nichts mehr dergleichen als nur allein, was tägliche Notdurft erfordert.«

Da hast du dich schön aufgesehen, mein Teufel, oh, wie wird es dich bald reuen, daß du so viel gleich zum ersten Mal nachgegeben! Aber was geschieht: Die junge Fräule war voller Freuden, gibt gleich das Wort und Hand darauf, begehrt also soviel Kleider, als Wochen im Jahr und Feiertage in jeder Wochen sind, mehr Farben, als man ihr malen könnte, Perlen, Diamanten, Kleinodien, Spitze und Bänder schier ohne Zahl, und alles, was sie begehrte, hat sie auch erhalten.

Hiermit geht die Heirat aufs prächtigste vonstatten: Beider Teil in diesen paar Eheleuten glaubte, nunmehro hab er's getroffen zum allerbesten. Aber wie lang währte diese Freude? So lang als ein schönes Wetter im April: Nach wenig' Tagen kommt in der Stadt eine neue Mode an und bringt eine neue Tracht hervor. »Holla, das war schon ein rechter Speck auf die Fallen, meine neue Ehefrau wird bald anbeißen.«

»Auweh, mein Kind«, sagt sie ihrem Eheherrn, dem verstellten Teufel, »was hab ich heut Schönes gesehen, was für ein inniglichè, schöne Mode habe ich heut in dieser Dame Kleid ersehen, ei wie fein, wie proper, wie galant, wie hübsch, nett und fein steht diese Fasson.«

Kaum hörte dieses der Teufel, da merkte er gleich, wieviel es geschlagen hatte: Fängt sich derentwegen an, im Kopf zu kratzen, als wüßte er nicht, was er antworten sollte, daß er zugleich Fried' von seinem Weibe haben und zugleich sie nicht betrüben sollte: Gibt ihr also gleich wieder nach, pfeift mit ihr in ein Pfeifen, lobt auch das, was sie gelobt, und ob er gleich sah, daß ihr die Zähne nach diesem Kleid wässerten, wollte er ihr das Maul zuvor wischen, ehe sie über ihn mit einem ungewaschenen Maul wische, sagte derentwegen gleich zu auf ihr Verlangen, doch vermahnte er sie darbei höflich ihres gemachten Kontrakts und Versprechen, nichts mehr dergleichen zu begehren.

Es verstrichen wiederum nicht viele Wochen, sondern gar wenige Tag, da läßt sich wieder sehen eine fremde Dame mit einem schönen Fantange und Haarkopf, ganz auf neue Art, ganz auf neue Mode zugerichtet, geflochten, gekraust, gepudert, geschmückt, geziert. O Gott, das war schon wieder eine neue Tortur für unsere neue Ehefrau, dieser Schopf verwirrte ihr schier den Kopf und stach also in die Augen, daß sie darvon das Herzklopfen und Grummen im Magen bekommen: Aber wie, warum? Derentwegen, weilen sie schon wieder gern dergleichen gehabt hätte, aber nicht begehren durfte, dess'twegen hob sie an zu seufzen, zu klagen, zu weinen, das Maul zu krumpen, die Nasen zu rumpfen. »Ach, mich unglückselige Kreatur! Ich bin keine Hausfrau, sonderen eine rechte Sklavin; darf nichts begehren und muß nur mit dem zufrieden sein, was man mir gibt, mit alten Fetzen und Lumpen vorliebnehmen, da doch andere Weiber, die weit eines schlechteren Standes als ich sind, so prächtig aufziehen und alles darzu haben können, was ihr Herz nur verlangen kann: Ach, ach, ich muß mir noch die Augen ausweinen, die Haare ausraufen, vor Leid vergehen.«

Diesem Jammer sah unterdessen heimlich der Teufel zu, stellte sich aber, als wüßte er nichts, sondern ganz sorgfältig und liebreich befragte er seinen liebsten Ehegemahl, was Ursache ihres Leids und Weinen seien, wer sie betrübt und was Leids getan. Aber mit diesem kam er erst recht angestochen daher. »Du, du bist jener, der mir das Herz im Leib machst bluten, du Geizhals, du Habenfest, du harter Kieselstein, du zaundürrer Schwanen- und trockener Bimsstein, aus dem ich so gar nichts zu meinem Trost herauspressen und herausdrücken kann: Heißt das, mich als ein Eheweib, als eine Dame gemäß meines Stands, Geschlechts und Herkommen zu halten? Ei, schäme dich ins Herz hinein, daß ich in der ganzen Stadt hören muß, ich hätte an dir keinen Mann, sonderen einen geizigen Küssenpfennig und neidigen Sparkrug.«

Dieses Liedlein mußte der arme Mann alle Tage und Stunde hören, daß ihm schon die Ohren darüber klingelten; es half keine Ausrede, keine Entschuldigung, kein Vorhalten des gemachten Kontrakts, nichts, nichts, und wie nichts ist, gab alles aus, was er immer zu Trost anderes einwendete. Bis endlich der Teufel selber darüber überdrüssig, unmöglich dieses Klagen und Greinen mehr anhören konnte, seinem Hochzeit-Gevatter zu rufen, entgegen ihm auch seine Not zu klagen, sein' Stand zu offenbaren und ihm eine Ruhe zu schaffen, wieder von seinem Weibe auf und darvon zu ziehen gezwungen wurde.

Weilen aber der leidige Satan nicht gleich wieder zurück in die Hölle wollte, sondern noch länger auf Erden verweilen wollte, verschwand er zwar aus jener Stadt, fuhr aber in eine Person ein, und zwar in einen alldorten wohnhaften jungen Prinzen und Sohn des Stadtherrn.

Nach wenig' Tagen darauf kommt das Geschrei aus, der junge Prinz wäre vom Teufel besessen, der Vater aber versprach eine große Summa Geld jenem, der diesen üblen und ungeladenen Gast aus seinem Quartier treiben würde. Das ließ ihm der Hochzeit-Gevatter des Teufels, wie oben gemeld', gesagt sein, merkte gleich, daß ebenda hier sein sauberer Herr Gevatter eingekehrt, damit er von seinem Weib wollte eine Ruhe haben, derentwegen hoffte er hiemit einen großen Gewinn zu erlangen und eine leichte Kunst von ihm zu sein, den Teufel zu vertreiben; eilet alsobald zu dem fürstlichen Herrn Vatter des besessenen Sohnes. »Mein Herr«, sagt er, »ich traue mir morgigen Tags Euren Sohn seiner Last wieder zu entbinden, wenn Ihr mir neben dem versprochenen Geld auch Gewalt gebt, in Eurem Namen anzubefehlen, morgigen Tags auf mein Zeichen alle Glocken zu läuten, alle Stücke loszubringen und die ganze Bürgerschaft darbei in guter Ordnung zu erscheinen.« Welches alles von dem Vatter gleich bewilligt und darzu alle Anstalten gemacht wurden.

Verfügte sich des andern Tags früh der Herr Gevatter zu dem jungen Prinzen in sein Zimmer, wünschte ihm einen guten Morgen, aus welchem der Teufel, sobald er seinen Herrn Gevatter erkannte, zu reden angefangen und gefragt, woher und was Ursach' er komme, was er hier verlange und begehre. »Nichts anders«, antwortet dieser, »als daß ich dadurch dem Begehren deiner Frau Genüge tue; diese läßt sich dir durch mich höflichst empfehlen und bitten, du wollest ihr nur diese Gnade wieder erweisen und zu ihr zurückkehren, sie versichert und schwört dir alle Treue und Liebe und Untertänigkei, und daß sie allemal eingedenk ihres Versprechen dich nicht mehr beleidigen will.«

»Was, ich«, antwortet der Teufel, »ich sollte wieder zu meinem Weibe? Behüte mich Gott darvor, in alle Ewigkeit nicht, lieber tausendmal in der Hölle bis über die Ohren will ich bleiben, als von einem Weibe also mehr geplagt werden.« Auf welche Antwort der Herr Gevatter das Zeichen gab, darauf gleich allerorten das Volk zusammengelaufen; welches, als der Teufel gehöret, fragte er ganz sorgfältig den Gevatter, was doch dieses bedeute. Dieser antwortete: »Mein lieber Herr Gevatter, was wird's anders bedeuten als die Ankunft deines Weibs, deren Vorbote ich gewesen bin; dann sie dich hier suchen und selber abholen wird, zu dero Ankunft dieses alles angesehen und angestellt worden.«

»Ei«, sagte der Teufel, »wenn mein Weib auch daherkommt, so soll sie mich auch da nicht finden: Adieu, lieber wieder in die Hölle als zu meinem Weibe«, und hiemit fuhre der Teufel unter Läuten und Schießen, Trommel und Pfeifen in einem Augenblick zur Höllen.

57. Die drei dummen Teufel

In der Hölle war einmal ein großes Wunder, daß nur lauter Männer und keine Weiber in die Hölle kämen, und von Herzen hätten sie doch auch gerne Weiber darinne gehabt. Da warf sich ein ganz junger Teufel auf und sprach: »Was gilt's, ich schaffe eine her!« Die andern Teufel freuen sich zwar, aber sie glauben dem, was jener spricht, doch nicht recht. Der Teufel fährt sofort ab, und die andern wünschen ihm großes Glück. Er kömmt also auf die Erde und trifft eine junge Dirne. Zu dieser spricht er: »He, Jungfer! Hat sie nicht Lust zu heiraten?«

»Warum nicht«, sagte sie. »Meinetwegen kann morgen die Hochzeit sein.«

»Mir schon recht«, sagt der Teufel. Wie's also morgen war, geht er zum Pfarrer und läßt sich die Dirne zur Frau geben. Eh aber der Küßmond vorüber, verlangt die junge Frau Geld, Kleider – und das aber schöne, und der Teufel kann kaum das Brot verdienen, muß oft über seinem Maul sparen und es seiner Frau lassen, und dadurch wird er dürr und mager und ist lange nicht mehr so gutes Mutes als zuvor. Die Frau hatte sich mehr von diesem Galan versprochen – viel Geld und schöne Kleider. Sie fängt daher an und wird kalt gegen ihren Teufel. Er gibt gute Worte – er brummt.

Sie zankt aber arg und drohet ihm mit Schlägen. Das lächert dem Teufel, und er denkt: »Ich werde dich doch zwingen können.« Zankt er aber ein Wort, so zankt sie zehne, und das geht ein und alle Tage so fort. Was geschieht? Der Teufel bekommt zuletzt derbe Schläge. Da denkt der Teufel: »Ei, was sollst du dich mit der Frau plagen? Gehe doch hübsch heim«, und – da ging er heim. Wie er in die Hölle kömmt und bringt kein Weib mit, da lachen ihn die Teufel tüchtig aus, und überall rufen sie: »Dummer Teufel! Dummer Teufel!« Er aber antwortet: »Ich will keine wieder, und wenn ich die ganze Hölle geschenkt kriegte. Seid froh, daß ich sie nicht mitgebracht habe, die hätte uns allen die Hölle erst recht heiß gemacht!« Da spricht ein andrer etwas älterer Teufel: »Nun will ich fort, ich will schon eine herschaffen!« Er reiset ebenfalls ab, kömmt auf einen Erbsenacker, dort trifft er eine alte Jungfer. Da denkt er: »Warte, diese ist nicht so ein junger Lecker, die willst du nehmen.« Er spricht also zu ihr: »He da, Jungfer! Hat sie nicht Lust zu heiraten?«

»O ja! wenn er Geld und Brot für mich hat?«

»O ja!« spricht der Teufel. Als nun die beiden Hochzeit gemacht hatten, da merkte es die Frau, daß der Teufel gelogen hatte, denn er war ein armer, blutarmer Teufel und hatte nichts und konnte nichts. Das kam ihm heim, denn er war an einen Geizdrachen geraten, der sparte das Salz an den Kartoffeln und tat sonntags einen Knopf in den Klingelbeutel statt des Hellers. Die gibt dem Teufel zu tun genug und zu beißen wenig, aber Schelte konnte er haben, soviel er wollte, und Streiche waren auch nicht rar. Und wenn ihm vor Hunger gleich der Bauch grimmt und ihm die Zunge ellenlang zum Halse heraushängt, so erbarmt sie sich seiner doch nicht. Will der Teufel etwas essen, so muß er fort und muß Kartoffeln stopfeln. Kömmt er abends und hat kein großes Säckchen voll, so kriegt er auch noch Schläge, und das geht so einen und alle Tage. Endlich wird das der arme Teufel doch müde und spricht zu sich: »Ei, was sollst du dich mit der Frau plagen? Ich gehe fort, das ist ja ein bitterböses Tier!« Er geht und kömmt in die Hölle zurück. Hier wird er gleich gefragt, wo er seine Frau habe?

»Ja, Frau! Hat sich was! Ich will keine! Ich will in meinem Leben an die, die ich droben hatte, gedenken! Die nimmt man auch noch mit in die Hölle! Bin froh, daß ich sie wieder los bin.« Da hieß es nun überall: »Dummer Teufel! Dummer Teufel!«

Nun spricht aber ein ganz alter Teufel: »Jetzt will ich fort. Ich will's den Weibern wohl anstreichen!«

Der alte Teufel reiset ab und kömmt auf die Erde; da geht er durch einen jungen Birkenwald und sieht von weitem ein Frauenzimmer. Das war eine Witwe, die noch ganz stattlich sah. Er sieht sie sich an, und sie sieht ihn an, und mit höflichen Reden und artigen Widerreden werden sie handelseinig, und der Pfarrer nagelt und nietet sie zusammen, so fest wie das Herz nur begehrt. Aber nach der Hochzeit, da sah der Teufel wohl, daß man die Katz nicht im Sack kaufen muß und die Witwen nicht freien auf der Landstraße. Die kannte schon den Rummel, da der heilige Ehestand ihr nicht neu war, schmale Kost und Brunnenwasser war das wenigste, da war offner Laden für jedermann, und der Mann mußte nur so zusehen und ward's ihm zu arg, wie denn solches Zusehen kein Teufel vertragen kann, so hängte sie ihn an die Wand und ging mit ihren Liebsten zu Biere. Als sie dann zurückkam, nimmt sie ihn herunter, und da soll er Mausen lernen, daß man die Katz sparen kann. Aber da wird's dem Teufel zu arg, er läuft fort in den Wald – denn in die Hölle zu gehen schämt er sich – und will sich Beeren suchen, die sind immer noch besser als Mäuse.

Wie er nun so in den Beeren ist, begegnet er einem Köhler, diesem klagte er seine Not und bat um etwas zu essen. Da sprach der Köhler: »Ja, lieber Alter, ich habe selbsten sieben Kinder und oft keinen Bissen Brot.«

»Du, Köhler, schwarzer Kerl, gib mir einen Rat, wie ich das böse Weib bändige. Ich bitte dich um alles in der Welt, hilf mir!«

Der Köhler antwortete darauf:

»Ein böses Weib, eine herbe Buß'.
Und weh dem, der ein' haben muß.«

Der Teufel denkt: »Ach, wenn das Ding so klingt, so gehst du lieber wieder heim. Wäre ich doch vom Anfang an zu Hause geblieben!«

Er sinnt auf Rache gegen die Weiber und spricht: »He! Bruder! Du bist auch arm, ich will dich reich machen, du mußt mir aber folgen.« Der Köhler spricht: »O ja, reich wäre ich gerne, und ich will tun, was du nur haben willst.« Da spricht der Teufel: »Höre, Bruder Köhler, ich weiß einen König, der hat drei Prinzessinnen, da will ich in die eine fahren, und du sollst der Doktor sein. Wenn ich in die Prinzessin gefahren bin, so wird der König einen Aufruf ergehen lassen nach einem Doktor, der Knall und Fall austreiben kann. Da gehst du nun hin zu diesem König und sprichst: ›Herr König, ich will der Prinzessin helfen, aber ich muß mit ihr in einer Stube ganz allein sein, versteht sich in allen Ehren.‹ Wenn du dann bei der Prinzessin eingelassen wirst, so sprichst du zu mir: ›Donner und Teufel, fahr aus!‹ – öffnest ein Fenster, und ich hebe mich von dannen. Das darfst du aber nur zweimal tun, wenn du es dreimal tust, muß ich dir den Hals brechen!«

Der Köhler fragte: »Auch wenn ich dir eine schöne gute Frau zeige?« Darauf erwiderte der Teufel: »Wir wollen sehen.« Er dachte aber: »Das kann ich ihm gern versprechen, damit hat es keine Not. Wir Teufel kennen die Frauen.«

An einem Abende kam der Köhler aus dem Walde, da sagte ihm seine Frau: »Du, Mann, der reiche König hat ausgeschrieben, daß seine Prinzessin todsterbenskrank ist, ja sehr krank; wer ihr hilft, der soll das halbe Königreich von ihm bekommen oder so viel Gold, als wie der Doktor und der König beide schwer sind. Wenn du nur, Alter, ein gutes Hausmittel wüßtest und könntest der Prinzessin helfen, daß wir auch einmal aus unsrer Armut kämen!«

Hierauf sagte der Köhler zu seiner Frau: »Ich will einmal eine Probe machen, vielleicht bin ich glücklich« – und reisete ab. Als er zum König kam, so fragte dieser: »Alter, getrauest du dir, meine Prinzessin gesund zu machen?«

»O ja, Herr König!« antwortete der Köhler. »Ich muß erst etliche Spezies aus der Apotheke haben, und die muß ich selber holen, und dann muß ich ganz allein bei der Prinzessin sein.« Darauf sprach der König: »Alter! Wie du es verlangst, so soll es geschehen. Machst du meine Prinzessin gesund, so bekommst du mein halbes Königreich oder so viel Gold, als ich und du schwer sind.«

Der Köhler tat nun, wie ihm der Teufel anbefohlen hatte, und die schöne Prinzessin war auf der Stelle gesund. Der König stellte dem Köhler die Wahl frei: Gold oder Land, und der Köhler nahm das Gold.

Binnen kurzem wurde nun die andere Prinzessin von dem Teufel besessen. Der König läßt den Köhler wieder kommen und spricht zu ihm: »Alter, du hast meine erste kranke Tochter gesund gemacht, hilf auch dieser!« Der Köhler sagte: »Ich will's versuchen, Herr König!« Und siehe, er half der zweiten Prinzessin auch wieder, und der König gab dem Köhler wieder ebensoviel Gold.

Der Köhler war nun sehr reich, grämte sich aber dennoch, weil er den Teufel nun nicht wieder austreiben durfte, der sich vorgenommen hatte, die Frauenzimmer recht zu plagen, und gewiß davon noch nicht abließ. Die zwei ersten Male war es ausgemacht, das dritte Mal mußte er den Teufel in der Prinzessin lassen, sonst wollte ihm der Teufel den Hals brechen; und konnte er den Teufel nicht das dritte Mal austreiben, so mußte er es wagen, daß ihn der König ums Leben bringen ließ; er sann nach, ob nicht beim dritten Mal es ihm gelingen werde, den Teufel anzuführen?

Nun wurde auch die dritte Prinzessin krank, weil der Teufel in sie gefahren war. Wiederum ließ der König den alten Köhler kommen und sprach zu ihm: »Du, Alter, hilfst du meiner Prinzessin nicht, so laß ich dich aufhenken!« Darauf antwortete der Köhler: »Mein allergnädigster Herr König! Ich will eine Probe machen, aber dazu ist nötig, daß alle guten schönen Mädchen in der ganzen Stadt morgen früh in weißen Kleidern, mit roten Schärpen und in Haarlocken, auch alle eure Geistlichen sich versammeln, vor dem Schlosse stehen und unter Gesang der Jungfrauen und Geistlichen ich neben der Prinzessin den Berg hinaufgeleitet werde. Da darf aber beileibe keine darunter sein von den landläufischen Dirnen oder von den alten Jungfern, die noch zu freien lüstert, oder den Witwen, die ihren Ehrenstuhl verrücken möchten; und das müßt ihr euren Priestern streng befehlen. Wenn wir dann auf der höchsten Höhe sind, dann will ich eine Probe machen.« Der König ließ schleunigst alle Anstalten treffen, daß diese Bedingung erfüllt werde.

Den kommenden Morgen war die große Versammlung vor dem Schloß. Der Zug bewegte sich bergan, und auf der höchsten Höhe sprach der Köhler:

»Donner und Teufel, fahr aus!«

Da fuhr der Teufel zwar aus, rief aber dem Köhler zu: »Spitzbube, hältst du so dein Wort! Warte, nun breche ich dir den Hals!« Der Köhler aber verantwortete sich und sagte: »Halt! Unser Pakt hat einen Vorbehalt. Du darfst mir nichts tun, wenn ich dir eine schöne gute Frau zeige. Da sieh dich nur um, sieh dir diese an.« Da sah sich der Teufel um und sah eine nach der andern an und erkannte wohl, daß er über diese keine Macht habe. Und da schämte er sich auf der Erde zu bleiben und fürchtete sich auch vor seinem Drachen, und so machte er ein Geprassel und einen Gestank und zog ab, wie er gekommen war.

Und da ist der Teufel wieder heim in die Hölle gegangen, und wie er kam, fragten ihn alle seine Kameraden, ob er kein Weib mitbrächte? Und wie er sagte, er bringe keine mit, da hieß es wieder: »Dummer Teufel, dummer Teufel!« Und da war ein Höllenspaß und Spektakel und Teufelsgelächter, daß es krachte und prasselte und die ganze Hölle wie eine alte Wand wackelte und platzte. Und sind noch immer keine Weiber in der Hölle drin, ausgenommen den Teufel seine alte Großmutter – darum, weil die Weiber so gar gut sind.

58. Wie der Schmied Koren alle Teufel erschreckte

Es war einmal ein Schmied, der hieß Schmied Koren: Er war sehr arm, hatte viele Kinder, aber hatte nichts, was er ihnen zu essen geben konnte. Um sich von diesem Leben zu befreien, nahm er einen Strick und ging in den Wald, um sich dort zu erhängen. Da erschien vor ihm ein Höllenteufel, der sich in einen Herrn verwandelt hatte, und sagte zu Schmied Koren: »Schmied Koren, was willst du da tun?«

Da sagte Schmied Koren zu ihm: »Nichts, was hätte ich schon tun wollen?«

Da sagt der Teufel wieder zu ihm: »Du hast doch etwas tun wollen, du hast dich erhängen wollen!«

Da sagt der Schmied Koren zum Teufel: »Ja, bei Gott, ich habe mich erhängen wollen, weil ich es so schwer habe.«

Da sagt der Teufel wieder zum Schmied Koren: »Erhänge dich nicht, Schmied Koren, sondern sei nach sieben Jahren mein, und ich werde dir dafür soviel Geld geben, daß du damit leben kannst.«

Da versprach sich der Arme ganz dem Teufel, und der Teufel gab ihm genügend Geld.

Als einige Zeit vergangen war, kam der Teufel, um ihn zu holen, und sagte zu ihm: »Guten Tag, Schmied Koren!«

Da sagte Schmied Koren: »Grüß Gott! Grüß Gott!«

Der Teufel sagt wieder zu ihm: »Ich bin gekommen, um dich zu holen, Schmied Koren, und du wirst jetzt mit mir gehen!«

Da sagt Schmied Koren zu ihm: »Nun gut, ich komme mit dir, ich komme!«

Währenddessen machte Schmied Koren etwas Pech heiß, bestrich damit den Stuhl und sagte zum Teufel: »Komm, setz dich auf den Stuhl, und warte ein wenig, ich habe noch etwas zu tun.« Der Teufel setzte sich hin, und der Stuhl blieb ihm am Hintern kleben, Schmied Koren aber nahm schnell einen kleinen Hammer und prügelte den Teufel damit tüchtig durch.

So verprügelt, ging der Teufel zu den anderen Teufeln und trug noch immer den Stuhl am Hintern. Die anderen Teufel fragten ihn: »Wo ist denn Schmied Koren?«

Der Teufel antwortet ihnen: »Das ist ein noch schlimmerer Teufel als wir! Er hat mir einen Stuhl an den Hintern geklebt, den ich bis jetzt noch nicht abgekriegt habe, und dazu hat er mich noch tüchtig durchgeprügelt!«

Da machte sich ein anderer Teufel auf, um ihn zu holen, und sagt: »Ich gehe ihn holen, ich gehe ihn holen, ich werde ihn schon herbringen!« und er geht los.

Und der Teufel kommt zu Schmied Koren und sagt: »Guten Tag, Schmied Koren!«

Schmied Koren sagt zu ihm: »Grüß Gott! Grüß Gott!«

Der Teufel sagt wieder zu ihm: »Diesmal bin ich gekommen, um dich zu holen, Schmied Koren, und du wirst jetzt mit mir gehen.«

Da sagt Schmied Koren zu ihm: »Ich komme sofort, ich komme, ich habe mich schon allein fertiggemacht, auch ohne dich, aber bevor ich losgehe, steig du ein bißchen auf den Kirschbaum und pflücke mir ein paar Kirschen.«

Der Teufel gehorchte ihm und stieg auf den Kirschbaum, Schmied Koren aber schlang ganz schnell einen Rosenkranz um den Kirschbaum, holte Weihrauch und räucherte ihn damit von unten ein. Der Teufel konnte den Weihrauch nicht ertragen, sprang vom Kirschbaum herunter und brach sich ein Bein. Da verließ der Teufel Schmied Koren und kam hinkend in die Hölle zu seinen Teufeln. Die anderen Teufel fragten ihn: »Wo ist denn Schmied Koren?«

Der Teufel antwortete ihnen: »Er ist zu Hause geblieben; aber das ist ein noch schlimmerer Teufel als wir! Er hat mich dazu verleitet, auf den Kirschbaum zu steigen, und ich habe mir ein Bein gebrochen.«

Da macht sich der dritte Teufel auf, um ihn zu holen, und sagt: »Jetzt gehe ich ihn holen, jetzt gehe ich ihn holen, und ich werde ihn auch bringen, wenn ich ihn nicht herbeijagen kann!« – und er geht los.

Der Teufel kommt zu Schmied Koren und sagt: »Guten Tag, Schmied Koren!«

Schmied Koren sagt zu ihm: »Grüß Gott! Grüß Gott!«

Der Teufel sagt wieder zu ihm: »Diesmal bin ich gekommen, um dich zu holen, Schmied Koren, und du wirst jetzt mit mir gehen!«

»Ich habe mich schon allein fertiggemacht, um mit dir zu gehen, aber ich habe hier noch Eisen und möchte gern noch Hufeisen anfertigen. Geh du schon mal in den Blasebalg, damit ich die Hufeisen um so schneller fertigkriege.«

Der Teufel geht schnell in den Blasebalg, um zu blasen, Schmied Koren aber verstopft den Blasebalg, das Loch, durch das der Teufel hineingegangen ist, und schlägt mit seinem Burschen auf ihn ein. Als Schmied Koren ihn tüchtig durchgeprügelt hatte, ließ er ihn heraus und zu seinen Teufeln gehen. Auch dieser Teufel ging von Schmied Koren weg und kam so verprügelt in die Hölle zu seinen Teufeln. Die andern Teufel fragten ihn: »Wo ist denn unser Schmied Koren?«

Der Teufel antwortete ihnen: »Er ist zu Hause geblieben, aber das ist ein noch schlimmerer Teufel als wir alle zusammen. Er hat mich tüchtig durchgeprügelt.«

Und bei Gott, kein Teufel war mehr bereit, Schmied Koren zu holen.

Einmal geht Schmied Koren auf die Jagd und kommt direkt vor die Höhle der Hölle. Da kommt der älteste Teufel aus der Höllenhöhle heraus, erblickt ihn und sagt: »Ha, da bist du ja, Schmied Koren, jetzt bist du unser!«

Schmied Koren zieht schnell einen Zollstock hervor und mißt etwas vor der Hölle aus, und der Teufel fragt ihn: »Was machst du da, Schmied Koren?«

Schmied Koren antwortet: »Ich messe hier aus, hier soll ein Kloster gebaut werden!«

Da erschrickt der Teufel und sagt zu ihm: »Miß hier nichts aus, lieber Schmied Koren, nein, wir wollen dir Geld geben, soviel du brauchst!«

Da sagt Schmied Koren wieder zu ihm: »Bei Gott, ich werde hier ausmessen, und, bei Gott, hier wird ein Kloster gebaut werden!«

Da sagt der Teufel zu ihm: »Miß nicht, lieber Schmied Koren, wir werden dir soviel Geld geben, daß zwei von uns es kaum zu dir nach Hause tragen können!«

Und so trugen zwei Teufel Schmied Koren das Geld nach Hause, und er wurde durch die Teufel ein reicher Mann.

59. Der Schwiegersohn der Sonne

Es war einmal der unglückliche Ivan; so unglücklich war er, weil er nichts hatte. Nirgends hat er eine Bleibe, nicht einmal Kleider hat er – eine zerrissene Joppe hatte er an. Da machte er sich auf den Weg, um sich zu verdingen. Er denkt sich: »Vielleicht verdinge ich mich irgendwo.« Er geht und geht seines Weges, da kommt ihm ein Mann entgegengefahren: »Gesundheit, unglücklicher Ivan!«

»Gott geb's Euch auch, Onkel!«

»Wohin gehst du denn?«

»Ich gehe mich irgendwo verdingen. Wenn mich jemand nähme, würde ich mich verdingen, denn ich habe nirgends eine Zuflucht.«

»Verdinge dich bei mir«, sagte der Mann.

»Ja, gut, ich verdinge mich.«

»Und was willst du für ein Jahr?«

»Was ich für ein Jahr will? Wenn Ihr mir ein Tagewerk Hirse – eine Vierteldeßjatine Hirse zum Abmähen – gebt, werde ich vielleicht irgendwie ein wenig Fuß fassen können.«

Da sagt der Mann: »Also gut, setz dich her, dann fahren wir!«

Sie kamen zu Hause an, und er dient ein ganzes Jahr. Er diente ein Jahr lang, und der Bauer säte das Tagewerk Hirse für ihn an, zu seinem Nießbrauch, wie man so sagt. Kaum daß die Hirse zu reifen begann, schickte der oberste Spatz die Spatzen hin, und sie pickten die Hirse auf. Er aber weinte nur bitterlich und ging fort mit dem Gedanken, daß er kein Glück hat. Er nahm nichts mehr von dem Bauern, bei dem er gedient hatte. Der wollte ihm etwas Geld mitgeben und sagte: »Nimm wenigstens etwas Geld mit auf den Weg!«

Er aber nahm es nicht und sagte: »Nicht einmal Geld will ich mitnehmen. Da ich kein Glück habe, wird bei mir auch das Geld verlorengehen.«

Er ging, sich wieder zu verdingen. Er geht vor sich hin, auf einmal begegnet ihm wieder ein Mann, er fährt auf ihn zu.

»Gesundheit, unglücklicher Ivan!«

»Gott geb's Euch auch, Onkel!«

»Wohin gehst du denn?«

»Ich gehe«, sagte er, »vielleicht dingt mich einer, denn ich habe eben bei einem Mann ein Jahr lang für ein Tagewerk Hirse gedient, doch alles ging verloren, die Spatzen haben's ausgepickt.«

Und der Mann sagt: »Verdinge dich bei mir, ich zahle dir, was du willst.«

»Was denn? Geld will ich nicht, gebt mir für ein Jahr ein Tagewerk Buchweizen.«

»Ja, gut, ich geb's.«

Nun fuhren sie zu diesem Mann hin. Er lebt dort und hat's gut, noch besser als dort, wo er zuerst war. Das Jahr geht für ihn bald zu Ende, und sie haben ein Tagewerk Buchweizen angesät. Der Buchweizen erblühte gerade, da kam der Frost und brachte ihn zum Erfrieren, so daß er nicht weiterwuchs – und verloren ging alles, wofür er dieses Jahr gedient hat. Er schaute sich das nur an und ging weinend davon.

Er ging, sich wieder zu verdingen. Er geht und geht, auf einmal kommt ihm ein Mann auf einem Einspänner entgegengefahren, und ein kleines Fohlen läuft hinter dem Wagen her.

Sie begegneten und begrüßten sich. Da fragt der Mann den Ivan: »Wohin gehst du denn?«

»Ich gehe«, sagt er, »mich irgendwo verdingen. Gerade habe ich bei einem Mann ein Jahr lang für ein Tagewerk Buchweizen gedient, doch umsonst.«

»Wieso umsonst?«

»Der Frost hat ihn zum Erfrieren gebracht.«

»Verdinge dich bei mir, ich geb dir das gleiche für ein Jahr.«

»O nein, das gleiche will ich nicht mehr.«

»Was soll man dir dann geben?«

»Ich will nichts, gebt mir nur dieses Fohlen, wenn mein Jahr um ist. Vielleicht nützt mir das Fohlen mehr, da werde ich wenigstens auf dem Pferdchen reiten.«

»Also gut«, sagte zu ihm der Mann.

So dient er dort, bei diesem Bauern, ein ganzes Jahr. Als das Jahr um war, gab ihm der Bauer das Fohlen, und er ritt davon. Zuerst ritt er in Frieden dahin, dann aber schickte der heilige Georg Wölfe gegen das Fohlen, da kamen sie hergelaufen, rissen das Fohlen und fraßen es vor seinen Augen auf. Obwohl es ihm um das Fohlen leid war – da konnte man nichts dagegen machen, es kommt nicht mehr zurück – so weinte er nur, und damit war's vorbei.

Er machte sich wieder auf, um sich irgendwo zu verdingen. Er geht und geht, auf einmal begegnet er einem Mann. Der fährt irgendwohin, entweder auf die Jagd oder von der Jagd, denn auch seine Flinte war auf dem Wagen.

Der Mann sagt: »Gesundheit, unglücklicher Ivan!«

»Gott geb's Euch auch!«

»Wohin gehst du denn?«

»Ach, wohin ich gehe? Wohin Gott will! Ich gehe mich verdingen. Aber wer weiß, wie man sich verdingen soll, denn drei Jahre habe ich bei guten Leuten gedient, doch umsonst.«

»Wieso umsonst?«

»Es war so: Beim ersten hab ich ein Jahr lang für ein Tagewerk Hirse gedient, doch die Spatzen pickten sie aus. Beim zweiten hab ich ein Jahr lang für ein Tagewerk Buchweizen gedient, doch der Frost brachte ihn zum Erfrieren. Und beim dritten hab ich für ein Fohlen gedient, doch Wölfe fraßen es auf.«

»Dann verdinge dich bei mir. Was willst du für ein Jahr?«

»Was ich für ein Jahr will? Jetzt will ich nichts. Gebt mir dann eine Joppe und eine Flinte, denn bei mir hält sich nichts.«

»Also gut, ich geb's dir.«

Nun fuhren sie nach Hause, und er fängt an zu dienen. Er diente bei ihm ein ganzes Jahr, und nachdem er das Jahr abgedient hat, schickt er sich an wegzugehen, da gab ihm der Bauer die Joppe und die Flinte.

Er machte sich auf, zog die Joppe an, schulterte die Flinte und ging auf die Jagd. Als er so dahinging, kam er bis ans Meer. Er geht und geht immer am Meer entlang, auf einmal schaut er – da schwimmen am Ufer drei Enten. Nun beginnt er, sich an sie heranzupirschen, um sie zu erlegen. Er pirschte und pirschte sich heran, so lange pirschte er sich heran, bis zwei aufflogen und abstrichen. Eine aber bleibt sitzen. Und er pirscht sich weiter heran, um sie zu töten. Auf einmal hört er – sie spricht zu ihm: »Töte mich nicht, guter Mensch, in einer großen Gefahr werde ich dir beistehen. Komm näher her«, sagt sie, »daß wir einander befragen: Wenn ich älter bin, will ich zu dir wie eine Mutter sein; und wenn du älter bist, will ich deine Frau werden.«

Er kam näher, und sie fingen an einander zu befragen. Sie haben einander befragt – er ist älter als sie. Da sagte sie zu ihm: »Nun, ich werde deine Frau!«

Dann gingen sie so dahin, übernachteten einstweilen an einem Zaun – denn noch war nichts da; kein Haus ist da, nichts – und am nächsten Tag nahm sie ein seidenes Tüchlein, ging in den Wald, schwenkte das Tüchlein kreuzweise und sagte: »Fällt euch, Bäume! Rollt dahin, Bäume! Schichtet euch auf, Bäume!« Kaum daß sie es gesagt hatte, fingen die an sich zu fällen, zu rollen und sich aufzuschichten. Es schichtete sich so ein Haufen auf, so ein großer, daß Gott bewahre!

Dann schickte sie ihn nach Zimmerleuten. Er ging, dingte Zimmerleute und brachte sie dorthin. Sie wollten sofort anfangen das Haus zu bauen, aber sie sagt: »Wartet, fangt noch nicht mit der Arbeit an! Er soll gehen und Leute zur Haussetzung laden.«

Also ging er, lud Leute ein, und die kamen zusammen. Er ging auch zu seinem Onkel und fing an ihn zur Haussetzung zu laden. Der sagt aber: »Wohin soll ich zu dir zur Haussetzung gehen, hast du überhaupt Holz für ein Haus?«

»Jawohl!«

»Du lügst, wo sollst du, du armer Tropf, es herhaben?«

Er weiß es aber nicht, daß alles schon bereit ist.

»Raus aus meinem Haus, lüg nicht!« Er packte ihn und warf ihn hinaus. Der weinte nur und ging ohne den Onkel.

Er kam zu Hause an und sagt: »Der Onkel will nicht kommen, und noch dazu glaubt er nicht, daß ich Holz für ein Haus habe. Er hat mich am Genick gepackt und hinausgeworfen. ›Raus‹, hat er gesagt, ›lüg nicht so daher!‹«

Da sagt sie: »Na, dann nicht, es geht auch ohne ihn.«

Jetzt sagen die Leute: »Gehen wir endlich, wo sind eure Zimmerleute, gehen wir zur Haussetzung!«

Sie aber sagt: »Geht noch nicht, wartet! Zuerst soll man trinken und zu Mittag essen.«

So aßen sie zu Mittag und wollten gleich gehen, doch sie sagte: »Legt euch hin, und ruht euch ein wenig aus!«

Sie legten sich hin, da ging sie hinaus, schwenkte das Tüchlein kreuzweise, und während Leute und Zimmerleute sich ausruhten, hat sich von selbst ein Haus gebaut – aber was für eins! –, und es steht fertig da.

Dann gingen die hinaus und schauten sich das Haus an. Ja, und dann schickten sie die Zimmerleute weg, sie selbst gingen aber zum Popen mit der Bitte, das Haus zu weihen. Der Pope kam und weihte ihnen das Haus. Nun begannen sie gut und glücklich zu leben. Sie sind sehr reich, so reich, daß sie noch reicher sind als der Onkel, der zu der Haussetzung nicht kommen wollte.

Da packte den Onkel großer Neid, daß sie an allem mehr haben als er. Also machte er sich auf, ging zum Gutsherrn und hetzte den Herrn auf, Ivan aus der Welt zu schaffen. Wie soll man ihn aus der Welt schaffen, daß er aus der Welt weg ist? Er dachte sich aus, wie, und er sagte: »Man soll ihn dorthin schicken, wo die Sonne untergeht!«, also an den Rand der Welt.

Da schickte der Herr einen seiner Leute zu Ivan und befahl: »Geh dorthin, wo die Sonne untergeht, und bring Kundschaft von dort!«

Der ging und trug Ivan auf: »Geh dorthin, wo die Sonne untergeht, und bring in Erfahrung, was dort vor sich geht! Und wenn du nicht hingehst, hat der Herr gesagt, daß er dir dann den Kopf abhaut!«

Dieser hörte sich das alles an, fing an zu weinen und ging zu der Frau:

»Nun, was ist da zu machen«, sagt er, »der Herr hat mir aufgetragen, dorthin zu gehen, wo die Sonne untergeht. Und wenn ich nicht hingehe, hat er gesagt, daß er mir dann den Kopf abhaut.«

Da sagte sie: »Man muß gehen.« Sie gab ihm drei Weizenbrote, ein goldenes Knäuel und sagte: »Hier hast du dieses Knäuel, und wohin es rollt, dahin geh auch du: wenn durchs Wasser, dann durchs Wasser, wenn durchs Feuer, dann durchs Feuer, es wird bis vor eine Tür hinrollen. Ein Weizenbrot wirst du aufessen, wenn du hingehst, das zweite legst du dort auf den Tisch, und das dritte wirst du aufessen, wenn du heimkehrst.«

Sie, seine Frau, war eine Tochter der Sonne selbst. Deswegen lenkte sie göttliche Kräfte, als sie das Haus schuf. Als er sie auf dem Wasser hatte erschießen wollen, schien es ihm, es wären Enten, doch sie waren Schwestern.

Nun warf er das Knäuel vor sich hin. Und wohin es rollt, dahin geht er ihm nach: wenn durchs Wasser, dann durchs Wasser, wenn durchs Feuer, dann durchs Feuer. Es rollte bis vor eine Tür, und er machte sie auf, grüßte, und die dort erkannten, daß er ihr Schwager ist. Er aber weiß nichts davon. Da fragen sie ihn: »Freiwillig oder unfreiwillig?«

»Unfreiwillig«, sagt er.

»Na, dann setz dich bei uns nieder!«

Ja, und er setzte sich hin. Nun fangen sie an ihn über alles auszufragen: wie er geheiratet hat, wie er bis hierher gekommen ist und weshalb. Und sie brachten dabei heraus, daß er wirklich, daß er wahrhaftig ihr Schwager ist. Das sind ihre Schwestern, die Sonne aber ist nicht da. Sie ging um die Welt, um zu leuchten.

Nachdem sie sich so befragt hatten, gewöhnte er sich langsam ein, er hat keine Angst mehr. Es wurde ihm irgendwie leichter, und er war fröhlich. Ein wenig später kam die Sonne herangerollt, seine Schwiegermutter. Und nun geht es mit der Bewirtung los. Sie feierten ein wenig, dann kochten sie reichlich Milch und ließen Ivan da hineinspringen. Er sprang in diese Milch, in einen Zuber, und als er aus der Milch wieder herausgesprungen ist, da war er leuchtend wie die Sonne selbst. Nun ließ die Sonne ihn mit einem Wagen fahren, damit er sich den Weinberg anschaut und sich erfreut.

Da fuhr er los. Er fährt dahin – am Weg sitzt der oberste Spatz. Da sagt er: »Warum sitzt du hier? Hast du vergessen, wie ich ein Jahr lang für Hirse gedient habe, und du hast Spatzen geschickt, und die haben sie ausgepickt. Jetzt werde ich dir's heimzahlen!« Da fing er an auf ihn einzuschlagen und verprügelte den obersten Spatzen ganz und gar. Dann ließ er ihn allein und fuhr weiter. Er fährt nicht weit – da sitzt der Frost. Und er sagt zu ihm: »Hast du vergessen, wie du meinen Buchweizen zum Erfrieren gebracht hast? Dafür schlage ich dich zusammen.« Dann fuhr er weiter.

Er fährt – da sitzt Georg. Und er schlägt auch ihn dafür, daß der Wölfe gegen sein Fohlen geschickt hat, die es aufgefressen haben.

Dann fuhr er bis in den Weinberg hinein. Er fuhr so in den Weinberg hinein, daß er nicht mehr herausfahren konnte. Da zündete er den Weinberg an, fuhr heraus und kam bei denen wieder an.

Und nun ist die Sonne in den Weinberg gefahren. Sie schaut – am Weg sitzt der ganz und gar verprügelte oberste Spatz. Und die Sonne fragt: »Wer hat dich verprügelt?«

»Die gerechte Sonne«, sagt der oberste Spatz.

Die Sonne erriet gleich, daß das Ivan, der Schwiegersohn, gewesen ist, denn auch er war wie die Sonne.

Und die Sonne sagt: »Na, verzeih mir, denn ich war gestern betrunken.«

Sie fährt weiter – da sitzt der ganz und gar verprügelte Frost. Und die Sonne fragt: »Wer hat dich verprügelt?«

»Die gerechte Sonne.«

»Na, verzeih mir, denn ich war gestern betrunken.«

Sie fährt weiter – da sitzt der ganz und gar verprügelte Georg. Und die Sonne fragt: »Wer hat dich verprügelt?«

»Die gerechte Sonne.«

»Na, verzeih mir, denn ich war gestern betrunken.«

Dann kommt sie in den Weinberg hineingefahren – beinahe die Hälfte des Weinbergs ist abgebrannt. Sie schaute sich das an und kehrte nach Hause zurück.

Sie kam zu Hause an, und gleich fragt sie Ivan aus: »Na«, sagt sie, »warum hast du den obersten Spatzen verprügelt?«

»Ha«, sagt er, »warum! Ich habe ein Jahr lang für ein Tagewerk Hirse gedient, er aber hat Spatzen geschickt, und die pickten sie aus.«

»Nun, nicht schuldig! Und warum den Frost?«

»Den Frost darum, weil ich bei einem Bauern ein Jahr lang für ein Tagewerk Buchweizen gedient habe, und er brachte ihn zum Erfrieren.«

»Nun, nicht schuldig! Und warum den Georg?«

»Darum, weil ich mir so ein schönes Fohlen verdient habe, so ein schönes, doch er schickte Wölfe, und sie fraßen es auf.«

»Nun, auch hierin nicht schuldig! Und warum hast du so viel vom Weinberg verbrannt?«

»Ich bin dort mitten hineingefahren, doch ich konnte nicht mehr herausfahren, da bekam ich Angst, daß der Wagen bricht, darum habe ich's angezündet.«

»Na, in allem unschuldig!«

Dann entließen sie ihn nach Hause.

Er kam glücklich zu Hause an. Gleich ging er zum Herrn und erzählte dem Herrn, was dort ist und wo dieser Ort ist. Da sagt der Herr zu Ivan: »Jetzt aber geh ins Jenseits – in die Hölle – und bring Kundschaft von dort. Und wenn du nicht gehst, dann hau ich dich in Stücke.« Dem Onkel wiederum befahl er, Brot aufzuladen, zwei Pferde einzuspannen, hinter ihm herzufahren und zu überprüfen, ob er wirklich ins Jenseits kommt.

Nun ging Ivan wieder los wie vorher, und sein Onkel fährt hinter ihm her. Ivan kam an eine Tür, machte die Tür auf, ging mit dem Onkel hinein, und die dort fragen ihn: »Freiwillig oder unfreiwillig?«

»Unfreiwillig«, antwortete Ivan.

Er schaut – der verstorbene alte Herr, der Vater des Gutsherrn, fährt Brennholz in die Hölle. Und die – die Höllenbrut – sagen: »He, du da, spann den Herrn aus, und spann den Onkel ein, daß der Herr ein bißchen verschnauft!«

Nun spannte Ivan den Onkel ein, und nachdem der Onkel so an die drei Mal Brennholz herbeigeschafft hatte, schwor er bei sich: »Niemals mehr werde ich Ivan irgendwohin schicken!«

Nun spannte man den Onkel aus, und den alten Herrn spannte man wieder ein. Dann gingen sie aus der Hölle weg: Ivan ging voran, und der Onkel fährt hinter ihm her. Jener ist schon längst angekommen, dem Onkel aber reichte das Brot nicht, und nur mit Mühe kam auch er an.

Jetzt fängt Ivan an zu erzählen, wie es dort war. Er fing zu erzählen an über den Onkel und über den Herrn, doch denen stinkt das. Der Onkel schämt sich, weil der andere ihn in der Hölle dreimal Brennholz herbeiziehen ließ, und der Herr ärgert sich, weil der erzählt, sein Vater ziehe in der Hölle Brennholz herbei.

Also machten sie miteinander aus: Milch von allem möglichen Vieh zu sammeln, zu kochen und – Ivan dort hinein! Er wird in der Milch zerkochen. Sie machten sich daran und sammelten einen ganzen Zuber. Dann kochten sie sie, schütteten sie in den Zuber und befahlen Ivan, da hineinzuspringen. Doch Ivan hauchte sie an, und sie kühlte ab. Nun sprang er hinein und wurde so leuchtend wie die Sonne.

Der Herr schaut ihn an, und er ist so schön. Jetzt – auch er hinein! Kaum daß er hineingesprungen war, verbrühte es ihn sofort, und er zerkochte in der Milch.

So haben sie aufgehört, ihn aus der Welt schaffen zu wollen. Bald darauf starb auch sein Onkel, er aber blieb und lebte lang mit seiner Frau, bis auch sie gestorben sind.

60. Die Sterntaler

Es war einmal ein kleines Mädchen, dem waren Vater und Mutter gestorben, und es war so arm, daß es kein Kämmerchen mehr hatte, darin zu wohnen, und kein Bettchen mehr, darin zu schlafen, und endlich gar nichts mehr als die Kleider auf dem Leib und ein Stückchen Brot in der Hand, das ihm ein mitleidiges Herz geschenkt hatte. Es war aber gut und fromm.

Und weil es so von aller Welt verlassen war, ging es im Vertrauen auf den lieben Gott hinaus ins Feld. Da begegnete ihm ein armer Mann, der sprach: »Ach, gib mir etwas zu essen, ich bin so hungerig.« Es reichte ihm das ganze Stückchen Brot und sagte: »Gott segne dir's«, und ging weiter. Da kam ein Kind, das jammerte und sprach: »Es friert mich so an

meinem Kopfe, schenk mir etwas, womit ich ihn bedecken kann.« Da
tat es seine Mütze ab und gab sie ihm.

Und als es noch eine Weile gegangen war, kam wieder ein Kind und
hatte kein Leibchen an und fror: Da gab es ihm seins; und noch weiter,
da bat eins um ein Röcklein, das gab es auch von sich hin.

Endlich gelangte es in einen Wald, und es war schon dunkel geworden, da kam noch eins und bat um ein Hemdlein, und das fromme
Mädchen dachte: »Es ist dunkle Nacht, da sieht dich niemand, du
kannst wohl dein Hemd weggeben«, und zog das Hemd ab und gab es
auch noch hin. Und wie es so stand und gar nichts mehr hatte, fielen auf
einmal die Sterne vom Himmel und waren lauter harte, blanke Taler;
und ob es gleich sein Hemdlein weggegeben, so hatte es ein neues an,
und das war vom allerfeinsten Linnen. Da sammelte es sich die Taler
hinein und war reich für sein Lebtag.

NACHWORT

Die schönsten Märchen von Himmel und Hölle erzählen von Reisen in das Jenseits und von Begegnungen mit dessen Bewohnern.

Die Helden und Heldinnen dieser Märchen bewegen sich scheinbar mühelos durch Fern-, Über- und Unterwelten, ganz anders als in Sagen, in denen die Welt des Numinosen deutlich als eine andere Dimension erlebt wird. »Der Märchendiesseitige hat nicht das Gefühl, im Jenseitigen einer andern Dimension zu begegnen«, schrieb der Schweizer Erzählforscher Max Lüthi zusammenfassend über die Faszination dieses von ihm als Eindimensionalität bezeichneten Tatbestandes. Wenn in Exempla, Legenden und Heiligenviten die diesseitige und die jenseitige Welt zusammentreffen, ereignen sich Wunder, welche die Macht Gottes und der Heiligen bezeugen, im Märchen dagegen werden sie als selbstverständliche Gabe für mitleidiges und barmherziges Verhalten entgegengenommen.

Die geschilderten Begebenheiten in Himmel und Hölle basieren auf älteren Vorstellungen, wenn z. B. die Jenseitswelten als Paradies oder blühender Garten erscheinen (Nr. 3, 8, 35), und sind doch märcheneigentümlich umgestaltet. Das Jenseits wird dabei als eine der Vorstellung des Raumes entnommene Bezeichnung für die Welt und Wirklichkeit Gottes und für den Existenzbereich und Zustand des Menschen nach dem Tod angesehen. Als Scheide zwischen Diesseits und Jenseits gilt das ›Ende der Welt‹ (Nr. 19, 29): Sonne, Mond und Sterne.

Den Himmel erreichen die Helden und Heldinnen etwa mittels einer Himmelsleiter oder eines Seils, durch Klettern auf einen himmelhohen Baum (Nr. 5, 31) oder auf eine Kürbisranke (Nr. 32). Dieser bildhafte Gebrauch von Jenseits, erwachsen aus der Anschauung konkreter Räume, hat die Phantasie des erzählenden Menschen von jeher beflügelt und zu einem magischen Weltbild geführt, demzufolge alles mit allem zusammenhängt.

Auch in Lügengeschichten kann eine magische Verbindung zwischen Himmel und Erde im Zentrum des Geschehens stehen. Eine ganze

Kette von Lügengeschichten ist bei uns mit dem Namen des Freiherrn von Münchhausen (1720–97) verbunden. In einer dieser Geschichten, die oftmals auf älteren literarischen Vorlagen beruhen – die Stoffe, sogenannte Adynata, waren zum Teil schon in der Antike bekannt –, erzählt er von einer wundersamen Kletterreise zum Mond mittels einer schnell wachsenden Bohne und seiner Rückkehr auf einem Seil aus Häckerling, das allerdings reißt. Er landet unsanft in einem tiefen Erdloch, gelangt aber durch Ausgraben einer Treppe wieder an die Oberfläche.

Während der Dreschflegel (Nr. 4), der Baum zum Himmel oder das wunderlange Seil in Lügengeschichten die Funktion haben, auf groteske Weise denkwürdige Erlebnisse auszumalen, sind sie in vielen Mythen (Nr. 31) Inbegriff einer Verknüpfung zwischen Himmel und Erde, die die Entstehung des Lebens auf der Erde überhaupt erst ermöglicht. Hiermit verbunden ist die Vorstellung von einem direkten Kontakt der Irdischen zum Himmel, zu den Gestirnen und den dort wohnenden Jenseitigen.

Solche Schilderungen über die andere Welt lassen sich als Ausdruck von Vorstellungen begreifen, die Unbekanntes wie das ›Ganz Andere‹ (Rudolf Otto) positiv sehen wollen. Denn das Nichtwissen über das Leben nach dem Tode stellt bis heute eine stete Quelle für Ängste jeder Art dar, welche die Religionen durch den Glauben an ein gottgefälliges Leben zu überwinden suchen. Das Leben im Diesseits soll dann den Anspruch auf ein ebensolches oder gar besseres Leben nach dem Tode enthalten. »Mir gefällt die Geschichte nicht, daß wir alle sterben müssen«, spricht in einem Märchen aus Italien der Sohn zu seinen Eltern, »ich will hingehen und das Land suchen, wo man niemals stirbt« (Nr. 50).

Die Bewohner des Himmels greifen in weltliches Treiben ein, bestrafen und belohnen und verhelfen der Gerechtigkeit zum Sieg: »Die Sonne bringt die Wahrheit an den Tag«, und die Untat wird gesühnt. Ein Zeuge kehrt gar aus der Hölle zurück, um eine Aussage vor Gericht zu bestätigen, oder er bringt Angehörige und Verwandte durch die Schilderung der von ihm erlittenen Qualen zur Umkehr ihres bisherigen Lebens. Daß Fürsorge für Verstorbene real ist (Arme-Seelen-Messen, Grabpflege), zugleich aber auch ein reiches Betätigungsfeld für Scharlatane, demonstriert beispielsweise der schon im Mittelalter bekannte Schwank von dem Betrüger, der einer leichtgläubigen Frau vorspiegelt, er sei im Jenseits gewesen und habe den Verstorbenen gesehen. Diesem solle er unbedingt Geld mitbringen, weil er so mittellos sei: Reich beschenkt von der Witwe, sucht der Schelm rasch das Weite (Nr. 43).

Andere Helden und Heldinnen unternehmen lange Reisen zu Sonne, Mond und Sternen, aber auch ans ›Ende der Welt‹ oder in die Hölle und versuchen knifflige Fragen zu lösen, deren Antworten auf Erden nicht zu erhalten sind. Auf der Reise ins Jenseits erleben sie manch gefahrvolle Situation, erfahren aber stets Hilfe und machen nach der Rückkehr ihr persönliches Glück, weil sie die ›richtigen‹ Antworten parat haben. Ein bei uns sehr verbreitetes Märchen erzählt vom Besuch eines nicht standesgemäßen Freiers beim Teufel, dem er auf Veranlassung seines Schwiegervaters drei goldene Haare ausreißen soll (Nr. 16), was eigentlich den sicheren Tod des jungen Mannes bedeutet: »Damit hoffte der König, ihn auf immer loszuwerden.« Aber des Teufels Großmutter unterstützt den Helden und kann nicht nur diese unlösbar scheinende Aufgabe klären, sondern auch verschiedene Antworten auf komplizierte Fragen aus ihrem Sohn herauslocken, wofür der Rückkehrer von den Fragestellern reich belohnt wird.

Daß es in der Hölle je nach persönlichem Verhalten auf Erden gemütlich oder ungemütlich zugeht, vermitteln Schwankmärchen wie etwa das vom Höllenheizer, der den Sündern ordentlich Feuer macht (Nr. 17). Aus freien Stükken akzeptiert dort ein Soldat aus Geldmangel das befristete Arbeitsangebot des Teufels mit bestimmten Verpflichtungen: So muß er in der Hölle das Feuer unter den Kesseln, auch in Abwesenheit seines Auftraggebers, aufrechterhalten, darf dort nicht hineinsehen, sich nicht säubern und muß sich Haare und Bart wachsen lassen. Trotz des Verbots blickt er aber aus Neugier in die Kessel, sieht dort ehemalige Vorgesetzte als Sünder büßen und legt Feuer nach. Der Teufel entdeckt zwar die Tabuverletzung, entläßt den Höllenheizer jedoch ohne Strafe, gibt ihm sogar zum Dank einen Sack voll Müll mit, der sich in Gold verwandelt, und steht ihm bei, als ihm ein Wirt sein Eigentum raubt. Von einzelnen Handlungsabschnitten ist besonders die dritte Episode humorvoll geschildert: Mit geradezu diebischer Freude wird von den Aktionen des Höllenheizers beim Hochheben der Kesseldeckel erzählt, wenn er den in der Hölle schmorenden ehemaligen Vorgesetzten ihrem Rang gemäß tüchtig einheizt. Die Hölle wird zwar analog zu christlichen Höllen- und Fegefeuervorstellungen als Ort des Schreckens beschrieben, für den ehemaligen Soldaten ist der Aufenthalt dort aber nur ein Durchgangsstadium. Die Hölle stellt für ihn, den einfachen Kriegsmann, gewissermaßen die letzte Station sozialer Gerechtigkeit dar und bringt ihm märcheneigentümlich Glück. Der Böse hat das Dämonische verloren, die üblichen negativen Attribute wie körperliche Defekte fehlen. Im Gegenteil: Der Teufel erweist sich als gutmütiger und großzügiger Helfer. Diese große Distanz zu Teufelspakterzählungen älterer Zeit charakterisiert besonders Märchen und Schwankmärchen des 19./20. Jahrhunderts. Anderen Teufeln ist die Hölle verleidet, weil sie, welch Wunder, frauenlos geworden ist (Nr. 53). Auf der Suche nach Frauen erleben sie nur Reinfälle; die Frauen machen den Teufeln ›die Hölle heiß‹. Keine gefällt ihnen, und den dritten Teufel überlistet dann noch ein Köhler beim Teufelspakt, so daß dieser wie seine Frauen suchenden Vorgänger ergebnislos in die Unterwelt zurückkehrt: »Und sind noch immer keine Weiber in der Hölle drin, ausgenommen dem Teufel seine alte Großmutter – darum, weil die Weiber so gar gut sind.«

Vergleichbare Schwänke über den geprellten Tod oder den auf einem Baum festgebannten Teufel sowie über andere Wünsche, die sich als töricht erweisen (Nr. 2, 3), sind literarisch bis ins 16. Jahrhundert zurückzuverfolgen; der Schmied als dem Teufel überlegener Vertragspartner ist in deutschen Texten seit 1731 öfter mit Jüterbog, Apolda und anderen Städten verbunden worden. Der Stoff hat besonders innerhalb der geistlichen Erzählliteratur weitergewirkt und ist auch als Volksbuch (*Bonhomme Misère*) häufig nachzuweisen.

Aber nicht nur die Herrscher der Unterwelt können überlistet werden. Manchmal sind es auch die Himmelsbewohner, vor allem dann, wenn sie einem sündigen Menschen den Zutritt zum Himmel verwehren wollen. Dieses Thema hat die Phantasie des erzählenden Menschen in besonderem Maße beeinflußt. So gelingt es dem Bruder Lustig aus dem bekannten gleichnamigen deutschen Märchen (Nr. 1), den Himmelspförtner Petrus zu überlisten und sich dank einer Zaubergabe in den Himmel hineinzuwünschen, »und der heilige Petrus mußte ihn darin lassen«. Oder in einem estnischen Märchen gelangt ein Gutsbesitzer mit Hilfe eines Advokaten, die deshalb seither nicht mehr aufgenommen werden, in den Himmel (Nr. 13). Nur vorübergehendes Bleiberecht erwirkte ein Schneider, den Petrus aus Barmherzigkeit in den Himmel hineingelassen hatte (Nr. 3). Der Kleidermacher hatte sich angemaßt, auf Erden zu richten, und darauf wies ihn der Herrgott aus dem Himmel. Nun muß der Sünder für immer in »Warteinweil, wo die frommen Soldaten sitzen und sich lustig machen«, bleiben.

Während die Helden hier und in anderen Erzählungen zumeist mit Listigkeit in den Himmel hineingelangen und um Ausreden nicht verlegen sind, demonstriert das Legendenmärchen vom Meister Pfriem (Nr. 37), daß rechthaberische und streitsüchtige Menschen in ihrem Wesen selbst im Himmel nicht zu läutern sind und daß ihnen von Gott geleitetes Handeln verschlossen bleibt.

Unsere Auswahl von Märchen aus aller Welt mit Schilderungen der Jenseitswelten und ihrer Bewohner läßt die andere Welt als ein Abbild des Diesseits erscheinen. Tod, Teufel und auch die Hölle haben ihren Schrecken verloren. Ein ewiges Leben erlangen die Menschen aber nicht. ›Das Land, wo man nie stirbt‹ (Nr. 50) gibt es, doch bleibt es den Menschen infolge ihrer Sündhaftigkeit verschlossen. Die Märchen bestätigen die ›Gläubigen‹ und die ›Guten‹. Humorvoll werden menschliche Schwächen wie Dummheit und Leichtgläubigkeit aufs Korn genommen: insgesamt ein Lesevergnügen ersten Ranges, für alle Märchenfreunde eine bunte Reise ins Jenseits und zu seinen Bewohnern.

Göttingen, im August 1999   *Hans-Jörg Uther*

Textnachweise

Reisen zum Himmel

1. Bruder Lustig. – Meier, Ernst: Deutsche Volksmärchen aus Schwaben. Stuttgart 1852, 215–223.
2. Der Schmied von Jüterbog. – Ludwig Bechsteins Deutsches Märchenbuch. ed. Hans-Jörg Uther. München 1997, Nr. 7.
3. Der Schneider im Himmel. – Brüder Grimm [d. i. Jacob und Wilhelm Grimm]: Kinder- und Hausmärchen. Nach der Großen Ausgabe von 1857, textkritisch revidiert, kommentiert und durch Register erschlossen. ed. Hans-Jörg Uther. München 1996, Nr. 35.
4. Der Dreschflegel vom Himmel. – Brüder Grimm [d. i. Jacob und Wilhelm Grimm]: Kinder- und Hausmärchen. Nach der Großen Ausgabe von 1857, textkritisch revidiert, kommentiert und durch Register erschlossen. ed. Hans-Jörg Uther. München 1996, Nr. 112.
5. Der himmelhohe Baum. – Kovács, Agnes: Ungarische Volksmärchen. Düsseldorf/Köln 1966, Nr. 52.
6. Hahnchen und Hennchen. – Lemke, Elisabeth: Volksthümliches in Ostpreußen. Mohrungen 1887, Bd. 2, Nr. 50.
7. Die beiden Brüder. – Topper, Uwe: Märchen der Berber. Köln 1986, Nr. 55.
8. Die Paradiesblume. – Fähnrich, Heinz: Märchen aus Georgien. München 1995, Nr. 20.
9. Marienkind. – Brüder Grimm [d. i. Jacob und Wilhelm Grimm]: Kinder- und Hausmärchen. Nach der Großen Ausgabe von 1857, textkritisch revidiert, kommentiert und durch Register erschlossen. ed. Hans-Jörg Uther. München 1996, Nr. 3.
10. Der Mond. – Brüder Grimm [d. i. Jacob und Wilhelm Grimm]: Kinder- und Hausmärchen. Nach der Großen Ausgabe von 1857, textkritisch revidiert, kommentiert und durch Register erschlossen. ed. Hans-Jörg Uther. München 1996, Nr. 175.
11. Gottes Schwiegersohn und der Richter. – Boehm, Max/Specht, Fritz: Lettisch-litauische Volksmärchen. Jena 1924, Nr. 6.
12. Vom Schmied, der den Teufel drankriegte. – Schleicher, August: Litauische Märchen, Sprichworte, Rätsel und Lieder. Weimar 1857 (Nachdr. Hildesheim/New York 1975), 108–115.
13. Wie der Gutsbesitzer in den Himmel kam. – Löwis of Menar, August von: Finnische und estnische Märchen. Jena 1922, Nr. 64.

303

14. Die Palmölverkäuferin. – Schild, Ulla: Westafrikanische Märchen. Düsseldorf/Köln 1975, Nr. 47 (Yoruba, Nigeria).
15. Der Spiegel, der ins Jenseits führt. – Karlinger, Felix/Pögl, Johannes: Märchen aus Argentinien und Paraguay. Köln 1987, Nr. 39 (Argentinien).
16. Der Teufel mit den drei goldenen Haaren. – Brüder Grimm [d. i. Jacob und Wilhelm Grimm]: Kinder- und Hausmärchen. Nach der Großen Ausgabe von 1857, textkritisch revidiert, kommentiert und durch Register erschlossen. ed. Hans-Jörg Uther. München 1996, Nr. 29.
17. Des Teufels rußiger Bruder. – Brüder Grimm [d. i. Jacob und Wilhelm Grimm]: Kinder- und Hausmärchen. Nach der Großen Ausgabe von 1857, textkritisch revidiert, kommentiert und durch Register erschlossen. ed. Hans-Jörg Uther. München 1996, Nr. 100.
18. Der schwarze Teimuras, der Sonnen-Teimuras und der Mond-Teimuras. – Fähnrich, Heinz: Märchen aus Georgien. München 1995, Nr. 21.
19. Der arme Junge. – Bîrlea, Ovidiu/Karlinger, Felix: Rumänische Volksmärchen. München ²1996, Nr. 8.
20. Der Teufel ist los oder das Märlein, wie der Teufel den Branntwein erfand. – Ludwig Bechsteins Deutsches Märchenbuch. ed. Hans-Jörg Uther. München 1997, Nr. 6.
21. Kurbads. – Nach Boehm, Max/Specht, Fritz: Lettisch-litauische Volksmärchen. Jena 1924, Nr. 1 (lettisch).
22. Der Jäger. – Meier, Harri/Woll, Dieter: Portugies. Märchen. München ²1993, Nr. 85.
23. Die Quittung aus der Hölle. – Graber, Georg: Sagen aus Kärnten. Leipzig 1914, Nr. 253.
24. Vom Büblein, das sich nicht waschen wollte. – Bechstein, Ludwig: Neues deutsches Märchenbuch. ed. Hans-Jörg Uther. München 1997, Nr. 12.
25. Cristina und das Ungeheuer. – Schenda, Rudolf: Märchen aus der Toskana. München 1996, Nr. 27.
26. Maluae und die Unterwelt. – Irek-Hartinger, Gabriele/Irek, Roland: Märchen aus Hawaii. München 1997, Nr. 4.

VORSTELLUNGEN VOM JENSEITS UND VON JENSEITIGEN

27. Das Sonnenkind. – Hambruch, Paul: Südsee-Märchen. Düsseldorf/Köln 1977, Nr. 19 (Naiau, Fidschi).
28. Die Plejaden. – Koch-Grünberg, Theodor: Indianermärchen aus Südamerika. Jena 1920, Nr. 45.
29. Das Mädchen und die Wolken. – Karlinger, Felix/Espadinha, Maria Antonia: Märchen aus Mexiko. Düsseldorf/Köln 1978, Nr. 13.
30. Der Besuch im Himmel. – Koch-Grünberg, Theodor: Indianermärchen aus Südamerika. Jena 1920, Nr. 38.
31. Das Mädchen im Mond. – Hambruch, Paul: Südsee-Märchen. Düsseldorf/Köln 1977, Nr. 43 (Nauru).

32. Der Jägerbursch aus dem tiefen Wald. – Heissig, Walther: Mongolische Märchen. München ⁴1993, Nr. 23.

33. Sankt Petrus und seine Schwestern. – Nach Schneller, Christian: Märchen und Sagen aus Wälschtirol. Innsbruck 1867, 3.

34. Der Mönch und das Vöglein. – Ludwig Bechsteins Deutsches Märchenbuch. ed. Hans-Jörg Uther. München 1997, Nr. 46.

35. Der Bettler und das Paradies. – Leskien, August: Balkanmärchen. Jena 1925, Nr. 67.

36. Der heilige Josef und sein Verehrer. – Karlinger, Felix/Mykytiuk, Bohdan: Legendenmärchen aus Europa. Düsseldorf/Köln 1967, Nr. 17 (Italien).

37. Meister Pfriem. – Brüder Grimm [d. i. Jacob und Wilhelm Grimm]: Kinder- und Hausmärchen. Nach der Großen Ausgabe von 1857, textkritisch revidiert, kommentiert und durch Register erschlossen. ed. Hans-Jörg Uther. München 1996, Nr. 178.

38. Armut und Demut führen zum Himmel. – Brüder Grimm [d. i. Jacob und Wilhelm Grimm]: Kinder- und Hausmärchen. Nach der Großen Ausgabe von 1857, textkritisch revidiert, kommentiert und durch Register erschlossen. ed. Hans-Jörg Uther. München 1996, Kinderlegende Nr. 4.

39. Der büßende Räuber. – Tegethoff, Ernst: Französische Märchen. Bd. 1. Jena 1923, Nr. 11 (d).

40. Die himmlische Hochzeit. – Brüder Grimm [d. i. Jacob und Wilhelm Grimm]: Kinder- und Hausmärchen. Nach der Großen Ausgabe von 1857, textkritisch revidiert, kommentiert und durch Register erschlossen. ed. Hans-Jörg Uther. München 1996, Kinderlegende Nr. 9.

41. Der Bauer, Christus, der heilige Petrus und der Erzengel Michael. – Karlinger, Felix/Mykytiuk, Bohdan: Legendenmärchen aus Europa. Düsseldorf/Köln 1967, Nr. 33 (Bulgarien).

42. Die drei Erzengel. – Sklarek, Elisabet: Ungarische Volksmärchen. Leipzig 1901, Nr. 40.

43. Ero aus dem Jenseits. – Eschker, W.: Serbische Märchen. München 1992, Nr. 97.

44. Der Soldat im Jenseits. – Pomeranzewa, Erna: Russische Volksmärchen. Berlin 1966, Nr. 51.

45. Von Söhnen, die den letzten Willen ihres Vaters nach seinem Tode nicht haben erfüllen wollen. – Die Novellen Girolamo Morlinis. ed. Albert Wesselski. München [1908], num. 27.

46. Wie Eulenspiegel zu Prag in Böhmen auf der hohen Schule disputierte und wohl bestand. – Nach Der wiedererstandene Eulenspiegel. ed. G(otthard) O(swald) Marbach. Leipzig 1839 (Volksbücher 12).

47. Die beiden Brüder. – Bechstein, Ludwig: Neues deutsches Märchenbuch. ed. Hans-Jörg Uther. München 1997, Nr. 45.

48. Die drei Proben. – Dörler, Adolf: Sagen und Märchen aus Vorarlberg. In: Zeitschrift für österreichische Volkskunde 14 (1908) 165–167, Nr. 12.

49. Der Meisterdieb. – Brüder Grimm [d. i. Jacob und Wilhelm Grimm]: Kinder- und Hausmärchen. Nach der Großen Ausgabe von 1857, textkritisch revidiert, kommentiert und durch Register erschlossen. ed. Hans-Jörg Uther. München 1996, Nr. 192.

50. Das Land, wo man nie stirbt. – Karlinger, Felix: Italienische Volksmärchen. München ⁵1993, Nr. 5.

51. Bauer und Bäurin. – Brüder Zingerle [d. i. Ignaz und Joseph]: Kinder- und Hausmärchen. Innsbruck 1852, 75–80, Nr. 14 (Südtirol).

52. Bauernschläue. – Die Disciplina clericalis des Petrus Alfonsi. ed Alfons Hilka. Heidelberg 1911 (aus dem Lat. übers. und bearb. von Hans-Jörg Uther).

53. Der Bauer und die goldene Sonne. – Russische Volksmärchen. Übers. von August von Löwis of Menar. ed. Reinhold Olesch. München ²⁹1994, Nr. 50.

54. Der Baum zum Himmel und zur Hölle. – Kovács, Agnes: Ungarische Volksmärchen. Düsseldorf/Köln 1966, Nr. 44.

55. Die klugen Leute. – Brüder Grimm [d. i. Jacob und Wilhelm Grimm]: Kinder- und Hausmärchen. Nach der Großen Ausgabe von 1857, textkritisch revidiert, kommentiert und durch Register erschlossen. ed. Hans-Jörg Uther. München 1996, Nr. 104.

56. Ostermärlein von des Teufels Heirat. – Nach Hehel, Petrus: Christliche Sitten-Lehr, Jedem leicht zu fassen vorgetragen, und wie darnach zu leben erkläret [...]. Augsburg 1738, 1, 86 f.

57. Die drei dummen Teufel. – Ludwig Bechsteins Deutsches Märchenbuch. ed. Hans-Jörg Uther. München 1997, Nr. 71.

58. Wie der Schmied Koren alle Teufel erschreckte. – Bošković-Stulli, Maja: Kroatische Märchen. Düsseldorf/Köln 1975, Nr. 19.

59. Der Schwiegersohn der Sonne. – Mykytiuk, Bohdan: Ukrainische Märchen. Düsseldorf/Köln 1979, Nr. 2.

60. Die Sterntaler. – Brüder Grimm [d. i. Jacob und Wilhelm Grimm]: Kinder- und Hausmärchen. Nach der Großen Ausgabe von 1857, textkritisch revidiert, kommentiert und durch Register erschlossen. ed. Hans-Jörg Uther. München 1996, Nr. 153.

Brüder Grimm
Kinder- und Hausmärchen

Herausgegeben von Hans-Jörg Uther
4 Bände, 1424 Seiten, Halbleinen im Schuber

Sämtliche Märchen der Brüder Grimm nach der letzten zu ihren Lebzeiten erschienenen »Großen Ausgabe« von 1857: Ob als Unterhaltungs- oder Erziehungsbuch – seit Generationen sind die Menschen vertraut mit dem tapferen Schneiderlein, Hans im Glück, Sterntaler, den Bremer Stadtmusikanten. Darüber hinaus dienen die Geschichten als Vorlagen für zahlreiche Gedichte und Romane, Filme und Theaterstücke – interpretiert durch die verschiedenen pädagogischen Vorstellungen der jeweiligen Zeit. Diese kommentierte Edition zeigt anhand des Gesamtwerkes der Brüder Grimm die Wirkungs- und Rezeptionsgeschichte und beschreibt den engen Zusammenhang dieser Sammlung mit der Tradition der Hausväterliteratur.

DIEDERICHS

Die schönsten Märchen
vom Heilen

Herausgegeben von Hans-Jörg Uther
Mit Zeichnungen von Ludwig Richter
304 Seiten

Das Wasser des Lebens, Vogelgesang und Lebenskräuter: Das ist die Welt der wundersamen Heilungen. In zahlreichen Märchen aus ganz Europa dreht sich alles um das kostbarste Gut des Menschen: Gesundheit und Heilung. Mit aufregenden Abenteuern und lustigen Zufällen erleben Patienten, echte Ärzte und falsche Heiler, welch wundersame Blüten der Pfad zur Genesung mit sich bringen kann.

DIEDERICHS

Die schönsten Märchen vom Mond

Herausgegeben von Ulf Diederichs
Mit Zeichungen von Karen Friedrichs
287 Seiten

Vom Mond erzählen sich die Menschen auf der ganzen Welt, zu allen Zeiten atemraubende Legenden. Romantisch, fesselnd oder lustig: Es sind Dramen und Abenteuer, die die Heldinnen und Helden auf der Erde im Mondschein oder auf dem Weg in den Himmel erleben. Auch der Mond kommt selbst zu Wort.
Die Märchen beschreiten den Pfad einer irdischen Mondreise zu den Mondfeen und Mondmännern und geben ein wenig preis von der sagenumwobenen Gestalt der Luna.

DIEDERICHS

Die schönsten Märchen
von Müttern und Töchtern

Herausgegeben von Hans-Jörg Uther
Mit zahlreichen historischen Illustrationen
304 Seiten

Die schönsten Märchen aus ganz Europa über Mütter und Töchter: In dieser Sammlung zeigt sich, auf welch phantasievolle Weise, dieses besondere Verhältnis schon seit Generationen reflektiert wurde. Gefühle von Liebe und Haß, Mißgunst und Neid, aber auch Heldentum und bedingungsloses Vertrauen zwischen Müttern und Kindern haben in die Märchen Eingang gefunden.
Mit romantischen, manchmal auch herben Motiven, zeigt sich ein Kaleidoskop familiärer Gefühle, in denen sich so manche wiederfinden kann.

DIEDERICHS

Die schönsten Weihnachtsmärchen

Herausgegeben von Hans-Jörg Uther

Mit zahlreichen historischen Illustrationen

304 Seiten

Wenn es schneit und klirrend kalt ist, werden sie lebendig: die Schneekönigin der Schneehase und Väterchen Frost. Stürme, die mit den Menschen reden, Mädchen, die mutig dem Eis trotzen, die guten Wintergeister, die den Menschen vor dem Schlimmsten bewahren. Mehr als 100 Märchen und Sagen aus ganz Europa öffnen das Tor für eine Winterreise in andere Zeiten und zu fremden Völkern, zu Neuem und Bekannten. Weihnachtsgeschichten zum Erzählen und Zuhören in einer ganz besonderen Zeit ...

DIEDERICHS